착한 딸 증후군

The Good Daughter Syndrome
Copyright © 2020 by Katherine Fabrizio
All rights reserved
Korean translation copyright ©2025 by Slow & Steady Publishing Co.

이 책의 한국어판 저작권은 PubHub 에이전시를 통해
Katherine Fabrizio와 독점 계약한 도서출판 황소걸음에 있습니다.
저작권법에 의해 한국 내에서 보호를 받는 저작물이므로
무단 전재와 무단 복제를 금합니다.

착한 딸 증후군

The Good Daughter Syndrome

딸은 왜 엄마의 행복을
책임지려 하는가?

캐서린 파브리지오 Katherine Fabrizio | 문가람 옮김

황소걸음
Slow & Steady

감사의 말

이 책이 세상에 나올 수 있도록 든든한 조력자가 돼준 편집자 리사 캔필드에게 깊은 감사를 전합니다. 내 삶의 가장 큰 선물인 클레어와 미아, 우리는 지금도 서로 사랑하고 함께 성장하며 배워가고 있습니다. 한결같이 내 곁을 지켜준 소중한 여성들에게도 말로 다 표현할 수 없는 고마움을 전합니다. 마지막으로 나의 내담자들에게 특별한 감사를 전합니다. 여러분의 가장 솔직한 이야기와 아픔, 용기를 나눠주셔서 감사합니다. 여러분은 제게 진정한 영웅입니다.

차례

서문   엄마가 이상한 걸까, 내가 이상한 걸까?   8

1   나는 착한 딸일까?   21
2   엄마는 나를 사랑하면서 왜 나를 아프게 할까?   35
3   우리 엄마는 성격장애일까?   57
4   이제 내 이야기를 들려줄 차례   87
5   불충분함의 함정   101
6   죄책감의 함정   123
7   자기 의심의 함정   143
8   이중 메시지의 함정   163

| 9 | 상처에서 치유로 | 181 |

| 10 | 깨어나기 | 201 |

| 11 | 마음의 지도 다시 그리기 | 213 |

| 12 | 불충분함의 함정에서 벗어나기 | 231 |

| 13 | 죄책감의 함정에서 벗어나기 | 267 |

| 14 | 자기 의심의 함정에서 벗어나기 | 309 |

| 15 | 이중 메시지의 함정에서 벗어나기 | 341 |

| 16 | 함정에서 벗어나 진정한 삶으로 나아가기 | 375 |

옮긴이의 글   착한 딸의 마음, 그 보이지 않는 실타래를
            찾아가는 여정   388

서문

엄마가 이상한 걸까, 내가 이상한 걸까?

엄마와 관계가 힘든 당신은 이 질문을 수없이 되뇌었을 것이다. 답을 찾아 상담하고, 인터넷을 뒤지고, 관련 책을 찾아 읽었을지도 모른다.

어쩌면 엄마가 자기애성 성격장애나 경계성 성격장애 혹은 히스테리성(연극성) 성격장애가 있다고 의심했거나, 엄마의 행동에서 그런 모습을 발견했을 수도 있다. 하지만 냉정히 말해서 이런 지식은 실제로 큰 도움이 되지 않는다. 이성적으로 상황을 이해하고 분석하더라도 마음에 남은 상처는 여전하기 때문이다. 아무리 많은 글을 읽고 분석하며 이해하려 해도 쉽게 해결되지 않는 이유다.

대다수 착한 딸이 그렇듯, 당신도 이 복잡한 모녀 관계에서 자신을 끊임없이 돌아보며 자책하고 있을지 모른다. 엄마의 말과 행동을 예민하게 받아들이는 건 아닐까 싶기도 하고, 때로는 쓸데없이 마음에 상처로 새기는 건 아닌지 고민이다. 그러다 보면 자연스럽게 의문이 생긴다. 정말 엄마가 잘못한 걸까, 아니면 내가 문제일까? 내가 예민한 걸까, 고집이 센 걸까, 이기적인 걸까, 그저 내가 모자란 사람일까? 혹시 내가 미처 깨닫지 못하는 무엇이 있을까?

모녀 관계를 전문으로 다루는 심리치료사로서, 나는 이런 이야기를 수없이 들어왔다. 이제 나도 몇 가지 묻고 싶다.

당신의 엄마는
- 늘 자신의 말이 옳다고 하는가?
- 당신의 선택에 자신이 제일 잘 안다며 일일이 관여하는가?
- 어떤 상황에서도 자신의 잘못은 인정하지 않는가?
- 작은 일조차 자신의 책임은 아니라고 하는가?
- 진심으로 사과한 적이 있는가? 혹시 이런 말만 하지 않는가? "이런 말은 엄마밖에 해줄 사람이 없어." "그래, 내가 나쁜 엄마지 뭐." "다 너를 위해서 한 말인데." "미안한데, 네가 좀…."

이 질문에 대부분 '그렇다'고 답했다면, 당신의 고민에 답은 정해져 있다. '혹시 내가 문제일까?' 하는 의문에 답은 분명히 '아니오'다. 당신에게는 아무런 문제가 없다. 당신의 시야에 들어오지 않은 것이 있을 뿐이다. 사실 보이지 않는 것은 생각보다 훨씬 많을 수 있다. 엄마가 당신을 힘들게 하고, 지치게 하고, 때로는 미치게 만드는 행동을 하는 이유를 당신은 아직 못 보고 있다. 당신이 아무리 거리를 두려 해도 엄마와 당신을 이어주는 태생적 유대감이 있다는 것조차 미처 인식하지 못하고 있다. 어쩌면 이 답답하고 고통스러운 모녀 관계의 출구도 아직 찾지 못했을 것이다. 하지만 눈에 보이지 않는다고 해서 존재하지 않는 것은 아니다.

나는 바로 이런 이유로 이 책을 쓰게 됐다. 나도 당신처럼 한 엄마의 딸이고, 당신과 마찬가지로 이 관계 속에 수많은 밤을 뒤척였다. 하지만 나는 오랫동안 이 관계가 잘못됐다고 생각지 못했다. 엄마의 지나친 간섭에 숨이 막힐 때도 있었지만, 이런 관계가 내 마음에 얼마나 깊은 상처를 남기는지 미처 깨닫지 못했다. 우리 엄마는 가난과 아픔으로 얼룩진 어린 시절을 보냈음에도 목사의 아내로서 헌신하고, 직장에 다니며 대학을 졸업했고, 마침내 심리학 박사가 됐다. 누가 봐도 대단한 분이고, 딸인 나는 그 사실이 자랑스러우면서도 한편으로 무거운 짐 같았다. 나는 엄마에게 인정받고자 혼신의 노력을 다했다. 엄마 뒤를 이어 심리치료사가 됐고, 엄마와 같은 상담실에서 일하기에 이르렀다. 우리를 아는 모든 이의 눈에도, 엄마와 내가 보기에도 우리는 꼭 닮은 모녀였다.

문제는… 항상 엄마가 모든 것을 좌우하고 있었다는 점이다. 엄마는 언제나 옳았고, 어떤 일에도 미안하다는 말을 한 적이 없었다. 나는 오랫동안 그것이 당연하다고 생각했다. 지나친 간섭과 비판조차 강한 모성애라 여겼다. 그래서 착한 딸이 되고자, 속마음을 꾹꾹 숨겼다. 엄마 뜻에 따르고, 엄마가 바라는 길로 걸으려 애썼다. 그 대가는 혹독했다. 시간이 흐르면서 나는 무엇을 생각하고 원하는지조차 잊어갔다. 대신 엄마 얼굴색만 봐도 그날의 분위기를 알았다. 내 온몸은 엄마의 말 한마디, 눈빛 하나에 즉각 반응했다. 오늘이 평화로운 날인지, 위험한 날인지 본능적으로 직감했다. 감히 의견을 내놓지 못했다. 용기 내서 의견을 말하면 차가운 침묵이 돌아올 뿐이었다. 이런 나날은 너무나 지치고 괴로웠다. 하루하루 내 영혼이 조금씩 시들어가는 듯했다.

결국 나는 우울증에 빠졌다. 기력은 바닥을 쳤고, 죄책감과 자기 의심이 끊임없이 괴롭혔다. 엄마의 영향력에서 벗어나 내 길을 걸을 수도, 엄마가 원하는 삶의 모습을 보여줄 수도 없었다. 죄책감과 자기 의심 사이에서 옴짝달싹 못 하는 신세였다. 그때 깨달았다. 이제는 선택해야 한다고. 엄마의 딸로 살지, 나 자신으로 살아갈지.

마침내 선택의 순간이 왔다. 우리가 함께 운영하던 상담실에 들어선 그날을 나는 평생 잊지 못할 것이다. 나는 죄책감과 용기가 뒤섞인 채 떠나겠다고 했다. 모녀가 함께 일군 상담실은 엄마의 오랜 꿈이기에, 내가 그 꿈을 산산조각 내는 셈이었다. 하지만 이대로 머문다면 내가 무너질 게 분명했다. 나는 떠났고, 엄마도 견뎌냈다. 그리고 30년이 지났다. 그동안 내가 겪으며 배운 것, 내담자들과 상담하며 얻은 깨달음을 이제 당신과 나누고 싶다. 쉽지 않은 길이었다. 동화처럼 해피엔드도 아니다. 여전히 노력이 필요하다. 하지만 내 정신을 지켰고, 아픈 굴레를 끊었다. 그리고 어엿한 어른이 된 내 딸들에게, 내 엄마와 다른 따뜻한 엄마가 됐다.

엄마에게서 독립하기는 힘겨운 과정이었으나 결국 자유를 얻었다. 엄마는 내가 그은 선을 못마땅해했지만, 시간이 흐르며 받아들였다. 숨을 거두시던 날, 엄마 손을 잡으며 나는 깨달았다. 비정상적인 관계를 끊은 건 옳은 선택이었음을. 다만 좀 더 일찍 결단을 내리지 못한 게 아쉬웠다. 진정한 후회는 다른 데 있었다. 나를 놓지 못하는 엄마를 떠나며 짊어진 죄책감이다. 이제 내가 할 일은 다른 딸들이 죄책감 없이 자유로워지도록 돕는 것이다. 내가 해냈으니 당신도 할 수 있다.

30년 넘게 이 분야에서 일하며 같은 이야기를 반복해서 들었다. "엄마는 내가 하는 모든 일을 비판해요." "엄마가 내 삶을 통제하려고 해요." "엄마는 내 경계선을 무시해요. 아니 경계선을 긋는 것조차 허락하지 않아요." 엄마 앞에서 한없이 작아지는 딸, 엄마와 끊임없이 싸우는 딸, 결국 관계를 완전히 끊은 딸까지 수많은 사연을 들었다. 자기애성 성격장애가 있는 엄마부터 경계성 성격장애가 있는 엄마, 문화적·종교적·가족적 압박에 시달리는 엄마까지, 모든 유형의 문제적 엄마를 봤다.

이런 엄마가 특히 착한 딸 역할에 갇힌 딸의 삶을 어떻게 망가뜨리는지도 지켜봤다.

당신이 바로 그런 딸이라면, 이 모든 것을 뼛속 깊이 알고 있을 것이다. 자신의 판단을 믿지 못해 망설이고, 작은 결정 하나도 쉽게 내리지 못하며, 때로는 사랑을 주고받는 일조차 버거울 수 있다. 아무리 노력해도 이만하면 충분하다는 만족감이 든 적이 없을지 모른다.

이제는 달라질 수 있다. 어둠 속에 헤매며 엄마와 관계가 왜 이토록 무겁고, 좌절감을 주고, 숨 막히는지 고민하지 않아도 된다. 아무런 결론 없이 반복되는 말다툼도, '내게 무슨 문제가 있나?' 하는 자책도 그만둘 수 있다. 엄마가 정해놓은 틀이라는 족쇄를 벗어던지고, 당신이 진정으로 원하는 삶을 꾸려갈 수 있다. 이런 엄마를 둔 딸이 빠지기 쉬운 함정을 알아차리고, 이에 맞서며, 마침내 이를 뛰어넘는 법을 배우는 것이 중요하다.

이 책은 당신이 그 목표에 이를 수 있도록 도와줄 안내서다. 우리는 앞으로 펼쳐질 여러 장에서 엄마가 왜 그런 행동을 하는지, 당신이 왜 그렇게 반응할 수밖에 없는지 생물학적·심리학적으로 깊이 이해할 것이다. 죄책감에 흔들리지 않으면서 당신만의 건강한 경계선을 세울 방법을 배울 것이다. 남의 시선을 신경 쓰지 않고 자기 내면을 들여다보며 이대로 충분하다는 자신감도 키울 것이다. 문제적 엄마와 관계에서 비롯되는 감정의 롤러코스터에서 벗어나고, 당신에게 딸이 있다면 이 악순환의 고리를 끊게 될 것이다. 마침내 '착한 딸 증후군'이라는 감옥에서 벗어나 진정 당신다운 삶을 영위할 수 있을 것이다.

나의 접근 방식에 대한 간략한 소개

'거짓말쟁이, 조종하는, 질투심 많은, 사악한.'

문제적 엄마에 대해 온라인에서 처음 자료를 찾을 때, 나는 위와 같이 극단적인 표현과 마주했다. '자기애성 엄마를 둔 딸들'이라는 사이트나 포럼에서 발견한 적대적인 글을 보면 마음이 불편했다. '자기애성' '경계성'과 같은 심리학 용어가 단순한 비난의 도구로 전락하지 않았나 싶었다. 우리 엄마는 내게 깊은 상처를 줬지만, 자신의 방식으로 최선을 다했다. 부족했으나 나를 사랑했다. 나 역시 엄마가 돼보니 때로 이기적이고, 의존적이며, 상처를 주기도 했다.

나는 수십 년에 걸친 교육과 멘토링, 치료를 통해 다른 방식으로 행동할 방법을 찾았다. 이토록 긴 시간이 필요한 일을 해내지 못했다고 해서 어떻게 엄마를, 하물며 내담자의 엄마를 쉽게 비난할 수 있을까? '엄마를 탓하지 말라'는 접근 역시 성급하다. 돌아보자. 당시 상황에서 주도권을 쥔 사람이 누구인가? 내가 연약한 아이일 때 누가 어른의 역할을 해야 했는가? 누가 모든 영향력을 행사했는가? 최종 책임은 누구에게 있는가? 이 악순환을 끊기 위해서는 때로 불편하더라도 책임 소재를 분명히 할 필요가 있지 않을까?

나는 엄마 때문에 받은 상처를 치유하는 데 좀 더 새롭고 통합직인 접근법을 찾고 싶었다. 누군가를 비난하거나 변명을 늘어놓는 대신, 진정한 해결책을 찾아가는 방법 말이다. 이에 문제적 엄마 때문에 받은 상처를 다루고 치유하는 데 초점을 맞춘, 더 실천적이고 긍정적인 자료를 찾아 연구했다. 그 과정에서 발견한 유용한 도구 중 일부를 이 책에서 나누고자 한다.

긍정적인 접근법도 중요하지만, 때로 현실의 고통은 이론을 넘어선다. 내 상담실에 찾아온 내담자의 모습이 이를 여실히 보여줬다. 그녀는 섬세하고 사려 깊지만, 영혼은 절망의 심연에 있었다. 갈색 눈동자에 깃든 슬픔이 아직 선명하다. 엄마에게 받은 상처는 그녀의 존재를 위협할 만큼 깊었고, 결국 극단적인 선택을 고민하기에 이르렀다. 그녀의 내면은 자기혐오로 가득했다. 자신이 추하고, 뚱뚱하고, 나쁜 사람이라고 믿었다. 어떤 논리적 설명이나 위로도 그녀의 마음 깊이 자리 잡은 자기부정의 벽을 허물지 못했다. 이론과 치유법을 넘어선 현실의 아픔이 거기 있었다. 어쩌면 이는 당신이 겪고 있는 일인지도 모른다.

한 가지 분명히 하고 싶은 것이 있다. 나는 당신의 감정과 필요를 온전히 알 수 없다. 다만 이 문제에 평생 헌신한 전문가이자 딸로서, 이 고통에서 벗어나는 검증된 길을 알고 있다. 모든 이의 경험이 고유하기에 치유의 여정도 각자의 내면 풍경에 따라 다르다. 나는 수많은 딸의 삶에서 '착한 딸'이라는 반복되는 패턴을 봤고, 그 패턴에서 우리가 공유하는 보편적인 심리적 메커니즘을 발견했다.

당신과 엄마의 관계가 완전한 단절이든, 최소한의 연락이든, 숨 막히는 밀착이든, 착한 딸 패턴은 당신의 삶에서 조용히 타오르다가 때로 큰 불길이 돼 나타난다. 이 책에서 내가 '당신은 이런 감정이 들 것'이라고 말할 때, 당신에게 전혀 맞지 않거나 부분적으로 맞을 수 있다. 내 조언은 간단하다. 당신의 상황에 맞는 것만 받아들이면 된다. 당신에게 필요한 치유책을 반드시 찾을 수 있을 것이다.

엄마 때문에 받은 상처를 치유하는 첫걸음은 당신에게 어떤 일이 일어났으며, 그 일이 왜 일어났는지 이해하는 데서 출발한다. 앞으로 엄마에 대한 당신의 반응을 다룰 시간은 충분하며, 우리는 반드시 그 단계까지 나아갈 것이다. 하지만 지금은 더 중요한 사실을 알아야 한다. 당신은 결코 나쁜 사람이 아니다. 당신에게 가장 큰 정서적 영향력을 행사하는 사람이 당신을 제대로 대하지 않았을 뿐이다. 당신의 엄마가 그렇게 한 것은 악의를 품어서가 아니다. 아마도 당신의 엄마는 성격장애가 있거나, 최소한 성격장애가 있는 사람이 보이는 것과 같은 방어기제를 사용하기 때문이다. 이에 대해 뒤에서 자세히 다룰 것이다.

자기애성 성격장애든, 경계성 성격장애든, 히스테리성 성격장애든, 그저 문제적 성격이든, 엄마가 당신에게 준 영향을 이해하려면 아이의 마음이 어떻게 발달하는지, 엄마와 관계가 아이의 마음을 어떻게 형성하는지 알아야 한다. 이를 위해 우리는 발달심리학을 살펴볼 것이다. 엄마가 무의식적으로 대처한 방식(즉 방어기제)이 당신에게 어떤 식으로 상처를 줬는지도 알아볼 필요가 있다. 이런 과정을 잘 이해할 수 있도록 정신 역동 이론의 핵심 요소를 살펴볼 것이다.

이런 심리학적 개념이 처음에는 낯설게 느껴질 수 있다. 하지만 이는 전체를 이해하는 데 중요한 부분이다. 당신의 삶은 어떤 사람과도 다른 특별한 이야기겠지만, 당신과 엄마 사이에서 일어나는 심리적 역학 관계를 이해하면 당신의 경험이 절대 이상한 것이 아니며, 당신이 결코 혼자가 아니라는 사실을 알 것이다. 많은 사람이 같은 길을 걸었고, 같은 감정을 느꼈다. 그들도 건강한 경계선을 만들려고 애썼으나 실패했다. 의지나 지혜가 부족해서가 아니다. 내가 함정이라 부르는 관계의 굴레에 갇혔을 뿐이다.

한 가지 분명히 말할 수 있다. 당신이 어릴 때는 엄마에게 모든 힘이 있었다는 사실이다. 이 책은 당신에게 그 힘을 돌려주는 여정이다. 여기서 당신은 상처를 치유하고, 진정한 자신을 찾고, 마침내 당신만의 삶을 시작할 방법을 발견할 것이다.

착한 딸과 문제적 엄마의 이야기 뒤에는 겉으로 보기에 상반

되는 여러 진실이 있다. 나는 이런 진실이 어우러질 때, 치유로 가는 새로운 길을 열어주는 깊은 이해가 가능하다고 믿는다.

- 아무도 단순히 성격장애라는 꼬리표를 달고 살아선 안 되며, 아무도 단지 자신이 겪은 상처로 정의될 수 없다. 그러나 트라우마와 성격장애는 모두 그만한 이유와 반복되는 패턴이 있다. 당신은 이 패턴을 이해하고 풀어서 트라우마와 성격장애가 만드는 함정에 빠지지 않을 수 있다.
- 자기애성, 경계성, 히스테리성 같은 성격장애 진단은 때로 상대방을 공격하는 무기가 될 수 있다. 하지만 이런 명명을 통해 엄마의 행동 이면에 있는 근본적인 이유와 엄마가 걸어온 삶의 여정을 이해하는 단서로 삼을 수도 있다.
- 엄마가 딸에게 건강한 출발점을 제공하기 위해 완벽한 존재가 될 필요는 없다. 가까운 관계일수록 서로 마음에 상처를 주게 마련이고, 엄마와 딸도 예외는 아니다. 그 상처를 어떻게 보듬고 회복하느냐가 중요하다.
- 당신은 엄마를 바꿀 수 없다. 하지만 모든 것을 포기하거나 상처 주는 행동을 그저 받아들이는 것은 당신과 엄마에게 도움이 되지 않는다. 이는 역기능적인

관계를 개선하고 더 나은 관계를 만드는 데도 아무런 도움이 되지 않는다. 이런 태도는 상황을 개선하지 못하고 문제를 오래 끌게 할 뿐이다.

- 부정적인 감정과 비난이 당신의 마음을 좀먹을 수 있다. 하지만 형식적으로 용서하거나 묵묵히 견디는 것은 당신을 가해적 행동의 먹잇감으로 만들 뿐이다. 엄마를 악마화하는 것과 이상화하는 것 사이에는 적절한 균형점이 존재한다. 치유를 위해 용서할 필요는 없다. 해로운 관계에서 건강한 거리를 유지하기 위해 분노를 영원히 간직할 필요도 없다.

지금까지 읽은 내용이 당신 마음 깊이 와닿는다면, 조심스럽게 이런 추측을 해본다. 당신은 모르는 사이에 누군가가 건네준 이야기대로 살아왔을 것이다. 바로 당신의 엄마가 겪은 고통과 억압이 만들어낸 각본이다. 나 역시 오랫동안 그렇게 살았다. 이 책은 당신이 마침내 자신만의 이야기를 써 내려갈 기회가 될 것이다. 다른 사람을 위해 사는 것은 (그게 엄마일지라도) 진정한 삶이라고 할 수 없기 때문이다. 우리는 새로운 삶의 방식을 발견하는 여정을 시작할 것이다.

1

나는
착한 딸일까?

"도대체 왜 이렇게 힘들어야 하는 걸까?"

한 번만이라도, 정말 한 번만이라도 엄마와 만남이나 통화가 달랐으면 한다. 엄마에게 지지와 위로를 받고 적어도 한 인간으로 존중해주는 느낌을 기대하는 게 그토록 무리한 바람일까? 하지만 현실은 매번 같다. 엄마를 대하고 나면 기진맥진하고, 싸움터에서 돌아온 듯 만신창이가 되며, 극도로 피곤하다. 같은 자리를 맴도는 회전목마처럼 반복되는 상황이다. 절대 자신의 잘못을 인정하지 않고, 한 번도 진심 어린 사과를 해본 적 없는 엄마와 평행선 같은 갈등이 지속된다.

주변 사람들은 하나같이 당신을 따뜻하고 섬세한 사람이라고 한다. 타인의 아픔에 쉽게 공감하고 민감하게 반응하는데, 때로 그 민감함이 지나치다 싶다. 이런 성향이 축복인지 저주인지 아직 모른다. 당신은 좋은 사람이고 착한 딸이다. 엄마는 그렇게 되기를 기대한다. 아니 철저히 요구한다. 그 틀에서 조금이라도 벗어나는 순간, 감당하기 힘든 대가가 따른다.

친구들은 어떻게 엄마와 담담히 지낼까? 당신은 그 비결을 도무지 알 수가 없다. 그들이 엄마와 나눈 대화를 한마디 한마디 곱씹으며 의미를 캐내려 하지 않는다는 점은 분명하다. 당신과 엄마는 겉으로 친밀해 보일지 모른다. 하지만 이런 친밀함이 당신의 숨통을 조인다. 당신의 진정한 자아는 엄마의 끝없는 요구라는 무거운 짐 아래 생매장된 것 같다.

당신은 몇 달, 어쩌면 몇 년 동안 엄마와 대화하지 않았을지도 모른다. 모든 것을 엄마 뜻에 따르지 않는 한, 그 관계는 끝없는 전쟁이었다. 더는 견딜 수 없어서 연락을 끊었다. 그것만이 자신을 지키는 길이었다. 하지만 그 선택이 옳았나 하는 의문이 끊이지 않는다. 엄마 없는 삶은 말로 표현하기 힘든 공허함을 남긴다. 정말 다른 방법이 없었을까? 당시의 선택이 옳았다는 걸 이성적으로 알면서도 죄책감이 가시지 않는다.

이처럼 착한 딸의 모습은 다양한 형태로 나타난다. 과거에 착한 딸이었든, 지금도 그 역할을 하고 있든 빠져나올 수 없는 함정과 같다. 착한 딸이 돼서 자신을 잃어버리거나, 자신을 지키려다 엄마를 잃어버리거나 둘 중 하나를 선택해야 한다.

그렇다면 당신은 과연 착한 딸의 모습을 하고 있나? 지금부터 몇 가지 상황을 살펴보자. 과거든 현재든, 이 모습이 당신과 얼마나 닮았는지 솔직히 들여다보자.

1. 엄마에게 인정받기 위해 아무리 애써도 충분하지 않다. 최선을 다해보지만, 무엇을 하든 엄마는 비판하거나 도움이 될 만한 조언이라는 명목으로 혹은 다른 우회적인 방식으로 불만을 표한다.

2. 엄마는 요구하지 않은 조언을 쏟아낸다. 내 삶 구석구석을 들여다보며 간섭하려 하고, 성인이 된 지금까지 내 보호자인 양 행동한다. 조언을 구한 적도 없는데, 그 말에 따르는 것을 당연하게 여긴다.
3. 엄마는 자신의 잘못을 인정하지 않고, 진심 어린 사과를 모른다. "내가 잘못했다, 네 말이 맞았어"라는 말은 영원히 들을 수 없다. 엄마에게는 그런 말을 할 여지가 없는 듯하다. 진정한 사과도 엄마의 타고난 성격에 존재하지 않는다.
4. 엄마와 관계에서 경계선은 흐릿한 안개 같다. 경계선을 설정하기 쉽지 않고, 지키기는 더 어렵다. 경계를 정하려 할 때마다 내면에서 알 수 없는 죄책감이 솟아오른다. 오랫동안 내 무의식에 깊이 새겨진, 보이지 않는 어떤 규칙을 위반하는 느낌이다.
5. 달라지기를 간절히 바라지만, 엄마의 행복이 여전히 내 책임 같다. 엄마를 행복하게 해주는 것이 내 숙명이라고 믿는다. 엄마가 행복해하지 않으면 불안하고, 모두 내 잘못인 양 자책한다.
6. 엄마는 반대 의견을 거부로 받아들인다. "난 그저 도와주려고 했을 뿐이야" "그래, 내가 정말 나쁜 엄마인가 봐" 같은 반응이 돌아온다. 사소한 문제를 꺼내도 지나치게 방어적이고 감정이 격해져서 이성적인

대화는 거의 불가능하다. 이제는 시도조차 하고 싶지 않을 지경이다.

7. 엄마는 내게 무엇이 최선인지 자신이 가장 잘 안다고 확신한다. 늘 그랬고, 앞으로도 그럴 것이다. 적어도 엄마의 마음에는 이것이 진리다.
8. 직접적으로 말한 사람은 없지만, 엄마의 체면과 기분을 맞추는 것이 내 몫이 됐다. 명절 식사에 입고 갈 옷 고르기부터 직업이나 배우자 선택까지, 엄마는 내 모든 선택을 자신의 가치가 반영된 거울로 여긴다.
9. 엄마에게 맞서는 일은 여전히 너무나 힘들다. 엄마의 기분이 모든 분위기를 좌우하기에, 그 고요한 물결을 건드리고 싶지 않다. 잔잔한 호수에 돌을 던지기 두려운 것처럼 말이다.
10. 끊임없는 자기 의심에 시달리며, 죄책감과 함께 내 판단을 돌아보게 된다. 뭔가 결정하고 확신하기가 힘들다. 내 판단으로는 불안해서, 마음의 평안을 위해 늘 다른 사람의 인정과 승인이 필요하다.

이 중 일곱 가지 이상이 자신의 이야기처럼 느껴진다면, 당신은 지금 착한 딸 역할을 하고 있을 것이다. 이제 의문이 든다. 이것은 과연 무엇을 의미하는가?

착한 딸은 왜 착해야 하고, 문제적 엄마는 왜 문제일까?

모든 착한 딸의 삶에는 영원히 만족할 줄 모르는 엄마의 그림자가 드리워져 있다. '모녀 문제'라고 불리는 이 현상은 인류의 역사만큼이나 오래됐으면서도 각 가정과 그들만의 모계가 만드는 독특한 역기능의 결과물이다.

그 시작점에는 오랜 세월 여성에게 가해진 사회적 억압이 있다. '분수를 알라'는 말로 대변되는 가부장적 메시지는 여성의 욕망과 성장을 철저히 제한했다. 이런 환경에서 딸은 무의식중에 엄마와 하나 되기를 강요받는다. 자신만의 색을 잃어가며, 점점 더 작은 존재가 되는 것이다.

여기에 각 가정의 고유한 상처가 세대를 거쳐 전해온다. 치유되지 못한 아픔과 지나친 기대는 유전자처럼 딸의 삶에 새겨진다. 그 운명은 태어나기 전에 예견된 것이나 다름없다. 딸은 첫 숨을 들이쉬는 순간부터 보이지 않는 짐을 진다. 엄마의 딸이라는 이름으로 태어난 당신은 이전 세대의 깊은 상처 앞에서 한없이 연약한 존재일 수밖에 없다. 그러나 아이러니하게도 그 치유 과제는 고스란히 당신 몫이 된다.

그렇다면 이제 시선을 돌려, 문제적 엄마의 이야기를 들여다보자. 엄마가 돼본 사람이라면 공감할 것이다. 엄마라는 존재가 되는 순간, 여성의 정신은 가장 혹독한 시험대에 오른다. 밤

새 울어대는 아기를 달래며 불면의 시간을 견디고, 반항하는 청소년기 자녀 앞에서 평정심을 유지해야 하는 엄마는 안다. 이성이라는 마지막 보루마저 무너질 듯한 순간을. 이런 압박감은 자아가 취약한 엄마의 방어기제를 무너뜨리고, 순식간에 삶을 뒤흔든다.

  내면에 상처가 있는 엄마가 생존을 위해 발달시킨 방어기제는 파괴력이 강력하다. 투사, 부인, 합리화 같은 기제는 삶을 왜곡할 수 있다. 어린 시절 충족되지 못한 사랑과 인정에 대한 갈망은, 의식하지 못하는 사이 내면에 아물지 않은 상처로 남았다. 감수성이 예민한 딸은 엄마의 이런 고통을 본능적으로 감지하고, 그 상처를 치유해야 한다는 사명감에 사로잡힌다. 딸에게 엄마를 돌보는 일은 정서적 안전지대가 된다. 둘 다 이런 관계의 본질을 깨닫지 못한 채. 세대를 잇는 아픔의 순환 속에, 딸은 자연스럽게 착한 딸이라는 운명과 마주한다.

착한 딸이 만들어지는 과정

문제적 엄마의 딸이라고 해서 모두 착한 딸의 길을 걷는 것은 아니다. 이런 가족의 심리적 역학은 더 복잡한 양상으로 전개된다. 완벽해 보이는 엄마의 표면을 조금만 들여다보면, 그 안에 자리 잡은 불안정한 내면이 모습을 드러낸다. 엄마는 자신의 환상이나 인정하지 못한 수치심을 자녀에게 투사하며, 이를 통해 자녀를 선과 악이라는 극단적인 이분법으로 본다. 이는 엄마의 부푼 기대와 깊은 내면에 있는 두려움을 동시에 투사한 결과다. 자녀는 이런 무의식적 기대를 본능적으로 감지하고, 마치 운명처럼 각자 역할을 받아들인다. 한 무대에서 두 사람이 같은 배역을 연기할 수 없듯이, 한 가정에서 착한 딸의 자리가 채워지면 다른 딸은 자연스럽게 말썽꾸러기나 반항아 역할을 맡는다.

반항아는 엄마의 기대를 충족하는 것을 일찌감치 포기하고, 자신을 나쁜 아이라는 정체성으로 규정한다. 독립적이고 강해 보이지만, 그 단단한 껍데기 속에는 사랑받고 싶어 하는 여린 내면이 존재한다. 그래서 반항아는 깊은 관계를 두려워하고, 심리적으로 안전한 거리를 유지하려고 한다. 이처럼 반항아와 착한 딸은 정반대 모습을 보이지만, 이들은 모두 엄마의 분열한 내면이 만든 거울상이다. 반항아가 깊은 불신을 안고 살아간다면, 착한 딸은 맹목적인 신뢰로 세상과 마주한다. 서로 다른 방식이지만, 둘 다 엄마의 통합되지 못한 내면의 한 단면을 보여주는 것이다.

감수성이 예민하고 공감 능력이 뛰어난 이들은 대부분 어린 시절부터 착한 딸이라는 심리적 역할에 자연스럽게 몰입한다. 엄마의 요구를 충족하기 위해 끊임없이 노력하고 순응하며, 착한 딸이라는 이상적 이미지에 부합하려 애쓰는 것이 이들의 생존 전략이 된다. 이런 행동 패턴에서 착한 딸은 엄마의 무의식에 잠재된 완벽과 성공에 대한 환상을 실현하려 한다. 간절히 바라는 인정과 사랑이라는 보상을 얻기 위해서다. 착한 딸은 의식하든 의식하지 않든, 이런 방식으로 자신의 것이 아닌 감정의 짐을 진다.

무엇보다 착한 딸은 엄마의 기분을 살피며 조심스럽게 행동해야 한다. 얼음 위를 걷듯 신중해야 하는 것이다. 엄마가 자기애성 성격장애든, 경계성 성격장애든, 히스테리성 성격장애든, 그저 문제적 성격이든, 삶의 중심축은 엄마의 정서 상태에 맞춰져 있다. 엄마를 행복하게 만들거나, 최소한 불편하게 하지 않는 것이 삶의 최우선 과제다. 착한 딸은 무의식중에 엄마의 정서적 안정을 자신의 책임으로 받아들인다. 착한 딸은 모든 결정에 엄마가 간섭할 권리를 주고, 비난과 평가에도 무조건적인 자유를 내준다. 자신의 소중한 시간마저 엄마의 필요에 따라 양보한다. 이 패턴은 왜곡된 관계의 본질을 의심조차 하지 못한 채 지속된다. 마침내 임계점에 이르면 억눌린 감정이 한꺼번에 터진다. 하지만 곧 죄책감의 늪에 빠지고, 악순환이 다시 시작된다.

이 악순환의 밑바탕에는 아무도 서명한 적 없는 보이지 않는 계약이 있다. 그 계약서에는 엄마의 정서적 안녕을 책임지는 게 착한 딸의 의무라고 쓰여 있다.

착한 딸이라는 이름으로 살아간다는 것은 끊임없이 엄마의 체면을 세워야 한다는 뜻이다. 딸의 존재 자체가 엄마의 거울이 되기에 배우자는 사회적으로 인정받은 사람이어야 하고, 자녀는 재능이 뛰어난 모범생이어야 하며, 직장에서 성공은 숨 쉬듯 자연스러워야 한다. 심지어 옷차림 하나까지 엄마의 눈높이에 맞춰야 한다. 통통해 보이거나 품위 없는 모습은 용납되지 않는다.

엄마의 기대에 부응하는 삶은 어떤 전문직보다 고된 전업이다. 수많은 착한 딸이 그렇듯, 현실이든 상상이든 엄마의 날카로운 시선을 피하려고 모든 순간을 불안한 마음으로 점검한다. 엄마가 "그럴 줄 알았다"고 하면 마음은 수렁에 빠진다. 새로운 시작에 대한 설렘을 나누려 할 때마다, 엄마는 희망의 풍선에 구멍을 내고 만다. 결국 희망에 부푼 자신이 순진하고 어리석게 느껴진다. 엄마를 기쁘게 하려고 끊임없이 노력하지만, 그 과정에서 자신에 대한 믿음은 점점 희미해진다. 착한 딸이 된다는 의미가 바로 이것이다.

문제적 엄마 아래서 자란 이들의 이야기를 들을 때면, 단순히 엄마를 향한 원망이 아님을 깊이 이해한다. 이들은 착한 딸이라는 이름으로 엄마의 요구에 갇혀 상처 받고, 행복을 잃어갔을 것이기 때문이다. 아마도 이는 이들이 기억할 수 있는 만큼 오랫동안 계속됐을 것이다.

착한 딸이 불행해지는 이유

자신이 얼마나 파괴적인 패턴에 갇혀 있는지 처음에는 잘 보이지 않는다. 하지만 대다수 착한 딸은 설명하기 어려운 답답함과 무거운 감정을 통해 내면의 불균형을 감지한다. 모호한 불편감은 다음과 같은 심리적 증상으로 모습을 드러내는데, 내가 만난 내담자 대부분이 한 가지 이상의 문제를 복합적으로 경험했다고 한다.

- 우울증
- 불안
- 체중 문제
- 성적 콤플렉스
- 대인 관계 문제

이런 문제는 내가 착한 딸 증후군이라 부르는 증상의 일부로, 착한 딸이 되면 왜 행복하지 않은지 보여준다. 당신이 착한 딸 역할을 하고 있다면, 마음 한구석에 자신도 이해하기 힘든 깊은 원망을 품고 있을 것이다. 나 역시 그랬다. 한때 나는 엄마와 관계에서 목줄이 묶인 강아지처럼 살았다. 엄마는 내가 통제의 경계를 벗어나려 할 때마다 목줄을 강하게 당겼다. 그렇게 우리 관계의 주도권이 누구에게 있는지 끊임없이 상기시켰다. 이런 상황은 나를 좌절과 무력감으로 짓누르고, 분노로 가득 차게 만들었다.

이런 역학은 각자의 삶에 서로 다른 모습으로 드러나지만, 결국 타인을 위한 삶, 특히 엄마를 위한 착한 딸의 삶은 깊은 공허함을 남긴다. 오랜 시간 타인의 욕구에 맞춰 살아온 흔적은 불안으로 뿌리내려, 온전한 자아를 형성치 못하게 한다. 성장 과정에서 늘 엄마의 필요를 우선시했고, 엄마의 불안이 자연스러운 독립 욕구마저 억눌렀기 때문이다. 이런 삶의 모습이 어떻게 형성되는지 자세히 보자.

아이는 누구나 실수를 통해 자신만의 교훈을 얻는다. 이런 기회가 주어지지 않으면 성공도, 실패도 온전히 자신의 것이 되지 못한다. 실수한 경험에서 배우고 성장하기 어렵고, 성공했을 때조차 엄마의 도움으로 이룬 듯해 순수한 성취감을 맛보지 못한다. 오히려 일이 잘 풀릴 때마다 곧 뭔가 잘못되지 않을까 하는 불안감이 따라다닌다.

엄마가 여전히 모든 결정에 관여하고, 드러내거나 숨기는 방식으로 자신의 욕구 충족을 기대한다면 딸의 삶은 혼란스러워진다. 모녀 관계가 잘못됐다는 느낌이 들면서도 정확히 무엇이 문제인지 알기 어렵다. 엄마의 삶이 자신의 삶을 집어삼킨 듯한 답답함 속에, 엄마와 딸의 경계가 모호해진다.

착한 딸의 역할에 갇히면 삶은 엄마의 요구에 맞추거나 피하는 방식으로 흘러간다. 모든 결정을 엄마와 상의하거나, 반대로 자신의 모습을 철저히 감추며 산다. 엄마의 평가가 두렵기 때문이다. 머리 모양, 체중, 옷차림 하나하나가 엄마의 시선에서 자유롭지 못하다. 살짝 올라간 눈썹이나 한숨 소리만으로도 위축된다. 입술을 다문 표정, 날카로운 어조, 긴 한숨은 관계의 온도를 순식간에 바꾼다.

그러나 착한 딸은 자랑스러운 딸이 되기 위해, 아니 적어도 부끄럽지 않은 딸이 되기 위해 애쓴다. 그러면서 역설적이게도 너무 빛나는 것은 아닌지 전전긍긍한다. 엄마의 자존감을 건드리지 않으며 인정받아야 하는 이 아슬아슬한 줄타기가 끝없이 이어진다.

착한 딸은 여전히 엄마의 허락을 기다린다는 점이 더욱 안타깝다. 엄마를 위한 삶에서 벗어나 자신을 위해 살아도 좋다는 한 마디 승인을 기다린다. 여기에는 엄마의 인정이 없으면 아무것도 할 수 없다고 믿게 된 심리적 조건화가 작동한다. 이 모든 노력과 순응의 이면에는 간절한 소망도 하나 있다. 바로 자기 모습 그대로 살아갈 자유, 자기 삶을 꾸려가고자 하는 바람이다. 이 허락은 대부분 주어지지 않는다.

엄마의 욕구라는 식탁에 하염없이 앉아 있는 아이처럼, 일어서도 좋다는 말을 기다린다. 그러나 이 자체가 또 다른 심리적 함정이 된다. 평생 엄마의 인정이 필요하다고 배워온 이들에게 독립을 위한 자신감조차 엄마의 허락에 달렸기 때문이다. 엄마가 믿어주지 않는데 어떻게 자신의 선택을 신뢰할 수 있을까?

이렇게 해서 악순환의 고리가 이어진다.

지금까지 우리는 친절을 순종과 동일시했다. 복종이 곧 착한 행동이라고 믿었다. 하지만 더 깊은 이해로 나아가기 전에 한 가지 진실을 마주해야 한다. 착한 딸의 반대는 나쁜 딸이 아니다. 착하다는 말이 순종적이고 의존적인 모습을 뜻한다면, 그 반대편에는 자기 삶을 주도하는 독립적인 인격이 있다. 건강한 가족 관계에서는 어린 시절부터 독립된 성인으로 성장할 준비를 한다. 그러나 가족의 역할이 뒤바뀌어 딸이 엄마의 보호자가 되면 자연스러운 독립의 과정은 멈춘다. 엄마는 딸을 보내지 못하고, 딸은 자기 삶을 시작할 때를 기다리며 그 자리에 머문다.

이제는 달라질 수 있다. 변화는 조금씩, 그러나 분명하게 시작된다. 이 순간, 바로 여기부터.

2

엄마는 나를 사랑하면서
왜 나를 아프게 할까?

"엄마는 자신의 말이 어떤 영향을 주는지 아실까?"

칭찬 같은데 날카로운 가시가 있는 말, 도움이 된다며 건네도 오히려 상처를 남기는 조언… 엄마 입에서 매번 이런 말이 나온다. 정신 차려보면 와인이 어느새 절반으로 줄었고, 친구나 연인에게 전화 걸어 익숙한 이야기를 되풀이하고 있다. "오늘 우리 엄마가 또… 아니 이번엔 진짜 대박이야."

엄마는 나를 사랑하면서 왜 나를 아프게 할까? 두 가지가 동시에 성립할 순 없을 텐데….

내게 오는 수많은 여성은 절박함과 좌절, 분노와 깊은 슬픔을 안고 상담실 문을 두드린다. 이들은 비슷한 질문을 던지며, 해답을 찾기 위해 적잖은 상담료를 기꺼이 낸다. 이들은 이 모순적인 상황을 도저히 이해하지 못한다. 당연한 일이다. 우리의 무의식에 깊이 묻힌 상처와 드러나지 않은 마음의 외상이 어떻게 얽혔는지 알지 못하면, 사랑과 고통이 공존하는 이 현실을 받아들일 수 없다. 이 장에서는 그 복잡한 관계를 들여다보고자 한다.

지금 당신은 이런 생각이 들지도 모른다. '나는 엄마 때문에 다 망가졌는데, 이제 와서 엄마를 이해하라고? 내가 얼마나 더

희생해야 하는 거야? 내 인생은… 대체 언제 시작되지?'

조금만 더 기다려주길 바란다. 우리는 분명 답을 찾을 수 있다. 나는 확신한다. 엄마를 이해하는 일이야말로 당신이 치유 여정을 시작하는 데 완벽한 첫걸음이 될 것이다.

그전에 꼭 짚고 넘어갈 게 있다. 이해가 곧 용서는 아니라는 사실이다. 내 상담실에서 만나는 내담자는 참으로 다양하다. 엄마와 완전히 연락을 끊은 이도 있고, 매일 통화하는 이도 있으며, 그 사이 어딘가에도 수많은 딸이 있다. 각자 상황이 다르듯 해결책 또한 저마다 다르다.

당신이 어떤 해결책을 선택하든, 심지어 엄마와 관계를 원하지 않는다 해도 상황을 깊이 이해하면 분명 도움이 될 것이다. 엄마가 왜 그렇게 행동하는지 이해하면 당신은 마음속에 따뜻한 연민을 품고, 의지는 더 단단히 하면서 자기만의 방식으로 나아갈 길을 찾을 수 있을 것이다.

상처 받은 이들이 주는 상처

'엄마는 나를 사랑하면서 왜 나를 아프게 할까?' 이 질문의 본질을 깨닫기까지 이것은 풀 수 없는 수수께끼와 같았다. 내 안에 있는 문제와 마주하고, 한 아이의 엄마가 되고, 임상 경험과 연구를 거듭하며 비로소 이해하게 됐다. 엄마가 어떻게 성녀와 악녀의 모습을 동시에 보일 수 있는지.

　엄마는 우리를 온 마음으로 사랑하면서도, 한순간 우리 마음을 무참히 짓밟을 수 있다. 이 잔혹하고 두려운 진실이 역설적으로 우리를 자유롭게 한다. 얼마나 고통스럽든, 엄마가 얼마나 아프게 하든, 그 말과 행동이 순전히 우리를 향한 의식적인 감정에서 비롯된 것은 아니다. 그런 태도와 행동의 근원에는 엄마의 내면 깊숙이 자리한 또 다른 힘이 존재한다. 그 힘은 바로⋯ 엄마가 진 오래된 마음의 짐이다.

엄마의 마음속 짐이 우리에게 주는 영향

어떤 엄마는 손가방 하나만 들고, 어떤 엄마는 커다란 트렁크를 수없이 끌고 다닐지 모른다. 결국 모두 엄마의 짐이다. 우리가 태어나기 훨씬 전에 깔끔히 정리했다고 엄마 스스로 믿은 짐이다. 이 수많은 가방에는 무엇이 들었을까? 그 안에는 아무도 말하지 않은 이야기, 엄마조차 잊어버린 이야기가 가득하다. 오래전에 깊이 묻어두고 감춘, 부끄러움과 상처로 가득한 과거의 기억이다.

　당신은 이런 의문이 들 것이다. '내가 모르는 엄마의 이야기가 있다니, 대체 그게 뭐지? 엄마에게 그토록 깊은 상처를 남긴 비밀이 뭘까?'

이것이 수치심과 트라우마의 특성이다. 상처 받은 이들은 종종 그 사건 자체를 기억하지 못한다. 트라우마가 너무 깊으면 방어기제가 작동해 그 기억을 차단한다(이에 대해 뒤에서 더 자세히 다룰 것이다). 하지만 기억을 차단했다고 그 상처의 영향력까지 사라지진 않는다. 심리치료 분야에 이런 말이 있다. '치유하지 못한 상처는 대물림된다.' 제대로 해결하거나 풀지 못한 트라우마는 누군가 그 순환의 고리를 끊지 않는 한, 다음 세대 그 다음 세대로 끊임없이 이어진다.

되풀이되는 고통

새로운 생명이 태어나는 순간, 무한한 가능성이 시작된다. 그 순수한 시작 위에 보이지 않는 흔적이 나타난다. 엄마의 내면에 남은 오래된 상처가 자신도 모르게 아이의 심리적 지도를 그려가는 것이다. 해결하지 못한 엄마의 불안과 상처가 아이의 성장 과정에 스며들어, 어린 시절의 심리적 풍경을 만든다.

지금도 엄마는 어린 시절에 받은 상처를 무의식적으로 반복할 수 있다. 그 상처는 조용히 다음 세대로 이어진다. 이것이 '세대 간 상처(intergenerational wounding)'라 불리는 고통의 순환이다. 이 복잡한 과정을 이해하기 위해서는 트라우마부터 알아야 한다.

단순히 불쾌한 사건이 트라우마가 되는 기준은 무엇이고, 우리는 왜 여기에 주목해야 할까?

살아가다 보면 불편한 순간이 늘 존재한다. 성실한 자신이 아니라 게으른 동료가 승진하거나, 연인이 다른 사람에게 관심을 보이거나, 아이가 원하는 팀에 들지 못했다는 소식을 듣는 일이다. 이런 경험은 분명 고통스럽고, 때로는 견디기 힘들다. 하지만 이는 성숙한 어른으로서 마주하고 극복해야 할 일상의 과제다.

다행히 우리는 이런 상황을 대부분 잘 이겨낸다. 회사 연말 파티에서 연인이 내 동료에게 다가가는 모습을 목격했을 때, 그 자리에서 사라지고 싶을 만큼 당황스러울 수 있다. 마음이 그대로 무너질 듯한 순간이지만, 아무리 불편한 상황이 되더라도 그 자리를 지킬 수 있다. 이는 최악의 하루일 뿐, 트라우마로 남지 않는다.

트라우마는 기억에서 온전한 모습을 띠지 않는다. 우리가 겪은 일을 또렷이 기억할 수 있다면 아무리 불쾌해도 트라우마가 아닐 가능성이 크다. 의식이 또렷한 상태에서 나쁜 경험을 하면 한 가지 이야기처럼 기억에 자리 잡는다. 우리는 그 경험에서 교훈을 얻고 나아갈 수 있다.

트라우마는 전혀 다른 이야기다. 트라우마는 압도적이고 너무나 고통스러워서 한 번에 받아들일 수 없다. 컴퓨터가 과부하로 멈추듯, 우리 감정과 감각도 한계에 이르면 정지한다. 마음은 이제 견딜 수 없다며 그 자리를 벗어나려 한다. 육체적 고통이 극심할 때 기절하듯, 심리적 고통도 같은 방식으로 작용한다. 이는 우리가 의식적으로 선택하는 것이 아니다. 그저 일어나는 일이다.

트라우마와 우리의 마음

당신이 심각한 교통사고를 당한 적이 있다면 트라우마를 경험했을 것이다. 영화처럼 모든 장면이 천천히 펼쳐지는 것을 봤을지 모른다. 당신과 부딪힌 차의 색깔이나 모델은 놀라울 정도로 선명하게 기억나는데, 그때 비가 내리고 있었다는 사실은 완전히 잊어버렸을 수 있다. 열린 가방에서 나던 과자 냄새가 생생하고, 차체가 부딪히며 내는 끔찍한 소리가 귓가에 맴돈다. 하지만 경찰에게 사고 경위를 설명할 때는 아무것도 떠오르지 않는다. "갑자기 빨간 차가 나타났고, 정신을 차려보니 저는 도랑에 처박혀 있었어요." 이게 전부다. 사고가 얼마나 오래 걸렸는지도 알 수 없다.

 이처럼 일부 기억이 사라지는 것은 우연이 아니다. 이는 생존의 뇌가 작동한 결과다.

생존의 뇌란?

우리 뇌에는 오직 생존을 위해 존재하는 영역이 있다. 바로 생존의 뇌다. 위험한 순간이 닥치면 생존의 뇌가 즉각 작동을 시작한다. 아드레날린이 분비되면서 위협적 대상에 극도로 집중하고, 코르티솔이 전신을 휘감으며 사건을 이해하고 해결하는 해마의 기능은 정지된다. 그 순간 우리 뇌는 한 가지만 생각한다. 생존이다. 경험을 이해하고 처리하는 일은 나중 문제다. 뇌간 깊숙한 곳에서 활성화되는 이 본능적 명령은 단 하나다. 살아남기.

사람들은 트라우마 상황에 세 가지 중 한 반응을 보인다. 첫째, 과각성 상태(hyper-arousal)로 맹렬히 싸우거나 필사적으로 도망간다. 둘째, 저각성 상태(hypo-arousal)로 감각이 마비되거나 죽은 듯 얼어붙는다. 셋째, 비위 맞춤 반응(fawn)으로 상대를 달래거나 진정하려 한다. 즉 우리는 싸우거나 도망가거나, 얼어붙거나 굴복하거나, 상황을 무마하려 든다.

이 모든 생존 전략은 우리 뇌 속 가장 원시적인 부분, '도마뱀 뇌'라고도 불리는 파충류 뇌에서 비롯한다. 이 원시적이고 자동적인 뇌 영역은 수천 년 동안 진화를 거치면서도 우리 안에 있다. 세상은 변했을지 모르지만, 자연은 우리가 어떤 대가를 치르더라도 살아남아 다음 세대로 이어가기를 바란다.

생존의 뇌, 즉 무의식이 작동해 싸우거나 도망가거나, 얼어붙거나 굴복하거나, 비위를 맞추는 반응을 보인 뒤에도 아무 일 아니라는 듯 넘어갈 순 없다. 자연의 섭리는 언제나 그렇듯 대가를 요구한다. 트라우마에 따른 감정은 사라지지 않고 신경계 깊숙이 저장된다. 엄마가 소름 돋는 에디 삼촌이나 못된 앨리스 이모에 대한 불쾌한 기억을 묻어두듯이 말이다. 그렇게 처리하지 못한 모든 고통은 억압(repression)이라는 기제를 통해 의식의 지하실에 묻힌다.

당신도 억압이라는 말을 한번쯤 들어봤을 것이다. 우리는 어떤 기억이 의식적으로 잊히고 무의식으로 밀려날 때, 그 사람이 기억을 억압했다고 말한다. 이는 현실을 부정하는 상태와 같다. 불타오르는 건물에서 "이건 지옥이 아니야, 그리고 뜨겁지 않아"라고 자신을 달래듯 말이다. 비유적으로든 실제로든, 우리는 모두 감정적 자기 보호를 위해 이런 행동을 한다.

이것은 분명 거짓말이지만, 우리에게 필요한 거짓말이다. 엄마도, 나도, 모든 사람이 때때로 감정을 억누르며 살아간다. 여기서 '때때로'라는 표현에 주목할 필요가 있다. 억압의 심리적 작용은 수면 아래 잠긴 공과 같다. 끊임없이 떠오르려는 공을 물속으로 누르는 상황을 생각해보자. 공은 쉼 없이 수면을 향해 힘을 쓰고, 우리는 공을 아래로 누르기 위해 지속적인 힘을 들여야 한다.

억압된 감정도 이와 같다. 의식 아래로 밀어 넣은 감정은 끊임없이 떠오르려 하고, 우리는 이를 의식하지 못한 채 감정을 가라앉히느라 엄청난 에너지를 소모한다.

트라우마가 의식의 표면으로 떠오를 때는 온전한 모습이 아니라 조각난 형태다. 우리가 자신과 타인에게 들려주는 이야기는 퍼즐처럼 뒤죽박죽 흩어져 있다. 그 조각을 맞춰 전체 그림을 완성하려고 애써보지만, 혼자서는 결코 완벽할 수 없다. 전문적인 도움 없이는 트라우마가 의식에 온전히 자리 잡지 못한다. 그래서 그 사건에 대한 우리 기억은 언제나 불완전하다. 엄마가 트라우마를 억압하고 있다면 특정한 주제에 지나치게 예민해지고, 생각이 흐트러지며, 이성적 판단이 흐려질 수 있다. 우리는 이런 상태를 보고 엄마에게 마음의 상처가 있다고 말한다.

이런 트라우마가 감정적으로 큰 부담이 되고 제대로 해결하지 못한 상태라면, 엄마는 계속 트라우마를 피하려 할 것이다. 고통으로 가득 찬 공을 물 아래로 누르듯 그 아픔을 무의식 깊이 가라앉힌 채 살아가는 것이다.

트라우마는 보이지 않는다고 사라지는 것이 아니다. 트라우마는 우리도 모르는 새 깊숙이 잠복했다가, 특정한 순간이 되면 갑자기 수면 위로 떠올라 모든 행동에 영향을 미친다.

이렇게 트라우마를 떠올리게 만드는 방아쇠, 즉 트리거는 정확히 무엇일까? 앞서 이야기한 교통사고를 다시 생각해보자. 당신은 몇 년이 지난 뒤에도 새 차를 사러 갔다가 빨간색만 보면 혐오감이 들 수 있다. 당신이 그 이유를 의식하지 못해도 빨간색은 당신에게 트리거가 된 것이다.

  엄마가 소름 돋는 에디 삼촌이 사용하던 올드스파이스 향수 냄새를 맡고 왜 구역질이 나는지 모르는 것도 마찬가지다. 명절에 못된 앨리스 이모의 도자기 식기를 꺼낼 때, 왠지 모를 불안감이 엄습할 수도 있다. 이처럼 과거의 트라우마를 제대로 마주하고 해결하지 못하면, 그와 관련된 기억은 무의식 깊은 곳에 있다가 예상치 못한 순간에 불쑥 모습을 드러낸다.

아물지 않은 트라우마, 엄마 그리고 나

아기 엄마가 된다는 것은 늘 그렇듯, 엄마의 가장 여린 마음을 한없이 짓누르는 일이다. 이런 압박감은 아무리 단단해 보이는 아기 엄마라도 마음의 균형을 깨뜨릴 수 있다. 출산 후 육체적 고통과 정신적 부담이 겹치면서 엄마를 지탱하던 연약한 심리적 균형이 무너지기 쉽다.

  일반적으로 엄마와 아기의 유대 관계는 매우 강해서, 그 깊은 교감이 주는 기쁨은 큰 변화도 감내할 가치가 있다. 하지만 아기 엄마에게 아직 해결하지 못한 관계의 상처가 있다면, 아기와 함께하는 친밀한 순간이 오히려 묻어둔 기억을 깨우는 계기가 된다. 마음에 묻어둔 상처의 깊이에 따라, 잠재된 아픔은 언제든 표면으로 떠오를 수 있다. 그래서 엄마는 아기를 돌보면서도 이유 없이 분노를 터뜨리거나 불안해하고, 때로는 마음을 닫거나 두려움에 휩싸인다.

엄마가 '무의식적 기억(implicit memories)'에 반응할 때는 무엇이 감정을 자극했는지, 심지어 자신이 그런 상태에 있다는 것조차 알아차리지 못한다. 이는 생각보다 복잡한 현상이 아니다. '의식적 기억(explicit memories)'은 우리가 분명하게 떠올릴 수 있는 과거의 일을 말한다. 반면 무의식적 기억은 우리가 애초에 기억이라고 인식하지도 못한다. 이는 우리가 기억하는 특정한 사건이 아니라, 엄마와 에디 삼촌의 일이나 당신과 빨간 차처럼 과거에 일어난 일에 대한 자동적인 반응이나 행동으로 나타난다.

모든 무의식적 기억이 상처가 되는 것은 아니다. 오히려 대부분 전혀 해롭지 않다. 이런 상황을 떠올리자. 당신이 산길을 걷는데 길쭉하고 구불구불한 물체가 한쪽 시야에 들어온다. 순간 심장이 쿵쾅거리고, 온몸에 소름이 돋으며, 뇌가 '뱀이다!'라고 경고를 보내는 동시에 저절로 움찔거리며 뒷걸음친다. 어쩌면 비명이 터질지도 모른다. 하지만 자세히 보니 왠지 민망하다. 조금 전 목이 터져라 "뱀이다!" 소리 질렀다면 더 그렇다. 뱀이 아니라 평범한 나뭇가지였으니까.

그렇다면 실제로 무슨 일이 벌어졌을까? 이는 당신이 마지막으로 뱀을 본 순간의 무의식적 기억이 당신을 자극한 결과다. 당신의 뇌에는 '구불구불하고 가늘고 긴 것=뱀=위험!'이라는 조건화된 자극-반응의 관계가 단단히 자리 잡았다. 당신의 무의식에서는 이 모든 게 하나의 고리처럼 자연스럽게 연결돼 있었다. 그 순간 당신은 과거의 뱀을 단순히 회상한 것이 아니라, 실제로 눈앞에서 뱀을 목격하고 있었다. 실제로는 그렇지 않았지만, 당신의 마음이 순식간에 그런 결론을 내렸다. 생존을 위한 뇌 기능이 당신을 보호하기 위해 모든 신체감각을 즉각 작동했고, 재빨리 위험에서 벗어날 수 있도록 경보를 울린 것뿐이다.

우리의 무의식적 조건화는 이런 실수를 자주 반복해서 이성적인 판단이 들어설 자리가 없다. '지금은 한겨울이라 뱀이 모두 동면 중일 텐데' '대다수 뱀은 독이 없고, 사람이 건드리지 않으면 절대 공격하는 일이 없을 텐데'처럼 합리적인 생각을 할 시간조차 주어지지 않는다. 생존의 뇌는 '뱀이다! 당장 도망가!'라는 생각만 고집한다. 생존의 뇌는 우선 경보를 울리는 것이 임무고, 질문은 이후의 일이다. 그럴 만한 여유가 생긴다면 말이다.

이 모든 것이 엄마와 무슨 관련이 있을까? 모든 부모는 어린 시절부터 차곡차곡 쌓아온 무의식적 기억과 조건화된 자극-반응의 관계를 마음속 깊이 간직하고 있다. 이런 기억은 대부분 안아주고, 먹여주고, 사랑받은 따뜻한 경험에서 비롯된 긍정적인 것으로 아이를 키우는 과정에 자연스럽게 되살아난다. 이런 포근한 감정이 부모가 자녀를 돌보고자 하는 강한 원동력이 된다. 하지만 고함을 듣거나, 매를 맞거나, 무시를 당하거나, 불편한 장면을 목격하는 등 상처 받은 기억이 갑자기 떠오를 때 진정한 문제가 시작된다. 이런 순간이 오면 엄마는 순식간에 어둡게 반응하고, 이는 결국 자녀와 관계에 부정적인 영향으로 작용한다.

 엄마에게 해결하지 못한 관계의 상처가 있다면, 아이가 탄생하면서 깨어난 모성의 감정이 홍수처럼 밀려와 의식적 통제를 압도한다. 이때 우리가 반드시 이해해야 할 것이 있다. 과거의 상처는 떠오르는 순간, 단순한 기억의 회상이 아니라 생생한 현재의 경험으로 다가온다. 예를 들어 외할머니가 엄마에게 감당하기 힘들 정도로 자주 고함을 질러댔다면, 지울 수 없는 상처가 됐을 것이다. 그래서 아기 울음소리는 엄마에게 새로운 경험이 아니라 과거 외할머니의 분노를 되살리는 촉매가 된다. 엄마는 아기가 자신에게 분노한다고 느끼며, '아기가 나를 미워한다'는 왜곡된 결론에 이른다. 이처럼 모든 엄마의 양육에는 과거 경험이 깊이 스며들어 있다. 좋은 기억이든 나쁜 기억이든, 과거 경험은 아이를 바라보는 엄마의 시선에 자연스럽게 투영된다. 결국 엄마는 해결하지 못한 상처로 (적어도 어느 순간에는) 아이의 실제 모습이 아니라 자신의 과거가 투영된 모습에 반응하며 살아가는 것이다.

엄마의 트라우마가 대물림되는 과정

상상해보자. 당신의 외할머니는 '매를 아끼면 아이를 망친다'는 신념으로 주저 없이 벨트로 딸을 때렸다. 그 체벌은 단순한 훈육을 넘어 폭력이 됐다. 시간을 건너뛰어 당신이 세 살 때 어느 날을 떠올리자. 오후 5시, 엄마와 마트에 갔다가 흔히 있을 법한 떼쓰기가 시작됐다. 엄마는 당신을 달래보려 했지만 걷잡을 수 없는 상태였다. 시리얼 상자가 공중을 날고, 당신은 울부짖으며, 구경꾼이 모여들었다. 엄마는 이 상황을 평범한 육아 장면으로 받아들이지 못하고, 무력감의 늪에 빠졌다. 오랫동안 가슴 깊이 묻어둔 감정이 수면 위로 떠오른 것이다.

이어지는 상황은 익숙한 패턴이다. 손찌검하고, 소리 지르고, 비난하는 등 여러 가지 모습이 나타난다. 트라우마에 휩싸인 엄마는 당신을 마치 어린 시절 자신을 학대한 외할머니로 착각한 듯 반응한다. 아무리 부적절해 보일지라도 엄마는 자신을 지키려는 듯 반격한다. 이런 복잡한 심리적 역동성은 뒤에서 자세히 다룰 것이다.

시간이 지나면 엄마는 죄책감과 후회 때문에 괴로워한다. 순간 이성을 잃었다고, 도대체 자신이 왜 그랬는지 모르겠다고 말한다. 이 말은 거짓이 아니다. 실제로 엄마는 이성적이고 합리적인 판단을 하는 뇌 기능과 일시적으로 단절됐다. 어린 시절 할머니에게 맞을 때 겪은 무력감이 오랫동안 가슴 깊은 곳에 있다가 딸의 떼쓰기로 되살아났다. 그리고 모든 인간에게 있는 생존 본능 속 투쟁-도피 반응이 이번만은 지지 않겠다는 의지로 폭발한 것이다.

하지만 엄마가 진짜 잃어버린 것은 보살핌이 필요한 연약한 존재, 바로 딸을 향한 따뜻한 마음이다. 가족의 특별한 요리법이 세대를 거쳐 전해지듯, 엄마의 내면에 새겨진 상처 역시 모녀 관계를 따라 이어진다. 이는 엄마와 딸 사이 애착 관계를 뒤흔드는 근원이다. 여기서 우리는 충격적인 사건도 트라우마가 될 수 있지만, 아이의 불안정하고 혼란스러운 혹은 회피적인 애착 유형을 형성하는 것은 이런 상처가 만드는 반복된 패턴이라는 사실에 주목해야 한다. 유년기 전반에 겪는 이런 트라우마는 발달 트라우마 혹은 관계적 트라우마라고 부른다.

세대를 거듭하는 상처는 깊은 바닷속을 흐르는 해류처럼
보이지 않는 곳에 존재하며 끊임없이 영향을 준다.
물론 세대를 통해 이어지는 상처가 모두 신체적 학대처럼 직접적이거나 분명한 것은 아니다. 정면에서 받은 상처는 그 실체가 분명하지만, 등 뒤에서 받은 상처는 정체를 알아차리기 어렵다. 문제적 엄마는 이런 보이지 않는 상처를 전달하는 데 능숙하다. 여성은 오랜 역사 속에서 자신의 힘을 드러내는 것을 두려워하도록 길들었다. 많은 엄마는 분노와 같은 강한 감정을 숨기고 약화하는 방법을 배웠다. 겉으로 온화함을 보이면서도 내면에는 칼날을 품는 것이다. 이런 이중적 태도가 모녀 관계에서 나타날 때, 심리적 충격이 매우 크다. 표면적으로 일상적인 순간도 내면에 깊은 상처를 주는 계기가 될 수 있다. 이는 신체적 폭력만큼 강한 정서적 고통을 남긴다.

어쩌면 당신의 엄마도 이런 모습을 보였을 것이다. 손찌검하거나 고함을 치는 일은 없었을지 모르나, 숨긴 상처는 더 은밀하고 감지하기 어렵게 마음에 스며들었다. 그 영향력은 날카롭게 느껴졌다.

당신의 엄마가 다음과 같은 말을 한 적은 없는가?

- "어머, 그 원피스 예쁘다. 근데 요즘 회사에서 스트레스를 받아 살이 좀 쪘나? 어깨가 끼어 보이네."
- "아파트가 참 근사하더라. 우리 딸 월급으로 감당하기에는 좀 벅차 보이는데… 엄마가 걱정돼서 하는 말이야. 나중에 힘들어질까 봐."
- "승진 축하해. 엄마도 기쁘지. 그런데 우리 손주들 어린이집에 너무 오래 있는 거 아닐까? 다른 엄마들은 어린이집 끝날 시간에 데리러 가던데…."

엄마는 이처럼 날카로운 말을 하면서도 딸을 위한 거라며 그 상황을 덮어버린다. 자신의 말이 딸에게 얼마나 깊은 상처를 남기는지 전혀 알아차리지 못한 채 말이다.

당신 마음 한구석에는 여전히 '왜?'라는 의문이 있을 것이다. 내가 엄마에게 상처 준 적도 없는데 왜 이렇게 공격적인 말을 할까? 왜 이런 상황이 녹음기처럼 반복될까? 엄마는 왜 과거의 상처에서 자신을 지키려는 듯 끊임없이 방어적인 태도를 보일까? 이 복잡한 심리의 마지막 퍼즐을 맞추기 위해서는 우리 내면에 자리 잡은 무의식적인 '통제감 회복 욕구(need for mastery)'를 들여다볼 필요가 있다.

통제감 회복 욕구란 무엇인가?

숨어 있던 트라우마가 자극할 때, 우리의 반응 가운데 일부는 트라우마를 통제하고자 하는 욕구에서 비롯된다. 한 가지 예를 보자. 어린아이가 낯선 의사의 손에 들린 주사기 앞에서 맛보는 두려움과 무력감은 깊은 심리적 흔적을 남긴다. 그 아이는 나중에 곰 인형에게 주사 놀이를 하며, 자신이 힘 있는 존재가 돼서 과거의 무력감을 치유하려 한다.

우리가 트라우마를 다루는 심리도 이와 다르지 않다. 유년기 아이가 인형에게 주사를 놓는 행위처럼, 우리 내면에는 고통스러운 경험을 재현하려는 근원적 욕구가 있다. 이는 과거의 무력감을 극복하고 내면의 통제력을 회복하려는 자연스러운 심리적 반응이다. 우리의 심리는 본능적으로 트라우마적 경험을 재구성하며, 이를 통해 상처를 극복하려 한다. 무의식은 끊임없이 과거의 순간으로 돌아가 새로운 결말을 찾으려 한다. 심리학에서는 이런 현상을 '반복 강박(repetition compulsion)'이라 부르며, 이는 평생 지속될 수 있다.

감정의 빨간 단추

삶에서 마주하는 빨간 단추의 순간은 깊은 내면의 상처와 연결된다. 특히 엄마가 특정한 상황에서 반복적으로 보이는 반응의 이면에는 해결하지 못한 과거의 트라우마가 자리할 수 있다. 이런 상처가 자극될 때, 엄마는 지나친 감정 반응을 하거나 자녀에게 집착하는 모습을 보인다.

  이런 반응 패턴은 시간이 지나도 쉽게 바뀌지 않는다. 원치 않는 결과가 예상되는데 동일한 행동을 반복하는 것은 엄마와 자녀의 내면에 각인된 심리적 흔적 때문이다. 자녀는 엄마의 과거 트라우마와 무관한 존재지만, 예민하고 방어적이며 두려움에 빠지거나 분노로 가득 찬, 때로는 자기중심적이고 무심해 보이는 엄마의 모습을 마주한다. 이는 엄마 내면의 해결하지 못한 상처가 현재 관계에 투영된 결과다.

내면에 새겨진 트라우마의 흔적

엄마의 내면에 숨은 상처가 어떤 형태로 표현됐든, 핵심적 사실이 하나 있다. 모든 아이는 엄마에게 전적으로 의존할 수밖에 없다는 것이다. 애착 체계는 부모와 자녀를 이어주며 '이 사람과 유대를 형성해야 한다'는 신호를 보낸다. 동시에 생존 체계는 '이 사람에게서 살아남아야 한다'고 경고한다. 이처럼 충돌하는 두 체계는 끊임없이 '엄마는 적인가, 구원자인가?'라는 질문을 던진다.

이토록 복잡하고 깊은 질문 앞에서 연약한 아이가 답을 찾기란 불가능에 가깝다. 그래서 대다수 아이는 엄마의 결점을 받아들이는 방식으로 나름의 애착 유형을 형성하며 적응한다. '지금 함께 있는 사람을 사랑하라'는 생물학적 명령이 작동하는 것이다. 착한 딸인 우리는 엄마와 관계에서 살아남기 위해 여러 가지 방식을 터득한다. 엄마에게 맞추거나, 엄마를 피하거나, 엄마의 감정 상태를 예민하게 살피는 행동이다. 이렇게 형성된 초기 애착 패턴은 이후 모든 관계에서 기본 틀로 작용한다.

초기 애착 패턴의 영향은 더 심각한 결과로 이어진다. 엄마의 폭력이나 분노를 경험했다면, 타인에게 자신의 연약한 모습을 보이기는 거의 불가능한 일이 된다. 특히 예측할 수 없는 양육을 받은 민감한 자녀는 불안정한 애착 패턴을 발달시키며,

이는 일종의 심리적 보호막이 된다. 불안정한 애착은 구체적인 행동 양상으로 나타난다. 관계에서 지나치게 노력하고, 받아들이기 힘든 상황도 견뎌내며, 날카로운 비난이나 정서적 무시조차 정상적인 것으로 받아들인다. 이것이 정상적인 관계라고 인식하는 것이다. 이렇게 트라우마는 엄마에서 딸로 보이지 않는 유산처럼 전해진다.

당신은 엄마가 어떻게 사랑과 상처를 동시에 줄 수 있는지 안개가 걷히듯 조금씩 이해하기 시작할 것이다. 이런 이해가 과거의 행동을 정당화하진 않지만, 그 일의 본질과 원인을 이해하는 데 도움이 된다. 억압된 트라우마는 깊이와 강도가 다양하게 나타나지만, 기본적인 작동 방식은 동일하다. 어린 시절의 해결하지 못한 상처 이야기를 풀어줄 단서가 여전히 존재한다는 점이 중요하다. 이런 단서를 하나씩 살펴보며 과거의 진실과 치유의 방향을 더 명확히 알 수 있다.

이제 그 과정을 함께 살펴보려 한다.

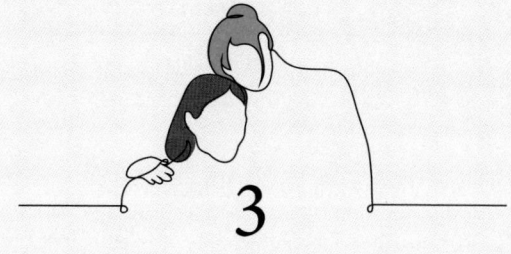

3

우리 엄마는
성격장애일까?

"엄마와 관계가 너무 힘들어서 근본적인 문제가 있는 건 아닌지
진지하게 고민할 때가 있다. 엄마가 정상인지 아닌지 정말 모르겠다.
내가 엄마를 결코 이길 수 없다는 건 확실하다."

2장에서 트라우마가 뇌에 어떤 영향을 주는지, 그것이 어떻게 문제적 엄마를 그토록 다루기 어려운 존재로 만들었는지 살펴봤다. 이야기는 여기서 끝나지 않는다. 엄마가 받은 상처가 매우 깊거나 오래됐고, 생존의 뇌가 방어기제로 계속 반응했다면, 그 방어는 심리 전문가들이 말하는 성격장애 수준에 이를 수 있다. 어쩌면 이런 이야기가 당신에겐 전혀 새롭지 않을지 모른다.

그렇다면 성격장애란 정확히 뭘까? 성격장애는 그 자체로 존재하는 실체가 아니다. 오히려 뭔가를 피하려는 방식이며, 채워지지 않은 뭔가를 대신하는 것이다. 구체적으로 말해 성격장애는 내면의 공허함과 고통을 피하려고 발달시킨 행동과 태도의 총체다. 엄마의 성격장애나 이와 관련된 특성은 어린 시절부터 마음 깊이 자리 잡은 상처에 대한 반응 혹은 일련의 방어적 반응이다.

방어기제란 무엇인가?

우리가 이런 대처 방식을 방어기제라고 하는 이유는 이것이 개인을 고통에서 보호하기 때문이다. 그렇다면 이 방어기제는 왜 어린 시절이 지난 지금까지 우리 안에 머무를까? 비록 무의식 깊은 곳으로 밀려났지만, 이 방어기제는 어린 시절이 한참 지나고도 끝나지 않은 전쟁을 계속하며, 싸움이 끝났다는 것을 알아차리지 못한 채 그곳에 남는다. 이런 지속성은 축복이면서 저주다. 당장은 고통을 덜어주지만, 결국 그만한 대가를 치르기 때문이다.

　예를 들어 트라우마가 발생했을 당시에 엄마는 현실과 자신을 분리하거나, 어린아이처럼 퇴행하거나, 그 위협 자체를 완전히 부정했을 수 있다. 트라우마를 반복적으로 재연하며 행동으로 표출했을지도 모른다. 재연이라는 방어는 트라우마를 생각하지 않게 해주지만, 재방송처럼 끝없는 고통의 순환을 만든다. 엄마는 자신의 내면적 반응을 다른 사람에게 투사해 그들을 적으로 경험했을 수도 있다. 이런 방어와 세상을 마주하는 여러 방식은 어리고 무력해서 달리 방법이 없던 엄마가 힘든 시기를 버티게 해줬다. 하지만 이것이 엄마 성격의 일부가 됨에 따라 현재 삶에서 작동하며 문제를 해결하기는커녕, 더 복잡한 관계의 문제를 만든다.

　이처럼 엄마의 대처 방식은 비효율적이어도 결국 엄마의 고유한 존재 방식으로 자리 잡는다. 수십 년 동안 내면의 아픔과 함께 살아오면서, 특정한 대처 행동의 반복은 점차 엄마다운 모습으로 받아들여진다. 임상적 관점에서 엄마의 이런 방어기제는 결국 자기애성 성격장애, 경계성 성격장애, 히스테리성 성격장애로 나타나거나, 때로 세 가지가 얽혀 복합적으로 드러나기도 한다.

이런 성격장애는 심리학자들이 반사회성 성격장애와 함께 'B군' 성격장애라고 부르는 복잡한 심리적 양상을 띤다. 우리는 각각의 장애가 연속선에 존재한다는 사실을 이해해야 한다. 따라서 엄마가 특정 성격장애의 진단 기준에 정확히 부합하지 않더라도, 특정 성격장애와 관련된 행동 특성을 보일 수 있다. 엄마의 대처 방식이나 방어기제가 경직되고 극단적일수록 성격장애 진단에 가까워지고, 변화 가능성은 그만큼 희미해지며, 엄마와 의미 있는 관계를 맺기는 더 어려워진다.

여기서 대처 기제의 모습은 사람마다 다르게 나타날 수 있지만, 이들은 모두 공통된 심리적 목적을 향한다는 사실에 주목해야 한다. 공통된 목적은 이들이 누군가를 자극해 어린 시절에 채우지 못한 마음의 빈자리를 보상받으려 한다는 점이다. 착한 딸이란 이름으로 살아온 우리가 그 누군가였을 것이다. 우리의 가장 오래된 기억부터 늘 그랬다.

엄마의 그림자가 시작되는 순간

아기는 세상에 태어난 순간부터 본능적으로 엄마의 얼굴을 찾는다. 영혼의 창이라 불리는 엄마의 눈동자를 바라보며, 한 가지 목표를 향해 나아간다. 전적으로 의존적인 존재로서 자궁 밖 세상으로 나온 아기는, 생존을 위해 유일한 끈을 찾아 나선다. 자신을 세상으로 데려온 이와 나누는 따뜻한 교감이다.

심리적으로 건강한 엄마의 아이는 자연스럽게 이 교감을 이룬다. 하지만 엄마의 눈빛에서 기쁨 대신 슬픔이나 불안 혹은 무관심을 마주했다면, 그때부터 모녀는 전혀 다른 길을 걷기 시작한다. 어쩌면 청소년기 이전에는 순수한 사랑 이야기였을 수 있다. 하지만 엄마가 아이의 성장을 배신으로 받아들이는 순간, 견딜 수 없는 현실에 대한 응징으로 사랑을 거둬들인다. 이런 관계의 경험이 어땠든, 처음 만난 순간부터 오랜 시간에 걸쳐 엄마를 마음에 담는 과정은 우리 안에 특별한 '내면화된 엄마(internalized mother)'를 새겨 넣는다.

우리 안에 존재하는 엄마

어린 시절, 온전히 의존적인 존재로서 엄마를 받아들이는 과정은 자연스럽게 아이의 마음과 감정, 신경계에 깊이 스며든다.

이렇게 새겨진 엄마의 모습은 시간이 흘러도 내면에 살아 숨 쉰다. 이 내면화된 엄마와 날마다 마주하며 달래고, 맞서고, 달래려 애쓰는 동안 수치심이 들고, 교정되고, 때로는 위로를 받는다. 엄마가 멀리 있든 가까이 있든, 강력하게 새겨진 엄마의 존재는 무의식에서 모든 걸음을 함께한다.

엄마의 온전한 수용만큼 강력한 힘을 주는 경험은 없다. 이는 영원한 포옹이나 단단한 갑옷처럼 작용해서, 우리 내면 깊은 곳에 어떤 어려움이 닥쳐도 결국 괜찮아지리라는 믿음을 심어준다. 이렇게 생의 첫 순간부터 경험한 안정적인 사랑은 세상을 한결 부드럽고 안전한 곳으로 만든다. 반면 이런 믿음직한 수용의 감각 없이 살아가는 여정은 무엇보다 고단하다. 이 수용의 감각이야말로 착한 딸이 가장 갈망하면서도 끝내 온전히 채우지 못하는 결핍이다.

엄마의 본모습을 찾아서

착한 딸이라는 틀에 갇혔을 때, 엄마에게 진정한 이해를 구하는 일은 돌에서 피를 짜내는 것과 같다. 엄마의 마음 깊은 곳에 자리 잡은 어린 시절의 상처는 오래전에 굳어버렸고, 그 단단한 껍데기는 상처를 치유할 유일한 약인 인간의 정마저 받아들이지 못하게 한다. 그래서 그 아픔은 영원히 아물지 못한 채,

엄마는 상처와 함께 살아간다.

딸은 끊임없이 엄마의 본모습을 찾아 나선다. 치유를 갈망하는 엄마의 상처 받은 내면에 닿으려고 애쓰지만, 이는 불가능하다. 엄마는 아무도 내면에 들여보내지 않는다. 자신의 취약한 모습을 보여주기가 두렵기 때문이다. 그러다 보니 딸은 계속 엄마의 방어벽에 부딪힌다. 수없이 상처 받고 멍들면서도 엄마의 본모습이 아니라 단단한 방어벽과 마주할 뿐이다.

엄마가 세운 방어벽은 역설적으로 엄마이자 엄마가 아니다. 엄마의 일부지만 온전한 모습은 아니라는 말이다. 그래서 상처 주는 행동에 책임을 묻거나 공감을 구하려 할 때마다 막막할 뿐이다. 엄마가 그 상황을 자신의 방식대로 해석하려 하는 한, 이는 승산 없는 싸움이다. 이런 왜곡된 관계의 굴레는 딸을 벗어날 수 없는 곤경에 빠뜨린다.

늘 자신이 옳다고 믿으며 진심 어린 미안함을 모르는 사람과는 진정한 교감을 나눌 수 없다. 친밀감은 주고받음에서 시작된다. 때로는 자기 잘못을 인정하고 미안함을 표현할 줄 아는 용기가 필요하다. 신뢰와 존중은 양쪽의 솔직한 모습이 있어야 쌓을 수 있다. 이는 문제적 엄마에게 불가능한 일이다. 앞서 말했듯이 사람은 어떤 상황을 극복하려는 시도에서 같은 패턴을 반복한다. 엄마의 방어적인 태도는 무엇이 깊은 상처를 건드릴 때마다 그것을 이겨내려는 몸부림이다. 그래서 딸이 이해와 수용, 사랑을 갈망하는 동안 엄마는 자신의 감정적 생존을 위해 싸운다. 적어도 엄마의 내면에서는 그렇게 느낀다. 딸의 바람은 지극히 자연스럽다. 엄마가 그 간절한 필요를 채워줄 수 없을 뿐이다.

오랫동안 억눌러온 트라우마를 다스리려는 절박한 노력에서, 엄마는 자기애성이나 경계성 혹은 히스테리성 방어기제를 작동한다. 이 방어기제는 한번 작동하면 승리할 때까지 멈추지 않는다. 엄마의 내면에서는 반드시 이겨야 한다. 깊이 감춘 내면의 상처가 드러나지 않도록 막아야 하기 때문이다.

이런 무의식적인 방어기제야말로 엄마가 같은 행동을 반복하는 근원적 이유다. 엄마는 자신이 그런 행동을 한다는 사실조차 알아차리지 못한다. 적어도 의식 차원에서는 그렇다. 딸에게 상처 주는 현실을 스스로 인정할 수 없으며, 딸 앞에서 인정하기는 더욱 불가능하다. 이것이 방어기제의 본질이다. 방어기제는 가장 깊은 내면의 동기조차 자신에게서 감추기 위해 작동하는 심리적 장치다. 이 방어기제가 무너지면 모녀는 감당하기 힘들다.

엄마의 방어벽이 무너질 때 벌어지는 일

당신은 이미 그 순간의 고통과 마주했을지 모른다. 어쩌면 잠자는 사자의 코털을 건드린 당사자거나, 엄마의 방어기제가 산

산조각 나는 순간을 지켜본 불운한 목격자였을 수도 있다. 그랬다면 내면의 방어기제가 무너질 때 치솟는 감정의 격랑만큼 두려운 것은 없다는 사실을 뼈저리게 알 것이다. 위협을 당할 때, 엄마가 평생에 걸쳐 정교하게 구축한 첫 번째 방어벽이 순식간에 무너질 수 있다. 심리적 압박이 가중될수록 더 원초적이고 파괴적인 두 번째 방어벽이 그 모습을 드러낸다. 깊은 절망감, 통제력 상실, 고통스러운 진실을 외면하고 자신을 달래거나 주의를 돌리려는 필사적인 시도가 제방이 무너지듯 쏟아진다. 마침내 모든 방어벽이 무너지면 엄마는 완전히 무력해져 내면으로 침잠해서 절망의 늪에 빠지거나, 감당 못 할 우울의 심연으로 가라앉을 수도 있다.

당신이 어린 시절에 그 순간을 목격했다면, 부모가 서서히 무너지고 자신을 잃어가는 모습이 얼마나 근원적인 공포로 각인되는지 알 것이다. 그래서 감히 고요한 일상의 물결을 흔들 생각조차 할 수 없었다. 당신은 결코 판단력이 부족한 아이가 아니었다. 평화로운 가정을 지키기 위해 순응이라는 길을 선택했을 뿐이다. 엄마가 자신을 바라보는 모습 그대로, 엄마가 만든 현실 속 이야기를 있는 그대로 받아들였다. 어린아이는 선택의 기로에 설 때마다 그 안전한 허상의 세계를 선택할 수밖에 없었다.

당신은 매우 이른 시기에 깊은 깨달음을 얻었을 것이다. 엄마의 상처 받기 쉬운 내면을 건드리지 않는 법을, 엄마가 마주하기 두려워하는 진실을 드러내지 않는 법을. 당신과 엄마의 관계는 그 섬세한 심리적 균형 속에 형성됐다.

엄마의 성격장애는 이처럼 정교한 방어벽으로 작동한다. 과거의 깊은 상처, 생존의 뇌가 여전히 경계하는 감당할 수 없는 수치심, 존재의 공허함, 마음의 고통에서 엄마를 보호하는 것이다. 그 절실한 방어의 순간이 오래전에 지나갔는데도 이런 심리적 특성은 점차 굳어져 자신과 타인을 대하는 경직된 삶의 방식이 돼간다. 이는 보이지 않는 사슬처럼 엄마 곁의 모든 사람을 속박한다. 그들은 엄마가 자신과 벌이는 내면의 전쟁 속 무력한 포로가 된다.

이것이 정서적 상처가 있는 모든 엄마에게서 발견되는 근원적인 심리적 작용이다. 그 구체적인 모습은 엄마의 어려움이 어떤 성질인지에 따라 다르게 나타난다. 이런 다양한 양상을 살펴보자.

자기애성 성격장애가 있는 엄마

당신의 엄마는 늘 특별한 대우를 받아야 한다고 여기는가? 자신이 다른 이들과 구별되는 존재라 믿는가? 주변 사람의 감정은 아랑곳하지 않고 행동하는가? 이런 모습이 보인다면 당신의 엄마는 자기애성 성격장애가 있을 수 있다.

아무도 나르시시스트로 태어나지 않는다. 엄마의 나르시시즘은 아주 어린 시절에 그 뿌리가 있을 것이다. 건강한 정서 발달에 필요한 사랑과 따뜻한 보살핌을 제대로 받지 못했기 때문이다. 갓 태어난 당신이 엄마의 눈에서 사랑의 빛을 찾고자 했듯이, 엄마 역시 어린 시절 자신의 엄마 눈에서 그런 사랑을 갈망했을 것이다. 심리학자들은 이처럼 양육자와 주고받는 기쁨의 교감을 '자기애적 공급(narcissistic supplies)'이라 한다.

나르시시스트가 그런 모습으로 변모하는 것은 정서적 자양분인 자기애적 공급이 부족했기 때문이다. 달리 말해 당신의 엄마가 나르시시스트라면, 어린 시절 자신이 있는 그대로 특별하다고 느끼지 못했다. 이런 정서적 결핍을 안고 유년기를 보낸 사람은 평생 '내면의 공허함(internal emptiness)'을 채우려는 끝없는 여정을 걷는다.

당신의 엄마가 타인의 시선에 예민하고, 문화적·종교적 혹은 가족의 이상에 부응하기 위해 지나치게 노력하며, 완벽해 보이는 겉모습을 구축하고 유지하는 데 몰두하는 이유가 바로 이것이다. 당신의 엄마는 끊임없이 자신의 존재 가치를 입증해야 하는 듯 행동하고, 실제로도 그렇다. 대부분 자신에게 하는 증명이다. 나르시시스트에게 원초적 상처의 본질은 이 깊은 '무가치함(worthlessness)'에 있기 때문이다.

엄마는 자신이 진정 가치 있는 존재임을 끊임없이 증명하려고 하면서 평생을 보낸다. 자신에게도, 주변 사람에게도. 어떤 엄마는 이런 완벽함과 인정받고 싶은 욕구를 노골적으로 드러낸다. '내현적 자기애(covert narcissistic)'가 있는 엄마는 완벽을 향한 집착을 훨씬 더 미묘하게 표출한다. 딸의 일거수일투족을 통제하면서도 자신의 특별해지고 싶은 욕망을 감추는 엄마는 자녀를 위해 모든 걸 바치는 헌신적인 모습으로 보인다. 하지만 이면에는 특별해지고 싶은 자신의 근원적 갈망을 자녀에게 투영하는 것이다.

나르시시스트 엄마의 자존감은 구멍 난 양동이 같다. 아무리 부어도 그 안에 담긴 모든 게 끊임없이 새고 만다. 착한 딸이란 이름으로 살아온 당신은 평생 엄마의 구멍 난 양동이에 물을 부었을 것이다. 그 지난한 노력은 매번, 어김없이 허사로 돌아갔을 것이다.

당신이 엄마의 행복을 위해 모든 걸 헌신하는 동안, 엄마는 내면의 공허함으로 딸에게 진정으로 공감하지 못한다. 당신이 엄마의 기대에 부응할 때는 환희에 찬 모습을 보이다가도, 당신이 어려움을 겪을 때면 불안해하며 비판의 칼날을 들이댄다. 나르시시스트 엄마에게 딸은 독립된 인격체가 아니라, 자신의 또 다른 모습이자 연장선으로 존재할 뿐이다. 심리학자들은 이런 왜곡된 모녀 관계의 특성을 '자기애적 확장(narcissistic extension)'이라 부른다.

경계성 성격장애가 있는 엄마

'엄마가 나한테 화가 났나?' '이번에는 내가 뭘 잘못했을까?' 당신 마음속에 이런 생각이 끊임없이 맴돌고, 엄마에게 상처를 준 건 아닌지 밤낮으로 고민한다면, 당신 엄마는 경계성 성격장애일 수 있다.

경계성 성격장애가 있는 엄마는 불안한 어린아이처럼 당신에게 매달린다. 당신의 사적인 영역을 무분별하게 침범하고, 당신의 시간과 관심을 요구하며, 실제적인 위협이든 상상 속 두려움이든 거절당하거나 버림받을까 봐 극심한 공포에 시달린다. 그래서 엄마는 결코 당신을 놓지 못한다. 아니 놓을 수가 없다, 영원히.

경계성 성격장애의 뿌리는 사람에 따라 다른 모습으로 자리 잡지만, 대부분 혼란스러운 어린 시절이나 성적 학대, 극단적이고 반복적인 트라우마처럼 깊은 상처의 경험이 그 기저에 있다. 감당하기 힘든 트라우마를 견디기 위해 생존의 뇌가 쉼 없이 움직이는 동안, 엄마의 내면에는 조각나고 뒤틀린 자아가 형성돼간다. 엄마는 이런 불완전한 심리적 토대에서 일상을 꾸려가기도 버거운 상태로 아이를 키우며 강렬한 감정적 도전과 마주하는 것이다.

그 결과 경계성 성격장애가 있는 엄마는 감정이 롤러코스터를 탄다. 한순간 환희의 절정에 올랐다가도 이내 절망의 심연으로 추락하기를 반복하는 것이다. 누군가를 깊이 알기도 전에 맹목적인 숭배의 대상으로 삼았다가, 그들이 기대에 미치지 못하면(그들은 늘 그렇다) 순식간에 그 가치를 완전히 부정한다.

대상 항상성과 분열

우리는 앞서 아이들이 자기 삶에서 중요한 의미가 있는 사람을 어떻게 마음에 새기는지 살펴봤다. 경계성 성격장애가 있는 엄마는 성장기에 안정적이고 믿음직한 보호자가 없었기에, 그녀가 내면화한 대상은 조각나거나 분열된 상태였다. 엄마가 일관된 모습을 보여주면 아이는 자연스럽게 엄마의 서로 다른 면모가 한 사람 안에 공존한다는 사실을 이해한다. 심리학에서는 이런 현상을 '대상 항상성(object constancy)'이라고 부른다.

  엄마가 지나치게 예측 불가능하고 절제되지 않은 모습을 보일 때, 아이는 깊은 혼란에 빠진다. 따뜻하게 안아주다가도 돌연 화를 내며 손찌검하는 엄마가 같은 사람이라는 현실을 받아들이기 어렵기 때문이다. 이때 생존의 뇌는 엄마의 이미지를 선과 악으로 분리한다. 동화 속 이야기에 등장하는 요정 같은 좋은 엄마와 마녀 같은 나쁜 엄마로 말이다.

  이렇게 극단적인 분리야말로 경계성 성격장애의 본질적 특성이다. 경계성 성격장애가 있는 엄마는 무의식에서 자신을 구원할 이와 버릴 이로 세상을 나눈다. 이 이분법에서 딸조차 자유롭지 못하다는 점이 더 아프다. 딸은 불가피하게 엄마에게 의존하면서도, 엄마의 내면에서는 구원자라는 무거운 역할을 받는다. 그래서 딸이 독립을 시도할 때마다 엄마는 극단적인 감정의 소용돌이에 휩싸인다. 참으로 씁쓸한 운명이다.

경계성 성격장애가 있는 엄마는 '버림받음(abandonment)'이라는 원초적 상처가 마음 깊이 스며들었다. 이것이 엄마를 끊임없이 따라다니는 근원적 트라우마다. 심리학자들은 아이가 엄마에게서 자연스럽게 멀어졌다 가까워졌다 하는 중요한 발달 단계를 '재접근기(rapprochement)'라고 부른다. 이 시기에 아이의 엄마는 유아기에 나타나는 자연스러운 분리와 결합의 과정을 감당하지 못했다. 그 결과 지극히 정상적인 발달 과정이 아이의 내면에서 완전한 거부 경험으로 자리 잡아, 지울 수 없는 상처가 된다.

살얼음판을 걷는 일상

경계성 성격장애가 있는 엄마의 딸에게는 결코 엄마를 실망시켜선 안 된다는 숙명적 과제가 있다. 이는 태생적으로 불가능한 과제다. 엄마의 감정은 사소한 불씨 하나에도 폭풍우 속으로 휘말리기에, 엄마 곁에서는 살얼음판을 걷는다는 표현조차

이 고단한 현실을 온전히 담아내지 못한다. 엄마에게서 독립해 자신의 삶을 일구고 싶은 딸의 자연스러운 열망마저 엄마는 배신으로 받아들인다. 다른 지역에 있는 새로운 직장이든, 페루에서 3개월 동안 꿈같은 배낭여행이든, 시댁 식구와 함께하는 소박한 크리스마스 아침이든 엄마가 허락할 때까지 미룰 수밖에 없다.

경계성 성격장애가 있는 엄마는 미세한 진동에도 울리는 크리스털 잔처럼 감정의 균형을 잃기 쉽다. 극단적인 순간에 "나는 모든 사람에게 짐이 될 뿐이야"라며 자책하는 말을 하거나, 생을 마감하겠다는 위협을 하고, 실제로 자해하기도 한다. 경계성 성격장애가 있는 엄마를 둔 착한 딸은 이런 불안정한 흐름 속에 자신이 엄마가 살아가는 이유이자 엄마의 생명줄을 쥔 존재라는 무거운 깨달음과 마주한다. 덜 극단적인 양상을 보이는 경우라도 엄마는 거절을 감당하지 못한 채 딸이 독립적 삶을 향해 내딛는 발걸음을 막으려 든다.

히스테리성 성격장애가 있는 엄마

성격장애가 있는 엄마 중에서 가장 드문 유형이 히스테리성 성격장애가 있는 엄마다. 이는 단순한 통계적 사실이지만, 이런 엄마 밑에서 자란 딸에게는 공허한 숫자에 불과할 것이다. 끊임없이 스포트라이트를 갈구하는 이런 엄마는 무대 위의 주연 배우처럼 산다. 딸의 남자 친구에게 은근히 교태를 부리고, 친구들 앞에서 과장된 연기를 펼치며, 공공장소에서는 극적인 장면을 연출한다. 정작 딸이 필요로 할 때는 곁에 없다는 게 가장 아픈 진실이다.

심리학자들은 히스테리성 성격장애가 어린 시절의 극심한 정서적 외상에서 비롯했으리라고 본다. 메마른 땅에서 피어난 꽃처럼 진정한 정서적 교감을 경험하지 못한 채 성장한 이런 엄마는 과장된 감정이라는 화려한 외양 뒤에 공허한 내면을 숨긴다. 세상은 그녀를 활력과 매력이 넘치는, 늘 밝게 빛나는 여성으로 본다. 그러나 곁에서 지켜보는 이들은 이 모든 것이 완벽한 연극임을 안다. 이런 엄마가 끊임없는 요구와 피상적인 관계, 충동적인 행동 패턴을 보이는 것도 안다. 히스테리성 성격장애가 있는 엄마의 내면에 자리 잡은 원초적 상처가 채워지지 않는 결핍(neediness)이기 때문이다.

이런 엄마의 딸로 산다는 것은 영원한 조연의 삶과 같다. 딸이 승진 소식을 전하거나 오래 공들인 프로젝트의 성공을 자랑스럽게 이야기해도, 항상 엄마의 그림자에 가려져야 한다. 딸에게 엄마의 지지가 간절히 필요한 순간이 와도, 그것은 이뤄질 수 없는 소망일 뿐이다. 엄마는 결코 딸의 든든한 버팀목이 되지 못한다. 어린 시절에 신뢰할 만한 울타리 없이 성장한 엄마는 평생 돌봄의 갈증을 안고 살아간다. 엄마는 끝나지 않는 오디션 무대에 선 어린아이처럼 자신을 무한히 사랑하고 소중히 여기며 전적으로 품어줄 이상적인 부모의 역할을 관객에게 끊임없이 갈구한다. 그녀는 화려한 연기 뒤에 숨겨둔 의존성으로 딸이 의지할 수 있는 엄마가 되는 데 필요한 심리적 성숙에 영원히 도달하지 못한다.

중독의 그림자를 안고 사는 엄마

문제적 엄마가 특정 물질이나 행동에 중독됐다면, 그 내면에는 성격장애라는 더 깊은 그림자가 존재할 수 있다. 중독은 트라우마적 어린 시절을 겪은 이에게 흔한 심리적 흔적이다. 성격장애가 있는 엄마는 정서적 고통을 달래려는 과정에서 내면의 고통을 잠시나마 잊게 해주는 것에 의지한다. 알코올, 약물, 충동적 쇼핑, 도박, 과식 등으로 견딜 수 없는 감정이 마비되게 하려는 것이다. 가장 기본적인 인간관계에서도 상처 받은 이에게 순간의 위안은 거부하기 힘든 유혹이다.

  이런 중독적 행위는 그 자체로 새로운 문제의 고리를 만든다. 이 즉각적이고 가시적인 문제는 오히려 그 밑에 숨은 성격장애의 실체를 가리는 역할을 한다. 엄마가 술에 취해 비틀거리거나, 쇼핑으로 재산을 날리거나, 섭식 장애로 고통스러워할 때, 이런 당면한 위기는 압도적이어서 완벽주의나 버림받음에 대한 두려움 같은 근원적 상처가 보이지 않는다. 특히 알코올의존증이나 약물중독에 빠진 사람이 내면의 공허함과 고통을 마주하려면 중독 행위부터 멈춰야 한다. 수많은 중독 행동 치료에 활용되는 AA 모델(Alcoholics Anonymous model, 1935년에 시작된 중독 치료 프로그램으로 비슷한 고통을 겪는 이들끼리 지지하고 경험을 나누는 치유 공동체를 만드는 게 핵심이다. 중독 행위 중단을 넘어 깊은 정서적 연결과 상호 지지를 통한 근본적 치유를 추구한다.— 옮긴이)이 인간적 유대를 치유의 핵심으로 삼는 데 주목할 필요가 있다. 이는 우연이 아니다. 근원적 관계 회복이야말로 진정한 치유의 시작점이기 때문이다.

성격장애가 있는 엄마와 살기

지금까지 살펴본 성격적 특성에서 당신 엄마의 모습을 발견할지 모르겠다. 이런 성격적 특성은 그 깊이와 강도에서 다양한 스펙트럼을 이룬다. 예를 들어 경계성 성격장애 성향이 있는 엄마라도 사돈과 크리스마스 식사 같은 자리는 무난히 견딘다. 우리가 직면해야 할 진실은 성격장애가 그 정도와 관계없이 지속적이고 견고한 특성이 있다는 점이다. 이는 당신의 엄마가 근본적으로 변화할 가능성이 희박하다는 의미다. 특히 스펙트럼의 심각한 영역에 있는 엄마는 세상과 타인, 가장 중요하게는 자녀와 관계에서 드러나는 자신의 행동 방식에 아무 문제도 없다고 믿는다. 그러니 관계에 균열이 생길 때마다 그 원인을 타인에게서 찾는다.

여기서 우리는 더 본질적인 문제와 마주한다. 앞서 이야기한 세 가지 성격장애는 한 여성이 엄마로서 자녀를 돌보는 능력을 손상한다. 딸에게 절실히 필요한 정서적 돌봄을 제공하는 능력이 심각하게 제한되는 것이다. 엄마의 돌봄 부족은 딸의 삶에 짙은 그림자를 드리운다. 엄마의 성격장애가 심각할수록 딸은 불안과 우울, 관계적 어려움으로 방황한다. 안정된 모성 이미지를 내면화하지 못한 채 성장했기 때문이다. 자기중심적이고 끊임없는 요구, 극단적 감정 표현으로 점철된 엄마와 관계에서 왜곡된 양육의 그림자가 드리워진 것이다. 그렇게 성장한 착한 딸의 모습이 더욱 안타깝다. 이들은 엄마의 감정 변화에 민감하게 반응하고, 엄마의 안녕을 확인하는 게 습관이 돼서 자기 삶까지 엄마의 필요를 채우는 데 맞춘다.

성격장애가 있는 엄마의 양육 방식

건강한 가정에서는 아이의 필요가 가장 중요한 위치를 차지한다. 이는 인간 발달의 자연스러운 섭리다. 하지만 엄마에게 성격장애가 있을 때, 근본적인 질서는 완전히 뒤집힌다. 아이에게 필요한 안정된 보금자리는 엄마의 불안정한 심리 상태에 따라 끊임없이 흔들리는 불확실한 공간이 된다. 정서적으로 건강한 엄마는 딸이 독립된 인격체로 성장하게 돕지만, 성격장애가 있는 엄마는 그럴 수 없다.

"돌이켜 보면 엄마는 내가 독립적으로 살도록 허락하지 않았어요." 엄마는 자녀의 독립이라는 자연스러운 성장 과정에 맞서, 자신과 자신의 필요를 절대적 우선순위로 둔다. 그러다 보니 딸은 자기 목소리를 찾고 고유하게 살아가기가 점점 더 어려워진다. 앞서 언급했듯이 이런 뒤틀린 관계가 항상 표면적으로 드러나진 않는다. 여성이 사회적 기대와 역할을 깊이 내면화하고 있기에, 성격장애가 있는 엄마의 행동은 종종 교묘하게 은폐되거나 미묘한 방식으로 표출된다.

성격장애가 있는 엄마의 은밀한 통제 양상

- 영아기 : 성격장애가 있는 엄마는 아이의 삶에서 자신이 유일한 중심이 되길 바란다. 다른 사람이 아이에게 의미 있는 존재가 되는 것을 거부한다.
- 유아기와 학령기 전 : 딸이 독립적인 모습을 보이면 성격장애가 있는 엄마는 불편함을 드러낸다. 즉각적으로 처벌하고, 발달 과정의 자연스러운 행동도 반항

으로 여겨 수치심이 들게 한다. 통제가 최우선이다. 이 수치심은 평생 지속돼 자기표현이나 꿈을 실현하기 어렵게 만든다.

- 학령기 : 딸이 유치원이나 어린이집에 다니기 시작하면 성격장애가 있는 엄마는 이중적인 태도를 보인다. 학교에서 뛰어난 성과를 내길 바라면서도, 엄마 곁이 아니면 위험하다는 메시지를 전달한다. 이런 모순된 요구는 딸에게 분리 불안을 일으킨다.
- 사춘기 전 : 성격장애가 있는 엄마는 딸의 교우 관계에 개입한다. 친구의 단점을 찾아내는 데 집중하며, 마음에 들지 않는 친구는 못 만나게 한다. 이 과정에서 딸은 자신의 판단력을 믿지 못하게 되고, 이는 성인이 되고 나서 대인 관계에도 영향을 준다.
- 청소년기 : 모녀 관계에 필연적 긴장이 펼쳐지는 이 시기는, 성격장애가 있는 엄마 때문에 심각한 갈등으로 발전한다. 엄마는 딸의 연애나 성적 성숙을 위협으로 받아들인다. 딸은 이에 대한 반응으로 몰래 행동하거나 위험한 행동에 가담하기도 한다. 이런 경험은 성인이 되고 나서 성 정체성에도 복잡한 영향을 남긴다.
- 결혼 : 성격장애가 있는 엄마는 딸의 결혼식에 자신의 의견을 지배적으로 내세운다. 결혼식 준비 과정이

대부분 엄마의 취향에 따라 결정된다. 이런 개입은 결혼 생활에도 마찬가지다. 부부 관계에 제삼자가 관여하면서 결혼 생활의 균형이 흔들리고, 이는 회복하기 어려운 상처로 남는다.

- 딸의 첫아이 : 성격장애가 있는 엄마에게 첫 손주의 탄생은 새로운 정체성의 전환점이 된다. 이상적인 할머니상을 구현하려는 강렬한 열망으로 일일이 조언하고, 가족의 모든 결정에 자신을 포함하려 한다. 이 과정에서 딸의 심리적 동반자 역할을 자처하며, 결과적으로 아이의 부모는 점차 양육에 주체성을 잃어가는 왜곡된 관계가 형성된다.

지금까지 살펴본 모든 관계의 특성이 모여 큰 흐름을 만들었다. 그래서 엄마는 우리가 독립된 가정을 이룬 지금도 삶에 영향력을 행사한다. 어린 시절부터 우리의 독립성은 조금씩 희생됐고, 늘 엄마의 필요가 먼저였다. 이런 패턴은 성인이 된 지금도 여전하다. 우리는 이런 관계의 모습이 익숙하지만, 그동안 이것이 의미하는 바를 깊이 생각지 못했을 수 있다. 이제는 달라질 수 있다. 지금부터 이 오래된 패턴을 이해하고 새로운 관계의 가능성을 만들어가자.

성격장애가 있는 엄마의 또 다른 교묘한 통제 방식

- 엄마의 기분이 가족의 모든 것을 좌우한다. : '엄마가 행복해야 모두 행복하다'는 말이 가족의 규칙이다. 가족의 평화를 위해서는 엄마가 괜찮은 상태여야 한다. 자녀는 엄마의 작은 감정 변화도 놓치지 않고 읽는 법을 배운다. 엄마가 입술을 꾹 다물고 팔짱을 끼며 "난 괜찮아!"라고 할 때, 문을 쾅 닫고 주방에서 냄비를 거칠게 다루는 소리가 들릴 때, 가족 모두 이제 시작됐다는 걸 안다.

- 자녀의 약점을 가장 잘 안다. : 자녀의 성장 과정을 지켜봤고, 자녀가 털어놓은 비밀도 모두 기억하기 때문이다. 건강한 엄마는 갈등 상황에서 이런 약점을 건드리지 않지만, 문제적 엄마는 이것을 무기로 사용한다. 자신에게 필요할 때마다 자녀가 부끄러워하는 이야기를 꺼내거나, "농담이야" "장난도 못 치니?"라는 말로 약점을 건드린다. 보호받아야 할 관계에서 오히려 조롱당하는 경험은 자녀에게 상처가 된다.

- 침묵으로 자녀를 통제한다. : 대화를 거부하는 이 행동은 모든 연령대에서 고통스럽지만, 특히 어린 자녀에게 상처로 남는다. 부모가 말하지 않고 무엇이 잘못인지도 알려주지 않을 때, 자녀는 견딜 수 없이 불

안하다. 침묵은 때로 직접적인 꾸중보다 큰 상처가 된다. 자신이 무엇을 잘못했는지, 어떻게 해야 관계가 회복될지, 이 상황이 언제 끝날지 전혀 알 수 없기 때문이다. 이는 아이 곁에 있으면서도 완전히 무시하는 이중적인 태도로, 아이에게 깊은 공포심을 주는 가장 비극적인 학대다.

- 비난을 걱정으로 포장한다. : "엄마니까 너에게 이런 말을 해줄 수 있어"라는 문장으로 시작되는 말은 대부분 상처를 준다. 자녀의 자존감을 깎아내리는 행동을 바른길로 인도하는 것이라고 포장한다. 평소에 자녀를 지지하는 엄마가 가끔 하는 쓴소리는 도움이 될 수 있다. 거의 모든 상황에서 이런 말을 공격의 수단으로 사용한다면, 이는 모성을 가장한 정서적 폭력이다.

- 문제의 본질을 교묘하게 바꾼다. : "네가 너무 예민한 거야"라는 말로 상황을 뒤집는다. 엄마는 자녀의 마음을 이해하고 자신의 행동을 돌아보는 대신, 자녀의 반응을 문제 삼아 책임을 전가한다. 결국 자녀의 감정은 무시되고, 상처 받은 마음은 개인의 성격 문제로 치부한다.

- 관심이라는 이름으로 자녀의 삶에 개입한다. : "지난번에 말한 그 회사 맞지? 월급이 얼마라고?"처럼 답

을 알면서 일부러 묻는다. 특히 자신이 말린 선택에 대해 이런 질문을 한다. 이는 자녀의 결정을 흔들고 자신을 의심하게 만드는 전형적인 방법이다.

- 자신이 상처 준 것을 인정하지 않는다. : "그런 일이 있었다고? 엄마가 그랬을 리 없잖아. 네가 잘못 기억하는 거 아니야?"라며 자녀의 기억을 부정한다. 상처받은 순간에 대한 자녀의 기억을 무시하거나 왜곡함으로써, 문제를 해결할 기회를 차단한다. 결국 서로 다르게 기억한다는 이유로 깊은 상처는 해결하지 못한 채 남는다.
- 자녀의 성취를 깎아내린다. : "그 정도로 그렇게 들뜰 일이니?"라며 자녀의 기쁨을 무너뜨린다. 자녀의 성공이 위협으로 다가올 때, 엄마는 간접적인 방식으로 시기심을 드러낸다. 자녀의 자부심을 부적절한 것으로 만들어, 보이지 않는 경계를 넘었다는 신호를 보낸다.

이런 심리적 역학이 엄마를 생각할 때마다 좌절하고 우울과 절망에 빠지게 되는 이유다. 이런 통제는 늘 그 자리에 있었고, 지금도 평범한 일상에 감춰진 채 영향력을 행사한다.

엄마가 스스로 변할 수 있을까?

우리가 직면한 현실을 있는 그대로 바라보자면, 안타깝게도 이는 쉽게 해결될 문제가 아니다. 엄마의 방어기제는 견고한 성벽 같아서, 주변의 모든 이를 밖으로 밀어내는 동시에 자신마저 그 안에 가둔다. 엄마의 내면 깊은 곳에는 자기애성, 경계성, 히스테리성 방어기제라는 단단한 갑옷이 있다. 그 갑옷 아래 한없는 무가치함과 수치심, 메울 수 없는 공허가 웅크리고 있다. 엄마는 이 고통스러운 진실을 필사적으로 감추려 한다. 자신과 타인에게 들려주는 그럴듯한 이야기는 허상으로 만든 붕대처럼 깊은 상처와 공허를 덮으려는 시도일 뿐이다.

이런 상황에서 엄마는 정서적 생존을 위해 몸부림친다. 엄마는 자신이 갈망하는 인정과 이해를 얻고자 끊임없이 애쓴다. 하지만 엄마의 내면은 여전히 불완전하다. 그곳에는 채워지지 않은 공허가 있다. 이 공허가 너무 크기에, 엄마는 딸이나 아들로 빈자리를 채우려고 한다.

자기애성, 경계성, 히스테리성 방어기제에 의존하는 엄마는 자신이 만든 심리적 함정에 갇혀 있다. 겉으로 보이는 위장된 모습을 벗어던지지 않고는 이 상황에서 빠져나올 수 없지만, 역설적으로 그 위장만이 자신을 지켜줄 수 있다고 굳게 믿는다. 이렇게 뒤얽힌 관계의 함정은 결국 엄마를, 착한 딸인 우리를 악순환에 빠뜨린다.

엄마는 이 악순환의 굴레에서 벗어날 수 있을까?

안타깝게도 가능성은 희박하다. 악순환을 끊으려면 엄마 스스로 자신을 깊이 들여다봐야 하지만, 이는 모든 방어벽을 내려놔야 하는 과정이다. 자신의 내면과 마주할 준비가 되지 않으면 엄마는 겉으로 보이는 모습과 방어적인 태도를 유지할 것이다. 이런 방어는 자녀와 관계가 무너지는 순간에도 계속될 수 있다. 성격장애가 깊은 경우라면 자신의 방어벽을 돌아보고 도전하는 치료를 시작하기는 더욱 어렵다. 불가능한 일은 아니나, 드문 일이다.

중요한 사실을 짚고 가자. 지금까지 설명한 사례는 각 성격장애의 가장 심각한 경우다. 이런 방어적 태도는 정도의 차이가 있으며, 모든 엄마가 이런 모습을 보이진 않는다. 하지만 많은 딸이 평생 엄마가 변하기를 기다리며 사는 것을 봐왔다. 내면의 자유를 얻기 위해 꼭 엄마가 변할 필요는 없다. 그래서 다음 장에 오직 딸을 위한 해결책을 소개할 것이다.

자기해방으로 가는 길

지금은 해결책이 없어 보일 수 있다. 엄마의 심리적 문제를 깊이 들여다본 뒤에 더 큰 절망감이 들 수도 있다. 하지만 희망은 있다. 지금까지 엄마의 방어적 태도에 발이 묶인 우리의 공감 능력, 섬세함, 따뜻한 마음이 오히려 치유와 자유로 가는 길잡이가 될 수 있다. 이 소중한 자질을 엄마가 아니라 온전히 우리 자신을 위해 사용하는 방법을 배우는 일이 필요하다.

상처 주는 관계의 특성을 이해하는 것과 상대를 비난하는 것은 다르다. 엄마의 행동이 우리를 힘들게 하는 것은 사실이다. 어느 때는 어린아이처럼 감정적으로 행동하고, 어느 때는 끊임없이 대화를 시도하며 엄마를 설득하려 한다. 엄마의 단단한 방어벽을 마주하면 누구나 힘들다. 관계가 좋아지기를 바라지만, 자신의 잘못을 절대 인정하지 않는 엄마 앞에서 이성적으로 대처하기 어렵다. 이는 자연스러운 반응이다.

이것이 우리가 새로운 대처 방식을 배워야 하는 이유다. 관계를 단절하기 위해서가 아니라, 자신을 보호하고 더 건강한 관계를 만들어가기 위해서다. 이 책은 그 변화의 여정에 함께 하고자 한다. 성격장애가 의심되는 문제적 엄마의 딸로 사는 것은 오랫동안 보이지 않는 주문에 걸린 것과 같다. 엄마의 방어적인 태도는 어린 시절부터 자녀에게 잘못된 믿음을 심었다. 모든 문제의 원인이 자신에게 있다는 믿음, 자신이 부족하다는 믿음. 이는 분명 거짓이다. 우리가 알아차리지 못한 채 엄마를 위해 짊어진 무거운 짐이다.

1~3장에서 우리는 많은 것을 알게 됐다. 어떤 이는 짐작하고 있던 진실을 확인하고, 어떤 이는 새로운 깨달음을 얻었을

것이다. 삶을 오랫동안 옥죄어온 문제의 근본적인 원인이 보이기 시작했다. 엄마가 왜 자녀를 끊임없이 위축시키려 했는지, 왜 그런 행동을 지금도 반복하는지 이해할 수 있다.

이 모든 상처와 갈등이 내 잘못이 아니었다는 깨달음이 오랜 심리적 족쇄를 풀고 악순환의 고리를 끊는 첫 번째 열쇠다. 이 심리적 족쇄에서 어떻게 벗어날 수 있을까? 분노나 격정이 아니라 맑은 자각을 통해, 차분하고 이성적인 명료함으로 이룰 수 있다. 여기서부터 우리는 잃어버린 자신의 힘을 되찾기 시작한다.

4

이제 내 이야기를 들려줄 차례

"트라우마는 단순히 과거에 갇힌 상태가 아니라
현재를 온전히 살아가지 못하는 고통이기도 하다."
베셀 반 데어 콜크(Bessel von der Kolk)

2~3장에서 엄마가 혼란스럽게 행동하는 이면에 있는 심리를 살펴봤다. 이를 통해 엄마가 상처 주는 행동이나 이기적인 행동, 때로는 잔인한 행동을 하는 근원을 이해하게 됐기를 바란다. 이 모든 상황의 원인이 결코 자신에게 있지 않다는 사실을 깨닫는 것이 더욱 중요하다. 엄마의 문제는 우리가 태어나기 훨씬 전부터 시작됐다. 우리가 비합리적인 상황에 합리적으로 대응하고 있을 뿐이다.

이런 깨달음으로 충분할까? 엄마의 행동 방식을 이해하게 된 것은 분명 의미 있는 첫걸음이다. 그러나 이해만으로 평생 이어온 패턴을 바꾸기에는 역부족이다. 이것은 엄마와 딸의 심리적 춤사위를 멈추게 하지 못한다. 우리는 간절히 바란다. 언젠가 엄마가 모든 걸 이해해주기를, 우리가 이 끝없는 굴레에서 벗어나기를. 하지만 걸음마를 배우듯 자연스럽게 몸에 밴 이 관계의 리듬은 우리를 다시 그 속으로 빠져들게 한다. 이것은 우리의 일부가 됐고, 서로의 정체성에 깊숙이 새겨졌다. 이토록 깊이 뿌리내린 패턴을 깨뜨리기는 쉽지 않다. 많은 시간과 노력이 필요하다. 나는 이렇게 반복되는 패턴을 '착한 딸의 함정'이라고 부른다.

착한 딸의 함정에서 벗어나는 길은 하나뿐이다. 이 끝없는 심리적 드라마에서 우리가 어떤 역할을 하는지 들여다보는 것이다. 어째서 엄마는 아무도 흔들 수 없는 우리 내면을 쉽게 뒤흔들까? 왜 우리는 모든 상황을 절실하게 받아들이며, 그 고통이 이토록 견디기 힘들까?

앞으로 여러 장에서 우리는 가장 빈번하게 나타나는 네 가지 함정을 살펴볼 것이다. 이 함정에서 자유로워지는 방법, 상처를 치유하는 과정, 나아가 이 함정을 피하는 방법도 알아볼 것이다. 이 장에서는 착한 딸의 함정이 어떻게 형성되는지, 이 함정을 피하기가 왜 그렇게 어려운지, 어떻게 하면 이 함정에서 벗어날 수 있는지 실마리를 찾아보고자 한다.

첫 번째 질문, 우리는 왜 이것을 함정이라 부를까?

함정이란 결국 우리를 유혹하는 장치다. 함정은 순수하고 무해한 모습으로 위장한 채, 서서히 본모습을 드러내는 교묘한 덫이다. 우리는 계속 함정으로 걸어 들어간다. 수년간 아픈 경험을 했는데도 눈앞에 다가온 함정을 알아채지 못한다. 우리는 왜 이 끝없는 유혹의 고리를 끊어내지 못하고, 상처의 순환에 갇혔을까? 이 질문의 답을 찾아 거슬러 올라가면, 우리는 모든 문제적 엄마의 원형이자 가장 근원적인 힘인 자연의 섭리와 마주하게 된다.

자연은 우리 내면에 깊은 생존 본능을 심었다. 이 본능은 태어나는 순간부터 엄마와 애착 관계를 통해 형성되고, 성장하면서 복잡하고 미묘한 심리적 패턴으로 발전한다. 우리는 엄마의 안정과 인정을 얻기 위해 자신만의 방법을 터득한다. 엄마를 삶의 중심에 두고, 엄마에게 모든 결정권을 내주며, 엄마가 내뱉는 가슴 아픈 말을 묵묵히 견뎌낸다. 이런 적응 과정은 우리 안에 자리 잡은 독립이나 자율의 욕구와 충돌을 일으키면서도 멈추지 않는다. 우리는 어린 시절부터 지금까지 엄마와 관계에 자신을 맞춰왔다. 이는 자연이 우리 몸과 마음에 새겨 넣은 원초적인 심리 기제다. 이 뿌리 깊은 심리적 각인이 착한 딸의 함정이라는 반복되는 패턴의 근원이다.

함정이 만들어지는 심리적 지형

지금까지 우리는 성격 특성이 각기 다른 엄마의 내면을 살펴봤다. 자기애성, 경계성, 히스테리성 성격장애가 있는 엄마는 자녀가 고통을 호소해도 같은 반응을 반복한다. 이는 그들의 방어기제가 작동하기 때문이다. 이런 반응은 대부분 엄마의 의식이 미치지 못하는 심리 영역에서 일어난다.

문제는 우리가 엄마의 방어기제나 심리적 방아쇠를 건드렸다는 사실을 알아차리지 못한다는 점이다. 우리는 엄마의 과잉반응이나 통제 시도 앞에서 그런 반응을 불러일으킬 만한 잘못을 했으리라 여긴다. 엄마의 행동 이면에 있는 상처나 공허감은 보지 못한 채, 같은 현실을 공유하고 있다고 착각한다. 모든 엄마가 그렇듯, 우리 엄마도 자신만의 과거라는 짐을 안고 양육을 시작했다. 그래서 우리가 무심코 건드린 상처가 엄마의 방어기제를 자극할 때마다 분노와 비판 혹은 지나친 의존으로 자신을 보호하려 한다. 이 과정에서 결국 우리에게 또 다른 상처가 생긴다.

이런 심리적 역동을 좀 더 살펴보기 위해 구체적인 사례로 접근하고자 한다. 어린 시절에 버림받은 상처가 있는 엄마가 있다. 이 상처는 엄마의 내면에 독특한 방어기제를 심었다. 엄마는 누군가가 자신을 떠날지 모른다는 불안만으로 저항하거나, 움츠러들거나, 분노를 폭발하거나, 선제공격을 감행한다. 자녀가 자연스러운 독립을 향해 한 걸음 내디딜 때마다 엄마의 오래된 상처는 깊은 울림을 만든다. 이 울림은 자녀를 심리적으로 미묘하게 조종한다. 엄마는 자녀가 조금이라도 독립적으로 성장하려 할 때마다 치명적인 상처를 받은 듯 반응한다. 이런 패턴이 반복되면서 자녀는 자연스러운 독립의 욕구조차 이기적이라는 '왜곡된 핵심 신념(false core belief)'을 내면화한다.

이런 심리적 패턴이 반복돼 내면 깊은 곳에 점진적인 변화가 일어난다. 엄마의 방어기제와 자녀의 반응이 얽혀들며 만드는 복잡한 관계의 춤사위는 자신에 대한 근본적인 믿음 체계를 형성하고, 정체성의 핵심이 된다. 왜곡된 자기 인식은 성인이 되고도 이어져, 기본적인 욕구를 충족하려 할 때마다 죄책감에 짓눌린다. 엄마와 통화하다가 전화를 끊고 싶을 때, 혼자만의 시간이 필요할 때와 같은 자연스러운 순간에도 자신이 이기적이라고 자책하는 것이다.

우리 삶은 왜곡된 인식 속에 깊은 의문 없이 흘러간다. 이런 대우가 과연 정당한지, 마땅히 받아들여야 하는지 질문조차 하지 못한 채 시간이 흐른다. 오히려 이 모든 걸 당연하게 여기며, 때로는 우리 결점을 완벽히 꿰뚫는 유일한 사람이 엄마라고 믿는다.

하지만 엄마는 자신의 방어기제가 허용하는 방식으로 반응할 뿐이다. 엄마는 자신의 반응이 우리 내면에 어떤 상처를 남기는지 모른다. 이런 반응은 우리의 진정한 가치와 무관하지만, 우리 존재 자체에 대한 평가처럼 각인된다. 의식적으로 이치에 맞지 않다는 걸 알면서도 무의식은 이를 절대적 진리로 받아들이고 운명이라 여긴다. 착한 딸의 함정 핵심에 자리 잡은 이 '무의식적 계약(unconscious agreement)'이 자신에 대한 부정적 믿음을 떨쳐내기 어려운 근본적인 원인이다.

나도 모르게 맺어진 계약

모든 착한 딸의 함정에는 생존의 뇌가 만든 보이지 않는 무의식적 계약이 있다. 이는 우리의 원초적인 뇌가 만든 생존 전략이다. 우리는 엄마의 안정이 나의 안전이라는 무의식적 믿음 속에 이 보이지 않는 계약을 받아들인다. 엄마도 생존의 뇌에 따라 관계의 춤에 동참하면서, 깊은 무의식적 계약의 한 축이 된다. 이렇게 형성된 무의식적 계약은 우리 내면에 뿌리내려, 단단한 매듭처럼 자유로운 심리적 움직임을 제한한다.

이런 복잡한 마음의 작용을 단번에 이해하기란 쉽지 않다.
이 과정이 어떻게 흘러가는지 하나씩 살펴보자.

1. 일상적인 대화나 상호작용이 엄마의 억눌린 상처나 내면의 불안을 자극한다.
2. 엄마는 방어기제로 반응한다. 직접적인 비판이나 과잉된 감정 반응, 우회적인 비난으로 상처를 준다.
3. 우리는 엄마가 이렇게 상처 주는 행동을 엄마니까, 엄마가 옳아야 한다는 믿음 때문에 마땅히 받아들여야 할 것으로 여긴다.
4. 이런 상황이 반복될수록 우리는 자신에 대한 왜곡된 핵심 신념을 형성한다. 엄마의 이런 대우를 이해하기 위해 그 원인을 자신의 내면에서 찾고, 각자의 심리적

함정 속에서 다음과 같은 자기 인식을 발전시킨다.

   a. 나는 누군가에게 진정한 사랑을 받을 자격이 없는 사람이다.

   b. 내 필요를 우선시하는 것은 이기적인 행동이다.

   c. 단 한 번 실수로도 모든 기대를 저버릴 수 있다.

   d. 최선을 다해도 남들만큼 못 하면 나는 무능한 사람이다.

   e. 나 자신을 엄격히 통제하지 않으면 모든 이에게 실망을 줄 수 있다.

   f. [나의 내면에서는 들리는 목소리]

5. 왜곡된 핵심 신념은 엄마를 지키기 위한 무의식적 계약에서 비롯된다. 이는 우리가 주입한 자기부정의 메시지로, 다음과 같이 나타난다.

   a. 엄마가 나보다 우월하며, 모든 면에서 판단력이 낫다.

   b. 엄마의 감정이 절대적 우선순위이며, 내 감정은 부차적이다.

   c. 엄마의 의심과 걱정을 내면화해서 내 것으로 받아들여야 한다.

   d. 엄마의 비난과 상처는 필요한 교정이며, 감내해야 할 과정이다.

이런 무의식적 계약을 받아들이는 순간, 무의식적 계약은 우리의 핵심 신념을 더욱 공고히 한다. 이런 신념은 시간이 흐르면서 독자적인 생명력을 얻은 듯 성장해, 모녀 관계를 더 복잡한 심리적 매듭으로 만든다. 이 과정에서 우리는 관계에 불편과 고통을 느끼면서도 무엇이 잘못됐는지, 이 심리적 올가미에서 어떻게 벗어날 수 있는지 모른 채 갇히고 만다.

앞으로 여러 장에서 이런 심리적 함정의 실체를 들여다볼 것이다. 먼저 우리가 이 함정에 얼마나 순식간에 빠져드는지, 왜곡된 신념의 계약이 우리 삶에서 어떻게 펼쳐지는지 한 가지 예를 통해 살펴보자.

1. 엄마는 극도로 보수적인 가정에서 자랐다. 집안에서 성(性)은 철저한 금기였고, 드물게 언급되더라도 속삭임 수준을 넘지 않았다. 엄마는 성장기에 연상의 사촌에게 성적 학대를 받았다. 혼란과 공포, 깊은 수치심 속에 이 사실을 누군가에게 말하면 자신이 비난받으리라 믿었고, 결국 그 아픔을 홀로 삼켰다.
2. 세대를 건너 시간이 흘렀다. 딸과 함께 성인식 드레스를 고르는 상황. 피팅 룸에서 나온 딸은 자신이 성장한 모습을 보여주고 싶은 기대감으로 가득했다. 드레스는 자연스러운 실루엣이 드러나는 디자인인데, 엄마는 차분히 다른 옷을 권하는 대신 극단적인 분노

를 표출했다. 매장 전체에 울리는 목소리로 "천박하구나. 내가 살아 있는 한, 그런 옷은 절대 입을 수 없어!"라고 소리쳤다.

3. 갑작스러운 상처와 수치심이 온몸을 휘감는다. 엄마의 분노가 어디서 비롯됐는지 이해할 수 없는 가운데, 깊은 내면에서 자책의 목소리가 들린다. 이 순간, 엄마와 딸에게는 아무 잘못도 없다. 엄마의 여성성이 어릴 때 겪은 학대의 원인이 아니듯, 딸의 성장도 부끄러워할 일이 아니다.

4. 엄마의 평안을 깨뜨리지 않으려는 무의식적 욕구, 통제력을 잃은 엄마 앞에서 느끼는 본능적 두려움이 새로운 행동 패턴을 만든다. 파티에 대한 기대는 숨기고, 연애 이야기는 피하며, 엄마가 싫어할 옷차림은 하지 않는다. 그렇게 시간이 흘러, 친구를 만나러 갈 때면 조용히 차 안에서 옷을 갈아입는다. 이것이 모든 긴장을 피하는 가장 안전한 방법이다.

5. 시간의 흐름과 자연의 법칙은 성장이라는 불가피한 과정을 이끈다. 이 과정에서 모녀 관계는 긴장 상태에 놓인다. 옷차림과 데이트의 경계를 넘어, 점차 모든 관계적 선택을 둘러싼 갈등이 이어진다. 엄마의 경직된 태도는 누그러들지 않고, 대화는 십중팔구 딸의 눈물로 끝난다. 내면에서는 엄마가 지나치게 반응

한다는 걸 알면서도 그 본질은 모호하다. 분명한 것은 정숙함, 데이트, 관계에 대한 모든 선택이 충분치 않다는 뼈아픈 깨달음뿐이다. 이는 어떤 면에서 정확한 직관이다. 어떤 선택도 엄마의 원초적 상처를 지울 수 없기 때문이다. 이 부족함을 자신의 결함으로 받아들이는 것은 오해다. 왜곡된 믿음은 모녀가 관계의 소용돌이 뒤에 숨은 과거의 상처를 보지 못하기 때문에 생긴다. 아무리 완벽한 순수와 정숙으로 무장해도 엄마의 과거를 치유하기에는 부족하다.

6. 엄마의 인정을 갈구하도록 각인된 내면의 지형은 심리적 순환을 만든다. 정숙을 추구하고, 이상적 관계를 갈망하며, 여성성을 억제하려는 시도가 계속된다. 여성성을 결함으로 여기는 무의식적 신념이 뿌리내렸기 때문이다.

7. 결혼하고 오랜 시간 독립적으로 살아왔는데도 문밖에 나서기 전의 강박적 자기 검열이 계속된다. 자신의 모습이 부적절할지 모른다는 내면의 불안이 생생하다. 자연스러운 성적 욕망조차 죄책감을 동반하고, 성숙한 여성으로 살아가면서도 성적 감정을 부정적으로 인식하는 심리적 굴레가 계속된다.

8. 세월이 흐른 어느 날, 직장에서 성희롱을 당한다. 동료의 신고 권유에도 내면의 장벽이 선명한 행동의 경

계를 가로막는다. 이런 반응이 비합리적임을 인식하면서도, 모든 책임을 자신에게 돌리는 오래된 심리적 패턴이 작동한다.

착한 딸의 함정은 이렇게 작동한다.

엄마가 자신을 보호하려고 만든 방어기제가 딸에게 대물림된다는 점이 아이러니다. 이런 무의식적 짐은 온전한 삶의 걸림돌이 된다. 자기 가치에 대한 불신, 두려움과 불안, 상실감, 수치심, 배신감이 삶에 깊이 스며든다. 이는 무의식적 계약을 깨뜨리고, 엄마에게 물려받은 왜곡된 핵심 신념에서 벗어나기까지 계속된다.

하지만 이런 고통은 역설적으로 희망의 신호다. 엄마와 다른 길을 걸을 수 있다는 증거이기 때문이다. 이 고통을 느끼는 것은 방어기제로 차단하지 않고 있다는 의미며, 이것이 고통을 넘어설 발판이 된다.

이런 깨달음은 당신의 치유 여정에 중요한 의미가 있다. 당신은 지금 인간관계에서 어려움을 겪고 있을지 모른다. 누군가를 기쁘게 하려고 애쓰다 지쳐버린 자신을 발견할지도 모른다. 불안이라는 짐에 억눌리거나, 우울이라는 늪에 빠져 걸음을 내딛기 힘들 수도 있다. 하지만 당신은 고통을 부정하거나, 자녀나 배우자 혹은 주변 사람에게 전가해 그들까지 고통스럽게 만들지 않는다. 이것이 당신과 엄마의 가장 큰 차이점이다. 당신이 자기애성이나 경계성, 히스테리성 성격장애 성향이 있다면, 이 책을 읽거나 치료를 위해 상담실을 찾지도 않았을 것이다. 당신은 고통을 인정하고 다루려고 노력함으로써, 대물림된 고통의 고리를 끊어내는 용기 있는 첫걸음을 내디뎠다.

어떻게 하면 이 깊은 상처를 견디는 것에서 벗어나
진정한 치유의 길로 나아갈 수 있을까?

첫 단계는 마음에 자리 잡은 왜곡된 신념과 내면의 함정, 그 근원을 명확히 인식하는 것이다. 다음은 단순한 인식을 넘어 무의식 속 거짓된 믿음을 바로잡기 위해 의식적인 변화를 시도한다. 자신을 함정에 가두는 무의식적 계약을 과감히 깨뜨리는 일이 가장 중요하다. 성인 여성으로서 이런 낡은 약속은 이제 필요하지 않으며, 이를 유지하는 것은 오히려 해가 될 뿐이다.

이 모든 것이 결국 경계선을 세우는 문제일까?

맞다. 하지만 가장 먼저 '내면의 경계(internal boundaries)'를 마주해야 한다. 엄마와 경계는 늘 모호했기에, 이 부분부터 다뤄야 한다. 내면의 경계가 단단해진 뒤에야 외부와 경계도 분명히 세우고, 확신 있게 지켜낼 수 있다. 이는 한 과정이며, 앞으로 나올 장에서 차근차근 살펴볼 것이다.

내가 만난 수많은 착한 딸처럼, 당신도 엄마와 관계에서 경계선을 세우고 지키려 노력했을 것이다. 그 과정이 완벽한 공중제비나 에베레스트 등반만큼이나 어렵다는 것을 체감했을 것이다. 경계선을 세우기가 이토록 어려운 데는 심리적 원인이 있다. 경계선을 세우는 순간, 오랫동안 내면을 지배해온 무의식적 계약이 흔들리기 시작한다. 계속 엄마를 돌보면 언젠가 엄마도 나를 돌봐주리라는 믿음과 실상은 그렇지 않다는 현실의 괴리다. 이는 본질적으로 가장 소중하고 절실하던 희망을 내려놓는 과정이다. 착한 딸이 되면 엄마가 변할 거라는 근원적 희망 말이다. 엄마는 변하지 않는다. 이 오랜 희망을 내려놓기까지 진정한 변화는 맞이할 수 없다.

이런 이유로 다음 단계에서는 착한 딸의 함정을 들여다봐야 한다. 함정이 하나인지, 여러 함정이 얽혀 있는지, 그 이면의 무의식적 계약은 무엇인지 이해하는 것이 중요하다. 심리적 함정이 왜 이토록 집요하게 삶을 붙드는지, 정면 돌파가 왜 오히려 역효과를 내는지 살펴봐야 한다. 현재의 심리적 위치와 진정한 자아를 위한 최선의 길을 분명히 알 때, 비로소 이 함정에서 벗어날 수 있다.

5

불충분함의 함정

"왜 엄마와 대화하면 늘 같은 자리를 맴돌까?
내가 무엇을 달리해야 했는지, 엄마가 얼마나 더 잘 아는지
끝없는 훈계로 돌아간다. 엄마를 만나고 올 때마다
가슴 한편에는 날카로운 비판의 흔적이 남는다.
그리고 나는 아무리 노력해도 부족한 존재라는 회의가 생긴다."

엄마와 만남이 대부분 자존감을 낮추고 내면의 가치를 흐리게 한다면, 이는 '불충분함의 함정(never good enough trap)'에 빠졌음을 의미한다. 불충분함의 함정은 착한 딸의 함정 가운데 가장 보편적인 형태로, 모든 함정의 근원이다. 각 함정은 저마다 다른 방식으로 존재 가치를 낮추는데, 특히 불충분함의 함정은 엄마가 자신의 고통을 피하려고 사용하는 방어기제에 따라 세 가지 양상으로 드러난다.

1. 특별한 존재가 되고자 하는 모습
2. 우월함으로 자신을 확인하려는 모습
3. 자녀를 교정하려 드는 모습

엄마가 보이는 행동 양상은 서로 미묘하게 중첩된다. 요청하지 않은 조언이나 비판 같은 방어적 태도가 세 가지 유형에 공통적으로 나타난다.

이런 상황에서 엄마의 인정과 사랑을 얻으려는 노력은 강해지지만, 돌아오는 반응은 언제나 비슷해서 더 애쓰게 된다. 이는 늪과 같아서, 빠져나오려고 발버둥 칠수록 깊이 가라앉는다. 착한 딸이라는 내면에 각인된 본능에 따라 아무리 노력해도 늘 뭔가 부족하다는 느낌이 남는다.

부족한 존재라는 느낌. 이 의미를 곱씹어보면 이런 모녀 관계에서는 이만하면 충분하다는 경험 자체가 허락되지 않는다는 것이다.

이런 모녀 관계의 심리적 역동을 살펴보자. 불충분함의 함정이 드러나는 세 가지 양상과 엄마가 무의식적으로 이 함정을 유지하게 되는 내면의 동기도 알아보자.

특별해 보여야 하는 욕구 : 완벽함을 갈망하는 엄마

불충분함의 함정에서 엄마의 삶은 PR 쇼이자 겉치레, 은폐로 구성된다. 엄마는 타인에게 완벽한 모습(혹은 최소한 우월한 모습)을 보여야 하고, 자녀는 그 모습을 만드는 조력자가 된다. 예절과 성적, 다른 사람의 눈에 띄는 행동이 모두 엄마를 빛내는 도구다. 우월함의 이면에는 한 가지 피할 수 없는 두려움이 자리 잡고 있다. '다른 사람들이 나를 어떻게 볼까?'라는 강박적 의문이다.

엄마의 관심은 타인의 시선에 집중된다. 자녀와 진정한 관계는 뒷전이고, 문제나 어려움의 흔적을 감추는 일이 좋은 모습을 보여주는 것보다 중요하다. 엄마의 세계에서는 실수가 용납되지 않으며, 어떤 결점도 드러나선 안 된다. 이런 경직성이 자녀의 성취를 자연스럽게 기뻐하는 일반적인 엄마와 완벽 이외에 어떤 결과도 받아들일 수 없는 문제적 엄마를 구분 짓는 핵심이다.

엄마는 왜 그렇게 할까?

우월함이란 방어막 뒤에는 두려움에 떠는 외로운 영혼이 있다. 자신의 본모습이 드러날까 봐 전전긍긍하는 이 존재는 자신을 부족하고 불완전한 존재로 여긴다. 모순적이지만 이것이 엄마의 내면이다. 엄마는 자신을 옥죄는 근원적 두려움을 전가해 자녀가 그 무게를 짊어지도록 한다. 착한 딸은 이 짐을 묵묵히 받아들인다. 이런 심리적 굴레가 형성되는 까닭은 뒤에서 살펴볼 것이다.

엄마는 불안을 피하려면 특별한 존재가 돼야 한다. 이 절실한 욕구로 자녀 중 한 명에게 절대적인 요구를 한다. 자녀는 엄마의 특별함에 의문을 품어선 안 된다. 자녀의 존재 자체가 엄마가 특별한 사람이라는 증거가 돼야 한다.

이게 우리한테 어떤 영향을 미칠까?

자녀는 엄마의 완벽주의적 욕구의 강도와 심리적 구조에 얽힌 정도에 따라, 엄마의 기대에 맞추기 위해 끊임없이 노력한다.

직장에서 고민이나 관계의 어려움, 삶의 어떤 도전 같은 일상적인 어려움은 자신이 부족하다는 불안으로 이어진다. 탁월함이 유일한 기준이라는 왜곡된 믿음을 내면화해, 작은 결점조차 감추려고 애쓴다. 겉으로는 아무 걱정 없어 보이지만, 내면은 언제 불완전한 자신이 드러날지 몰라 두려워하는 가짜 같은 느낌에 시달린다. 이처럼 자녀는 엄마의 양자택일적 딜레마를 그대로 물려받는다. 뛰어나거나 무가치하거나 둘 중 하나다. 안타깝게도 이런 이분법적 내면의 법정에서 대부분 자신을 무가치하고 평범한 존재로 판결하고 만다.

우월함을 향한 욕구 : 늘 이겨야 하는 엄마

어떤 엄마는 완벽한 해답을 가진 존재가 돼야 한다는 강박에 사로잡혀 있다. 이들은 끊임없이 판단하고 통제하며, 간섭하고 평가하며 비판한다. 모든 상황에서 우위를 차지해야 직성이 풀린다. 자녀의 의견에 반드시 반박하고, 자녀의 고통은 자신의 더 큰 고난으로 덮어버린다. 엄마의 세계에서 자녀의 모든 행동은 교정이 필요한 대상이며, 오직 엄마가 교정할 수 있다고 믿는다. '내 자식을 누가 나보다 잘 알겠어?'라는 생각으로, 자녀의 삶과 결점에 대한 엄마의 판단은 절대적 권위를 갖게 된다. 이런 판단에는 결코 후회나 사과가 없다. 자신의 지시를 따르면 모든 일이 완벽히 마무리될 거라는 믿음이 엄마의 유일한 진리다.

엄마의 기대를 충족해서 드물게 찾아오는 승리의 순간에도 기쁨은 오래가지 않는다. 자녀는 그 인정이 단 한 번 실수로 무너질 수 있음을 안다. 일상의 대화에서도 원하든 원하지 않든 엄마의 조언이 이어진다. '엄마는 언제나 옳고 자녀를 위하는 존재'라는 통념을 실현해야 한다는 무언의 압박을 가한다. 자녀가 성인이 돼서 이제는 그런 지도가 필요 없는데 엄마는 절대적 권위자의 역할을 놓지 못한다.

엄마는 왜 그렇게 할까?

승리를 추구하는 엄마의 내면에는 특별한 존재로 인정받고자 하는 욕구가 있다. 이는 근원적인 불안과 자기 불확실성에서 비롯한다. 겉으로는 자신감이 넘치지만, 내면에서는 자신의 부족함을 극복하기 위해 자녀를 낮춰야 한다. 엄마의 이런 심리적 욕구에 본능적으로 맞춰진 착한 딸은 모든 걸 몸으로 이해한다. 타고난 돌봄 본능에 따라 이 불균형한 관계에서 엄마를 지키려 하고, 그 대가는 자존감 상실이다.

하지만 엄마는 자녀의 자존감 따위 안중에 없고, 무가치함의 나락으로 떨어지지 않기 위해 자신의 자존감을 지키는 데 몰두한다. 이는 엄마에게 매우 불안정한 상태다. 자녀가 한 걸음 성장하는 것조차 자신의 하락으로 받아들인다. 자녀를 억누르거나 제자리에 가두려는 행동은 엄마의 불안이 만든 결과다. 끊임없이 자녀를 압도하고 깎아내려서 우월감에 젖고, 자신의 존재 가치를 확인한다. 그 이면에는 슬픈 진실이 있다. '내 아이가 나 없이도 잘 살 수 있다면, 굳이 왜 나와 함께하려 하겠는가?'라는 두려움이다.

이게 우리한테 어떤 영향을 미칠까?

'엄마는 언제나 옳다'는 믿음이 의식 깊은 곳에 자리한다. 내면에서는 엄마의 모든 행동이 오직 자신을 위한 것이라고 설득하며 살아간다. 겉으로는 불편과 짜증이 느껴지면서도, 끊임없는 교정과 개선의 시도를 자연스럽게 받아들인다. 엄마가 조언하지 않을 때조차 의견을 구하며, 이는 하나의 패턴이 된다. 더 깊은 무의식의 층위에서는 엄마의 존재감을 넘어서지 않으려고 조심스럽게 자신을 통제한다. 그렇게 영원한 학습자의 위치에 머무른다.

자녀를 교정하려는 욕구 : 새롭게 시작하려는 엄마

엄마는 자녀를 개선해야 할 프로젝트처럼 대한다. 이는 자녀를 완벽하게 만들어 자신의 결핍을 채우려는 심리적 시도다. 엄마에게 자녀는 독립된 존재가 아니라, 자신의 연장이자 새로운 시작의 기회로 인식된다. 심리학자들은 이처럼 자녀의 삶을 교정하거나 자신의 영광으로 삼으려는 행위를 자기애적 확장이라고 설명한다.

이런 관계에서 모녀의 심리적 경계는 사라진다. 자녀는 엄마의 의지를 실현하는 도구로 전시되거나 교정할 대상이 된다. 자녀의 역할은 엄마의 뜻에 따르고 엄마의 싸움을 대신하는 것으로 제한된다. 엄마는 비판이 자녀에게 미치는 영향을 고려하지 않고, 자녀의 자율성을 존중하기보다 자신이 정한 방식대로 행동하기를 요구한다. 자녀의 성공이나 실패를 자신과 지나치게 동일시하고, 자녀를 독립된 감정과 생각이 있는 존재로 보지 못해 진정한 공감도 불가능하다. 결국 자녀는 엄마의 의지에 따라 움직이는 존재가 돼간다.

엄마는 왜 그렇게 할까?

엄마가 자녀를 끊임없이 교정하려는 욕구에는 자신의 내면을 직시하지 못하는 심리가 있다. 단순한 억압으로 통제할 수 없는 두려움이 엄마의 무의식에 자리 잡은 것이다. 그래서 자신이 감당할 수 없는 심리적 짐을 담아둘 그릇이 필요하다. 누가 그 그릇 역할을 하게 될지 자명하다.

"이거 잠시 맡아줄 수 있니?"

"응, 엄마. 내가 가지고 있을게."

심리학에서는 이런 방어기제를 '투사(projection)'라고 부른다.

엄마는 자신이 받아들이기 힘든 부분을 자녀에게 투사하고, 자녀의 문제인 양 고치려 든다. 이 무의식적 과정에서 자녀는 엄마의 부정적 감정을 담는 그릇이 된다.

이런 심리 기제는 어떻게 작용할까? 아이는 성장 과정에서 기쁨, 분노, 놀람, 연민, 탐욕, 행복, 슬픔, 혐오 등 다양한 감정을 자연스럽게 표현한다. 하지만 엄마는 자신이 직면하기 힘든 감정을 자녀에게서 발견할 때마다 지나치게 반응하며, 그 감정의 표현을 억누르려 한다.

다섯 살 아이가 가장 친한 친구의 생일 파티에서 맞닥뜨리는 상황을 상상해보자. 친구가 선물 상자를 열어 그 안에서 꺼낸 것은, 아이가 엄마에게 사달라고 간절히 조른 공주 드레스다. 아이는 내면에서 솟구치는 질투심을 억누르려고 애쓴다. 친구의 드레스를 빼앗거나 자신도 갖고 싶다며 떼를 쓰고 싶은 충동이 일지만, 그 감정을 억제한다. 대신 의자에서 불편한 몸짓을 보이며, 친구에게 나중에 한 번 입어봐도 되는지 조심스럽게 묻는다.

자신의 감정을 인정하고 받아들이는 공감적 엄마의 모습은 이렇게 나타난다. "네가 그토록 원하던 옷이구나. 베스가 먼저 가져서 마음이 불편하지? 그런데도 잘 참고 있구나." 아이의 감정을 있는 그대로 인정하고 수용하는 건강한 양육의 모습이다. 무의식에 억눌린 질투심이 있는 엄마는 전혀 다르게 반응한다. 아이 귀에 속삭인다. "그렇게 시샘하면 안 돼. 착한 아이는 그러지 않아. 어서 가서 베스를 축하해주고 안아주렴." 엄마가 자신의 금기된 감정을 자녀에게 투사하는 전형적인 모습이다. 엄마는 자녀를 변화시켜서 자신의 내면을 치유할 수 없다. 하지만 그것이 엄마의 끝없는 시도를 멈추게 하지는 못한다. 엄마가 진정으로 바로잡으려는 대상은 자녀가 아니라 자신이기 때문이다.

이게 우리한테 어떤 영향을 미칠까?

엄마를 보살피고 엄마의 안녕을 확인하려는 무의식적 욕구는 수많은 심리적 함정의 근원이 된다. 이런 패턴은 어린 시절부터 깊이 뿌리내린다. 모든 아이가 그렇듯, 엄마의 평가와 인정이 자아 형성의 중심축이 된다. 분노와 질투, 이기심에 대한 엄마의 훈계는 절대적 진리로 받아들여진다. 이 모호한 심리적 경계는 성인이 돼서도 지속된다. 분노와 질투, 이기심 같은 자연스러운 감정이 자신의 감정을 인정하지 못하는 엄마에 의해 확대해석 된다. 이는 엄마가 자녀를 통해 자신의 억압된 감정을 해소하려는 무의식적 시도다.

자녀는 무의식적으로 엄마가 원하는 모습이 되면 충분히 좋은 사람이 될 수 있다고 생각한다. 하지만 이는 실현 불가능한 목표다. 교정의 순간은 계속된다.

불충분함의 함정 핵심 요약

내면에 자리 잡은 이 심리적 드라마를 이해하기 위해서는, 우물 속을 들여다보듯 그 본질을 살펴야 한다. 복잡한 모녀간의 심리적 춤사위는 다음과 같은 단계로 펼쳐진다.

1. 엄마의 깊은 상처와 트라우마는 자신의 무가치감을 견디기 위한 방어기제를 형성한다. 이 방어기제는 비판, 판단, 조언이라는 형태로 나타난다.
2. 자녀는 엄마의 이런 심리적 필요를 본능적으로 감지하고, 엄마가 모든 것을 가장 잘 알고 있다는 무의식적 계약에 자연스럽게 이른다.
3. 엄마의 비판적 태도를 오랫동안 의문 없이 수용하면서 점차 자연스러운 현상으로 내면화된다. 일상의 공기처럼 당연하게 받아들이는 것이다.
4. 이런 과정이 반복되면서 자신이 부적절하고 부족한 존재라는 핵심 신념이 내면에 뿌리내린다. 이 신념은 역설적으로 엄마의 행동을 정당화하는 심리적 토대가 된다.

이렇게 복잡한 심리적 역학은 의식과 무의식 사이에 미묘한 긴장을 만든다. 의식적 차원에서는 엄마의 인정을 갈망하지만,

내면의 소녀(즉 엄마를 보호하려고 애쓰는 생존의 뇌)는 엄마의 균형을 깨뜨릴까 봐 두려워하는 것이다. 이는 성장과 안전 사이의 깊은 심리적 딜레마를 형성한다.

연습 : 내면의 불충분함 들여다보기

자신의 심리적 패턴을 성찰해보자. 잠시 멈추고 다음과 같은 행동 양식이 우리 삶에 자리 잡고 있는지 진지하게 돌아보자.

- 항상 엄마의 승리로 끝나는 대화. 마지막 발언권은 엄마의 몫이다.
- '엄마는 언제나 옳다'는 신념을 품고 살아간다.
- 인생의 중요한 갈림길에서 자연스럽게 엄마의 의견이 개입하도록 허용한다.
- 도달할 수 없음을 알면서도 끊임없이 엄마의 인정을 갈구한다.

'잠깐, 내 상황이 심각한가? 그렇게 나쁘진 않은 것 같은데…' '과장된 말 아닌가? 나는 그저 휘둘리는 사람은 아닌데!'라고 생각할 수 있다. 실제로 상담을 받거나 엄마와 관계를 개선하기 위해 노력했다면, 어느 정도 자각과 자기주장이 가능할 것이다. 하지만 별로 나쁘지 않다거나 예전보다 나아졌다고 해도 같은 패턴이 반복된다면 이야기는 달라진다. 이런 상황이 계속 된다는 것은 우리도 모르는 사이에 형성된 암묵적 동의와 신념이 생각보다 깊이 영향을 미친다는 증거다.

무의식은 세상을 흑과 백으로 인식한다. 이는 공포에 기반한 원시적 사고방식으로 멈추거나 나아가기, 예 혹은 아니오, 도망가거나 머무르기 같은 이분법적 명령만 이해한다. 무의식이 '엄마를 상위에 둬야 한다'고 판단할 때, 이는 절대적 명령이 된다. 생존의 뇌가 작동하면 막대기를 뱀으로 오인한 때처럼 합리적 판단이 불가능하다. 생존의 뇌 관점에서는 모든 게 생존의 문제다. 이 원시적인 두려움 앞에서 우리는 한낱 어린아이로 돌아간다.

이런 이유로 엄마가 뭔가에 대해 자신이 옳다고 강하게 주장할 때, 비록 엄마의 말이 틀렸다는 사실을 분명히 알아도, 그 사실을 말하려는 순간 목소리를 잃어버리고 만다. 입은 열리지만 말이 나오지 않는다. 이는 단순히 말문이 막힌 것이 아니다. 무의식이 우리 목소리를 완벽하게 통제하는 것이다.

예를 들어 엄마가 자녀의 체중을 지적하는 습관이 있다고 하자. 이는 불충분함의 함정에서 가장 흔한 상황이다. 엄마는 끊임없이 새로운 다이어트 방법을 제안하고, 자녀가 선택한 음식에 대해 이런저런 말을 덧붙인다. 이는 단순한 불편함을 넘어 인내심을 시험하는 순간이 된다. 하지만 이런 상황이 아무리 괴로워도 엄마의 체중에 대해서는 한 마디조차 꺼내지 못한다는 점이 흥미롭다. 차라리 자신의 감정을 억누르고 돌려 말하면서도 "엄마, 나는 음식이나 체중에 대한 조언이 필요하지 않아"라는 직설적인 말은 끝내 하지 못한다.

자기 입장을 지키려는 시도는 항상 어중간한 수준에 그친다. 정면으로 맞서기는 불가능하다. 왜 그럴까? 성인이 돼서 판단력과 능력이 충분한데도 자기 생각을 제대로 표현하지 못하는 것은 의식과 무의식이 벌이는 내면의 싸움 때문이다. 이는 브레이크를 당긴 채 가속페달을 밟는 것과 같다. 한편으로 더 나은 사람이 되기 위해 노력하면서, 다른 한편 무의식적으로 자신을 낮춰 엄마의 우월감을 지켜주려고 한다. 그 결과는 점점 깊어지는 분노와 좌절이다. 아무리 노력해도 엄마에게는 불충분한 존재로 남기 때문이다.

이제 불충분함의 함정이 삶에서 어떻게 드러나는지 구체적인 사례를 통해 살펴보려 한다. 다음에 소개할 이야기는 내담자들의 경험담이다. 개인정보 보호를 위해 이름과 세부 사항은 변경했다.

수잔

수잔은 늘 올바른 일을 추구했다. 물론 그 올바른 일이란 엄마가 정한 기준이다. 최상위권 성적을 유지하고, 감사 인사도 빠짐없이 전했다. 수잔은 엄마의 자부심이자 또 다른 자아다. 예의 바르고 적절한 옷차림을 갖추며, 항상 다른 사람을 배려했다. 하지만 이런 완벽한 겉모습 뒤에서 수잔은 끊임없는 개선 요구에 시달렸다. 아무리 세련되고 우아해도 엄마 눈에는 부족했다. 조금 더 나아지면 엄마의 감시와 간섭이 멈출 거라 기대했지만, 엄마에게 인정받으려는 노력은 수잔을 지치게 할 뿐이었다. 겉으로 성공한 삶처럼 보여도 내면은 탈진 상태였다. 무엇을 하든, 얼마나 노력하든, 엄마의 지적은 한 가지 메시지를 전했다. 엄마 눈에 수잔은 충분하지 않다는 것을.

그레이스

그레이스와 엄마의 관계는 전혀 다른 모습이다. 엄마가 말하는 완벽함을 추구하며 비판을 피하려고 한 수잔과 달리, 그레이스는 맞서 싸워야 직성이 풀리는 성격이다. 그레이스가 기억하는 한, 엄마와 늘 대립했다. 옷 입는 취향부터 친구, 연인, 대학 선택과 진로까지 모든 일에서 엄마와 부딪혔다.

　엄마는 그레이스를 언제나 날카롭고 직설적으로 비판했다. 모녀 관계는 깊은 원망과 불편한 긴장감으로 끓어올랐고, 때로는 격한 언쟁이 터져 나왔다. 그레이스는 마음 깊은 곳에서 한 가지를 갈망했다. 사랑받기 충분한 사람이 됐다고 느끼는 것.

에밀리

에밀리의 내면에는 깊은 무력감으로 가득했다. 어떤 노력도 엄마의 자부심을 얻기에는 부족했다. 엄마는 정해진 일과처럼 에밀리의 부족한 점을 짚어갔다. 무엇이 잘못됐는지, 어떻게 바꿔야 하는지, 개선할 점은 무엇인지 일일이 지적했다. 에밀리는 모든 조언을 받아들이고 따르려고 노력했다. 하지만 돌아오는 건 칭찬이나 인정이 아니라 또 다른 조언이었다.

그러던 어느 날, 가족 모임에서 뜻밖의 일이 벌어졌다. 우연히 엄마가 에밀리를 자랑하는 이야기를 들은 것이다. 한 번도 직접 들어보지 못한 말이었다. 그러나 곧 새로운 사실을 깨달았다. 엄마는 분명 에밀리를 자랑하고 있지만, 모든 성공을 자신의 공으로 포장했다.

제니스

제니스는 늘 완벽한 이미지를 보여줬지만, 그 이면에는 무거운 대가가 있었다. 엄마가 제니스의 삶을 가차 없이 통제했다. 성장기에는 방문을 닫거나 사적인 대화를 나누는 기본적 자유조차 없었다. 엄마는 문자메시지를 검열하고, 상담 내용도 추궁했다. 결혼식의 모든 과정, 자녀 양육 방식까지 엄마의 간섭 아래 있었다. 제니스는 점차 자기 삶에 대한 통제력을 상실했다. 그래서 자신이 유일하게 통제할 수 있는 음식에 집착하기 시작했다.

거식증이 심각한 상태에 이르기까지 아무도 제니스의 고통을 알아차리지 못했다. 제니스는 체중계가 가리키는 숫자와 무관하게 자신을 비대하고 결함 있는 존재로 여겼다. 결코 엄마의 기준에 맞는 존재가 될 수 없다고 생각했다.

이런 사례는 모녀 관계가 만드는 몇 가지 단면일 뿐이다. 각자의 관계는 저마다 고유한 양상을 띤다. 구체적인 양상이 어떻든, 불충분함의 함정이 전하는 내면의 메시지는 동일하다. 무엇을 해도 충분하지 않으며, 나는 결코 엄마의 기준에 부합하는 사람이 될 수 없다는 메시지다. 이런 함정에 빠지면 엄마의 인정을 갈구하지만, 무엇을 하든 얼마나 최선을 다하든 만족스러운 응답은 오지 않는다.

패턴을 알면서도 왜 변화가 일어나지 않을까?

솔직히 말하면 우리가 아직 그럴 준비가 되지 않았기 때문이다. 앞서 이야기했듯이 엄마와 관계에서 반복되는 패턴을 인식하기가 중요한 첫걸음이다. 하지만 그것으로 충분하지 않다.

우리가 오랜 세월 겪어온 무력감과 불균형, 부당함, 엄마와 평화를 위해 치러온 수많은 희생을 처음으로 직시할 때, 이 모든 것이 우리를 얼마나 취약한 존재로 만들었는지 깨닫게 된다. 마음 깊은 곳에서 분노가 피어오른다. 자신의 진정한 욕구는 접어두고 엄마의 필요만 채우며 살아온 시간. 늘 엄마가 중심이어야 했던 삶의 무게가 이제야 온몸으로 느껴진다.

이런 상처 앞에서 감정적으로 반응하는 것은 자연스러운 일이다. 심리적 억압에는 작용반작용의법칙처럼 그에 상응하는 저항이 따른다. 통제에는 맞대응으로, 억압에는 반항으로 맞서려는 것이다. 이는 우리 생존의 뇌에서 비롯한다. 이것이 엄마가 보이는 반응과 같은 수준이라는 점이 흥미롭다. 그래서 부당한 요구를 더는 받아들이지 않겠다고 결심할 때, 이런 말이 나온다. "엄마는 만날 엄마 말이 옳다고 생각하지? 그게 얼마나 잘못됐는지 내가 똑똑히 보여줄게!"

이때부터 우리 의식에서는 엄마가 행사해온 부당한 권력의 순간이 오래된 기록처럼 차례차례 떠오른다. 그것은 어떤 심리적 진단을 뒷받침하는 증거를 하나하나 확인하는 과정과도 같다. 우리는 의식의 표면 아래 잠재한 감정을 이해할 수 있게 해주는 분명한 개념과 심리학적 틀을 얻게 되면서, 새로운 힘이 있는 존재가 된다. 이 깨달음이 주는 해방감은 오래 닫아둔 창문을 활짝 열어젖히는 것과도 같다.

이 순간, 우리는 분노와 온전히 마주해야 한다. 불편하고 낯선 감정이라도 이 분노에 내재한 변화의 에너지를 피하지 말아야 한다. 오랫동안 우리를 옭아맨 심리적 사슬을 끊어내기 위해서는 분노에 담긴 강렬한 힘이 필요하기 때문이다. 어쩌면 이미 짐작하고 있을지 모른다. 분노의 시간은 진정한 치유와 해방으로 가는 여정에 반드시 거쳐야 할 길이지만, 그곳에 머무르기만 해선 안 되는 지점이기도 하다.

분노가 진정한 치유로 이끌지 못하는 이유

많은 착한 딸이 첫 번째 깨달음에서 걸음을 멈춘다. 책이나 상담을 통해 비로소 엄마가 행동에 감춘 이유를 발견하지만, 그것이 전부가 되고 만다. 엄마의 행동과 반응에 뿌리박힌 심리적 제약을 이해하고 이 모든 상처가 자신의 잘못이 아니었음을 깨닫는 순간, 오랫동안 쌓인 무게가 한순간 가벼워지는 듯 안도감을 느낀다. 수십 년간 이어온 악순환의 고리를 끊을 수 있을 만큼 충분히 자유로워졌다고 느낀다. 이제 모든 이유를 알게 됐다는 생각에서다.

하지만 엄마의 불충분함을 발견하는 것으로는 부족하다. 불충분함의 함정에서 벗어나려면 더 깊은 이해가 필요하다. 엄마를 비난하는 것은 또 다른 방식으로 건강하지 않은 관계의 고리를 이어가는 것에 불과하기 때문이다.

순간의 감정에 휘둘려 행동할 때, 우리는 과거의 패턴을 반복하게 된다. 이전에 엄마가 자신의 가치를 확인하기 위해 자녀의 결점을 찾았다면, 이제는 자녀가 자신의 정당성을 입증하기 위해 엄마의 잘못을 찾아내려 한다. 우리가 자신의 가치를 확인하기 위해 엄마의 가치를 낮춰야 하는 역설적 상황이 벌어지는 셈이다. 엄마의 평가에서 자신을 보호하려는 시도는 또 다른 형태의 비난으로 이어진다. 이런 패턴에서 판단과 비난은 순환하며 관계의 중심을 차지한다.

그렇게 분노가 모든 걸 삼킬 때, 우리는 진정한 자유를 얻지 못한 채 그곳에 머무르고 만다.

엄마와 딸을 옭아매는 무의식의 춤, 제로섬게임

우리는 불충분함의 함정, 앞으로 마주할 여러 심리적 함정에서 오랫동안 의식하지 못한 채 제로섬게임이라는 무의식의 춤을 췄다. 제로섬게임은 한 사람의 이득이 다른 사람의 손실이 돼서 결국 이득과 손실의 총합이 제로가 되는 게임이다. 이 무의식의 굴레에서는 엄마와 딸 가운데 한 사람만 옳거나 특별하다. 엄마가 옳다면 딸은 틀리고, 엄마가 특별한 존재라면 딸은 존재감이 희미해진다. 엄마가 상처를 받으면 딸의 잘못이 되고, 반대 경우도 마찬가지다. 이 관계에서는 타협이 불가능하다. 서로 다른 관점이 공존할 수 없고, 각자 불완전함을 인정하며 독립된 개체로 존재할 수도 없다. 한 사람의 성장은 다른 사람의 퇴보를 뜻한다. 엄마는 철저히 나쁜 엄마거나, 딸이 완전히 엄마를 오해한 것이어야 한다. 옳고 그름, 승자와 패자, 유죄와 무죄… 이 세계에는 하나의 진실만 존재한다.

이 지점에서 우리는 제로섬게임의 무의식적 성격을 이해해야 한다. 모녀 사이에 벌어지는 이 심리적 역학은 의식 아래서 은밀하게 작동하는 패턴이다. 두 사람은 서로의 존재를 부정한다는 사실조차 알지 못한 채, 오랫동안 무의식의 덫에 걸려 있었다. 엄마 역시 자신의 우월함을 지키려는 내면의 싸움이 딸의 존재를 지우고 있음을 의식하지 못한다. 이 오래된 춤사위를 또 다른 제로섬게임으로 바꾸는 것은 결코 해답이 될 수 없다. 관계의 덫에서 벗어나려면 분노를 넘어 따뜻한 돌봄과 깊은 자기 이해가 필요하다.

건강한 인간관계에서는 한 사람이 빛난다고 다른 사람의 어둠을 만들지 않는다. 제로섬게임이 우리에게 심어온 가장 큰 착각과 정반대 사실이다. 이 깨달음이 불충분함의 함정에서 벗어나는 열쇠다. 진정한 도전은 이 진실을 머리로 아는 것이 아니라, 온몸으로 느끼고 살아내는 것이다.

제로섬게임의 낡은 패턴에서 벗어나고, 무의식적 계약을 풀어내며, 왜곡된 핵심 신념을 바로잡는 것이 진정한 변화의 시작이다. 우리는 앞으로 남은 여러 심리적 함정을 살펴보고, 이 치유의 여정을 어떻게 시작할 수 있는지 알아볼 것이다.

6

죄책감의 함정

"엄마에게 '안 돼'라고 말하는 것은 상상할 수 없는 일이다.
심지어 전화를 먼저 끊기조차 엄두가 나지 않는다.
싱크대에 설거짓거리가 쌓였어도,
오랫동안 기다린 TV 프로그램이 시작해도,
잠시 혼자만의 시간을 갖고 싶어도."

명절과 일요일 저녁 식사, 여름휴가까지 엄마의 특별한 시간이 된 경험이 있을 것이다. 엄마의 섬세한 감정 앞에서는 시댁 식구나 친구와 약속은 물론, 배우자와 보내는 시간조차 허락되지 않는다. 혼자만의 시간을 가진 뒤에는 뭔가 잘못해서 변명이라도 해야 할 듯 미묘한 죄의식에 사로잡힌다. 이처럼 엄마의 감정 상태까지 자신의 책임으로 받아들이고 있다면 '죄책감의 함정(guilt trap)'에 깊이 빠졌음을 의미한다.

  죄책감의 함정에 빠지면 자신만의 공간을 원하거나 절대적 충성에서 벗어나려 할 때마다 엄마의 상처 받은 모습과 마주한다. 엄마는 때로 죄책감이라는 도구로 상황을 자신이 원하는 방향으로 이끈다. 우리는 이런 순간에 엄마의 내면에 자리한 기대와 실망이라는 무언의 압박을 고스란히 느낀다.

  죄책감의 함정에 빠진 착한 딸은 상황의 세부적인 양상과 관계없이 공통된 심리적 패턴을 보이는 경우가 많다. 이들은 엄마의 요청을 거절하거나 엄마에게 실망을 안기는 일은 거의 불가능하다고 여긴다. 설령 이런 시도를 하더라도 모든 노력이 무의미하다는 후회만 남는다.

죄책감의 함정에 빠진다는 것

자녀의 주변을 끊임없이 맴도는 헬리콥터 엄마는 자녀가 독립할 시기가 왔다는 현실을 받아들이지 못한다. 열두 살 무렵부터 시작했어야 할 독립의 과정이 시간이 흘러도 지지부진한 채, 보살핌의 굴레가 계속된다. 엄마는 성인이 된 자녀에게 모든 순간을 통제하고 개입하려 한다. 이런 관계에서 자녀의 성공과 실패는 온전히 자기 것이 되지 못하고, 엄마의 경험으로 흡수된다.

이런 엄마의 모습에는 겉으로 바람직해 보이는 면이 있다. 그러나 지나친 헌신은 자녀에게 평생 갚을 수 없는 빚으로 남아, 무거운 부담감이 된다.

엄마는 남은 반찬을 들고 불쑥 찾아오거나, "난 입을 일이 없을 것 같아서"라며 스웨터를 건네거나, "너한테 좋을 것 같아서"라며 수시로 조언한다. 때로는 요청하지 않은 휴가 계획이나 생일, 명절 일정까지 준비한다. 이런 배려는 순간의 따뜻함을 넘어 보이지 않는 구속으로 이어지고, 결국 엄마를 삶의 중심축으로 만드는 미묘한 통제 수단이 된다.

어떤 엄마들은 이와 다른 방식으로 자녀의 심리적 공간을 침범한다. 끊임없는 의존과 요구, 지나친 통제와 불평으로 자녀를 옭아매는 것이다. 이는 같은 심리적 역학의 다른 표현일 뿐이다. 엄마는 이런 관계에서 자신의 모든 계획과 제안, 요구가 자녀에게 어떤 의미인지 묻지 않는다. 그러면서도 자녀에게 거절할 수 없는 미묘한 압박을 가한다.

여기에 이르기까지

죄책감의 함정은 불충분함의 함정처럼 깊은 심리적 발달 과정에 근원이 있다. 건강한 모녀 관계에서 딸의 성장은 자연스러운 분리 과정을 동반한다. 이는 엄마에게 필연적으로 상실의 순간을 안겨준다. 딸을 그녀의 삶으로 떠나보내고, 이제 자신이 딸의 중심이 아님을 받아들이는 과정은 건강한 모성을 갖춘 엄마에게도 정서적 흔들림을 불러일으킨다.

  독립을 향한 첫걸음을 내딛기 위해서는 용기가 필요하다. 세상에서 자기 자리를 찾아가는 과정은 설렘과 두려움이 교차하는 복잡한 심리적 경험이다. 이때 딸에게는 눈물을 머금으면서도 진심 어린 응원을 보내는 엄마의 지지가 절실하다. 그러나 내면에 공허와 고독을 안고 있는 엄마, 어린 시절에 충분한 정서적 자원을 물려받지 못한 엄마는 자녀의 성장과 독립을 온전히 축복하는 일이 거의 불가능하다. 이런 엄마는 겉으로 딸에게 전폭적인 지지를 표현할 때조차 행동에서 내면의 다른 이야기를 드러낸다.

  죄책감의 함정에 빠진 순간, 세상 속 진정한 자리를 찾아가는 여정은 심리적 제약에 갇힌다. 이미 정해진 자리, 즉 엄마 곁이라는 고정된 위치만 허락되기 때문이다. 엄마와 보이지 않는 정서적 끈으로 연결된 채, 독립을 향한 모든 시도는 내면의 저항과 마주한다. 이런 심리적 역학은 죄책감의 함정에 빠진 수많은 딸의 삶 전반에 끊임없이 반복된다. 이 복잡한 심리적 과정을 찬찬히 들여다보자.

유아기

걸음마를 배우고 말을 하는 시기에는 다른 모든 아이처럼 새로 발견한 독립심을 표현하기 시작한다. 특히 "싫어"라는 말을 배우고 사용하면서 자기 의사를 본격적으로 드러낸다. 건강한 엄마는 인내심을 가지고 아이의 이런 초기 자율성 시도를 이끌어주지만, 문제적 엄마는 이 과정을 감당하기 어려워한다. 적절한 경계를 설정하는 대신 아이의 독립 시도를 자신에 대한 도전으로 여기고 즉시 중단하려 한다. 이런 유아기의 갈등은 아이의 독립된 자아 표현을 서서히 무력하게 만드는 긴 소모전의 시작이다.

초등학생 시절

엄마의 지나친 불안은 자녀에게 특별한 신호로 작용한다. 엄마 이외 다른 사람과 바깥세상이 위험하다는 메시지를 무의식적으로 전달하는 것이다. 아이는 이런 불안의 영향으로 학교 공포증이나 분리 불안을 경험한다. 때로는 복통이나 두통 같은 신체 증상으로 나타나기도 하며, 이는 아이가 엄마에게 돌아가도록 만든다. 아이의 내면에 엄마와 함께 있는 공간만 안전하다는 믿음이 자리 잡는 것이다.

사춘기 이전과 청소년기 초반

중학생 때는 복잡한 친구 관계와 사회적 위계를 마주한다. 건강한 엄마는 적절한 조언과 지지로 아이의 성장을 돕지만, 문제적 엄마는 모든 상황을 지나치게 통제한다. 이런 엄마는 딸의 친구를 직접 선택하고, 마음에 들지 않는 친구와 사귀는 것을 암묵적으로 제한하거나 노골적으로 금한다. 딸의 독립이 불안한 엄마는 음악 취향, 친구 관계, 관심사 등에서 나타나는 자녀의 개성을 자신의 통제력 상실로 받아들인다. 특히 머리 모양이나 화장, 옷차림에 관한 갈등은 일반적인 모녀의 긴장을 넘어선다. 성장 과정에 자연스럽게 나타나는 건강한 자기표현조차 임박한 반항의 신호로 해석하기 때문이다.

청소년기

이성 교제를 시작하는 순간은 억눌러온 모녀 갈등이 표면화되는 전환점이다. 이런 심리적 함정에 빠진 엄마는 딸의 남자 친구를 자신과 딸의 정서적 유대를 위협하는 존재로 인식한다. 이 때문에 모녀의 긴장이 극단적인 대립으로 치닫는다. 엄마의 요구에 순응하지 않으면 성적 정체성의 발달, 타인과 친밀한 관계 형성이라는 자연스러운 욕구가 부끄럽고 위험한 것처럼 여겨진다. 정확히 무엇인지 모르지만, 설명할 수 없는 불안이 내면에 자리 잡는다.

결혼식

죄책감의 함정에 빠진 딸의 결혼식은 '인생에서 가장 행복한 날'이라는 본질에서 벗어나 엄마의 욕구로 채워진다. 엄마가 하객 명단부터 예식의 세부 사항까지 모든 결정 과정에 강한 영향력을 행사한다. 신부가 예비 시댁과 엄마의 미묘한 긴장까지 조율해야 하는 상황도 벌어진다. 결혼식은 점차 엄마의 사회적·종교적·가족적 입지를 드러내는 장으로 변한다. 신부는 모든 이의 기대를 충족하려고 애쓰다가, 엄마의 요구와 예비부부의 희망 사이에서 갈등을 겪는다. 반복되는 양보 속에 누가 결혼식의 주인공인지 혼란스럽고, 이 과정이 왜 이토록 고통스러워야 하는지 의문이 깊어진다.

첫 출산

자녀의 출산, 특히 딸의 첫 출산은 모든 엄마의 삶에 중요한 전환점이다. 새로운 생명을 맞이하는 일은 그 자체로 어려운데, 죄책감의 함정에 빠진 딸은 엄마와 관계 때문에 이 시기가 더 복잡하다. 엄마가 주고자 하는 도움은 실제로 도움이 되지 않는 경우가 많다. 이런 엄마는 분만실에 들어오는 것부터 딸의 양육 방식과 손주가 자신을 대하는 방식에 뚜렷한 기준이 있다. 여기에 딸이 부탁하지 않은 조언을 계속하고, 가족의 중요한 결정에 자신이 참여해야 한다고 여긴다.

우리를 놓아주지 못하는 엄마의 심리

모든 상황을 찬찬히 보면 분명한 진실이 드러난다. 엄마는 우리가 인생에서 중요한 전환점을 맞을 때마다 우리를 자유롭게 놓아줘야 했다. 이는 엄마에게 너무 큰 시련이었다. 표면적으로는 딸에게 사회적 규범을 따르거나 친구를 사귀고 연애하는 것도 허락하는 듯 보였다. 그러나 엄마는 끊임없이 간섭하며 다른 메시지를 전한다. 자녀가 자신을 떠날 수도 있다는 불안이다. 이 메시지는 지금까지 분명하게 전해진다.

엄마는 왜 그렇게 할까?

엄마가 이렇게 비합리적으로 행동하는 근원에는 두 가지 핵심 요소가 있다. 하나는 거절에 대한 엄마의 절박한 두려움이고, 다른 하나는 착한 딸로서 그 두려움에 반응하는 자녀의 심리적 패턴이다. 자녀가 독자적인 음악 취향이 생기거나 친구와 비밀을 나누기 시작할 때, 엄마는 서운함을 넘어 깊은 상처를 받는다. 자신이 자녀 삶의 중심에서 밀려나고 있다는 신호는 엄마에게 불안을 일으킨다.

엄마는 과거 경험에서 '멀어짐은 곧 거절이며, 거절은 곧 버림'이라는 상처가 있다. 엄마는 이런 감정이 너무나 고통스러워, 자녀가 자신을 거절할 가능성을 차단하려 한다. 그래서 자녀의 심리적 경계를 무시하고 선택의 자유를 제한한다. 버림받고 거절당하는 두려움을 아예 피하는 것이다.

이게 우리한테 어떤 영향을 미칠까?
엄마는 내면에 분노를 품고 있으면서도 모든 상황을 교묘하게 조종해, 자녀가 거절할 수 없는 상황을 만든다. 이 민감한 주제를 꺼내려는 시도조차 즉각 차단한다. 딸은 이제 엄마의 뜻에 반하는 일이 불가능하다고 느끼며, 거절을 생각하기만 해도 심리적으로 마비가 된다. "싫어"라는 말조차 목구멍에 걸려 나오지 않는다.

딸이 용기 내서 진정한 욕구를 표현하면 감정의 소용돌이가 시작된다. 엄마는 분노하거나 상처 받은 모습을 보이며 감정적 조종을 시도한다. "나는 정말 형편없는 엄마인가 보다" "나는 그저 너를 위해 그랬을 뿐인데…" 같은 말을 쏟아내거나, 침묵으로 일관한다. 엄마의 이런 반응은 딸이 처음 시도한 작은 거절보다 훨씬 강력한 파장을 몰고 온다. 결국 딸이 엄마의 뜻에 굴복하는 악순환에 빠진다.

딸은 엄마의 교묘한 통제 방식에 순응하면서 배우자나 친구에게 하소연한다. 그럼에도 심리적 주도권은 여전히 엄마에게 있으며, 딸은 엄마의 행복이 자신의 책임이라고 여긴다. 주변 사람들은 이런 고민이 과장됐다고 느낄 수 있다. "우리 엄마를 몰라서 그래요. 난 엄마한테 거절할 수 없다니까요"라는 말을 이해하지 못하는 것이다. 죄책감의 함정에 빠지면 실제로 벗어날 수 없다. 적어도 이 심리적 함정에 빠진 과정과 탈출구를 발견하기까지.

죄책감의 함정 핵심 요약

각자 고유한 경험을 했겠지만, 죄책감의 함정에 빠진 삶은 대개 다음과 같은 모습으로 나타난다.

1. 자녀의 특정한 행동이나 말, 때로는 전혀 관련 없는 상황조차 엄마의 내면에 잠재된 거절에 대한 두려움을 일깨운다. 이는 보이지 않는 감지 시스템처럼 작동해, 자녀가 심리적 거리를 두려고 할 때조차 즉각 반응한다. 엄마는 이때 방어 태세를 갖추고, 눈물이라는 극적인 표현이나 차가운 침묵이라는 미묘한 방식으로 과잉 반응을 보인다.

2. 자녀는 다른 심리적 함정과 마찬가지로, 의식의 영역에서는 엄마의 행동을 자기 잘못으로 해석하게 된다. 자신이 뭔가 잘못했거나 엄마에게 상처를 줬다고 여기며, 엄마의 불안정한 감정 상태를 자신이 해결해야 할 의무로 받아들인다. 자녀는 엄마가 출산 이전에 버림받거나 거절당한 경험을 모른 채, 그 여파로 책임감과 죄책감을 떠안는다.
3. 이런 패턴이 반복되면서 엄마의 반응에 대한 죄책감이 자녀의 무의식에 자리한다. 엄마의 행복이 자기 책임이라는 왜곡된 핵심 신념이 형성되고, 이 때문에 자신을 우선시하는 것조차 이기적인 행동으로 인식하기에 이른다.

우리는 죄책감의 무게를 덜어내기 위해 자신의 욕구보다 엄마의 정서적 필요를 우선시하는 무의식적 계약을 맺는다. 이는 분명히 부적응적이고 건강하지 못한 패턴이지만, 압도적인 죄책감을 피하려고 내면화한 생존 전략이자 자기 인식의 토대가 된다. 죄책감은 행동을 추동하는 심리적 동력으로 작용한다. 이런 심리적 함정에 빠진 의식은 독립과 자아실현을 향해 나아가려 하지만, 생존의 뇌는 엄마의 안녕을 확신하지 못한다. 그 결과 건강한 발달을 위한 필수적 과업은 정서적 안정을 추구하는 내면의 욕구와 지속적으로 충돌한다.

엄마는 자신의 정서적 욕구가 충족되면 자녀의 감정도 자연스럽게 채워지리라 믿는다. 이런 혼동은 엄마뿐만 아니라 자녀의 내면에도 일어난다. 하지만 실제로는 자녀 혼자 두 사람의 정서적 짐을 감당하고 있다. 내면 깊숙한 곳에는 지친 감정과 억눌린 분노가 자리 잡고, 독립된 삶을 갈망하는 작은 목소리가 홀로 저항한다.

이 내면의 목소리는 때때로 엄마의 심리적 통제에서 벗어나려 하지만, 이는 불가능한 도전이다. 엄마가 이런 감정의 게임에 숙련됐기 때문이다. 무의식적 계약을 깨고 탈출구를 찾으려는 모든 시도는 결국 같은 현실과 마주한다. 엄마와 관계에서 진정한 탈출구는 없으며, 더 많은 심리적 시험이 기다릴 뿐이라는 냉엄한 진실이다.

이런 양상이 성인이 돼서는 어떻게 나타날까?

이런 심리적 갈등은 일상에서 어떻게 표면화될까? 해마다 명절이 다가와 고향 가는 비행기에 몸을 싣는 상황을 떠올려보자. 엄마에게 이 시기는 흩어진 자녀들을 한자리에 모을 수 있는 1년 중 가장 소중한 때다. 남편은 업무 관련 출장의 소용돌이에 휘말려 있고, 성장하는 아이들은 겨울방학이면 또래와 보내는 시간을 갈망한다. 딸의 가슴 깊은 곳에서 솔직한 감정이 올라온다. 북적이는 공항에서 또 한 번 크리스마스이브를 보내야 한다고 생각하면, 차라리 육체적 고통을 감내하는 편이 나을 것 같다.

엄마와 심리적 경계를 설정하기 위한 첫 시도가 시작된다. 관련 서적을 통해 얻은 지식을 실천에 옮기기로 결심한 순간, 내면의 긴장이 고조된다. 휴대폰을 드는 손끝에서 미세한 떨림이 느껴지고, 용기를 모아본다. 숨을 깊이 들이마시고 조심스러운 목소리로 말한다. "엄마, 나 이번 크리스마스는 우리 집에서 보내려고 하는데… 어떨 것 같아?"

이 대화가 어떤 방향으로 흘러갈지 이미 짐작할 테다. 엄마의 반응을 굳이 말로 표현할 필요도 없다. 우리는 이 상황이 어떻게 전개될지 알기 때문이다. 타이태닉호가 바닷속으로 가라앉듯 우리 마음도 서서히 침잠한다. 통화 내내 엄마를 달래는 데 정신을 쏟으며 말을 이어간다. "엄마, 그런 거 아니야… 당연히 가야죠. 내가 요즘 너무 정신없어서… 죄송해요." 전화를 끊고 자책하듯 중얼거린다. "경계선을 긋기가 이렇게 어려운 줄 알면서… 결국 상황만 더 나빠졌잖아. 아예 시도하지 말아야 했어." 그리고 항공사 마일리지를 확인하며 남편과 아이들에게 크리스마스 여행을 가야 한다는 소식을 전하는 자신을 발견한다.

시간이 지나갈수록 엄마에게 정서적으로 속박됐다는 감정에서 자라난 원망은 내면의 상처로 자리 잡는다. 한때 따뜻하게 느껴지던 모성애가 이제는 숨 쉬기조차 힘든 압박감이 된다. 왜곡된 관계에서 신뢰와 존중은 사라지고, 서로 조종하려는 심리적 줄다리기가 그 자리를 대신한다. 진정한 정서적 교감과 유대 관계는 사라지고, 의무감에서 비롯된 행동으로 엄마의 욕구를 충족한다는 점이 가장 안타깝다.

죄책감의 함정은 각자 삶의 맥락에서 다른 모습으로 나타난다. 이런 심리적 속박에 갇힌 내담자들의 이야기를 들려주고자 한다. 이들의 사적인 영역을 보호하기 위해 이름과 개인을 특정할 수 있는 세부 사항은 모두 변경했다.

에이미

휴대폰 벨 소리가 공기를 가르는 순간, 에이미의 심장이 미세하게 떨렸다. 전화한 사람이 엄마임을 본능적으로 알아차렸다. 하지만 지금은 어떤 심리적 교류도 감당하기 힘들다. 종일 쌓인 육체적·정신적 피로감이 온몸을 짓누르는 상태에서 겨우 집에 도착한 참이었고, 지친 영혼은 와인 한 잔의 그윽한 위로와 따뜻한 욕조에 몸을 맡기는 고요한 휴식을 갈망했다. 욕조를 채우는 물소리가 에이미의 고단한 일상을 부드럽게 감싸고 있었다.

전화를 받지 않기로 했다. 하지만 곧이어 두 번째 전화벨이 울렸고, 그마저 받지 않자 연이은 문자메시지가 평온을 깨뜨린다. '어디 있는 거야? 왜 전화를 안 받아? 무슨 일 있니?'

에이미는 깊은 한숨과 함께 욕조 수도꼭지를 잠그고, 무거운 손길로 배수구 마개를 뽑았다. 엄마에게 전화하지 않으면 짓누르는 죄책감이 잠시도 휴식을 허락지 않으리라. "엄마, 괜찮아. 그냥… 목욕하려던 참이었어." 15분도 엄마에게서 완전히 벗어날 수 없다는 냉혹한 현실이 어깨를 짓눌렀다. 통화하는 순간순간이 아깝게 느껴지면서도, 전화를 받는 것이 전화를 거부하고 죄책감의 소용돌이에 빠지는 것보다 나은 선택이었다. 엄마와 관계에서 이것 말고는 다른 어떤 가능성도 없다.

던

던의 남편이 어떤 예감을 담은 표정으로 전화기를 건넸다. 엄마 전화라는 것은 예견된 일이었고, 엄마가 전하는 소식의 긴박함 역시 익숙한 패턴이었다. "네 동생이 음주 운전으로 또 적발됐어. 내가 발품을 팔아 겨우 찾아낸 변호사와 상담하는 동안 네가 아이들을 봐줘야겠구나. 동생에게 막내는 전문적인 심리 상담을 받아야 한다고 꼭 전해주렴. 네가 나서서 설득해야 해. 네가 있어서 다행이야. 우리 가족이 너라는 버팀목 없이 어떻게 살아왔을지 상상도 할 수 없다."

 던의 마음속에서는 절규가 울려 퍼졌다. "왜 내가 항상 해결사가 돼야 하지? 어째서 동생의 모든 문제가 자연스레 내 짐이 되는 거야?" 하지만 던이 조심스럽게 엄마와 내가 동생의 문제 해결을 오히려 방해하고 있다고 말을 꺼내려 할 때마다, 엄마는 강한 방어기제를 드러내며 단호하게 반응했다. "가족이란 이렇게 서로를 위해 존재하는 거야. 어떻게 네 동생을 외면하겠다고 할 수 있니? 내가 그렇게 키우지 않았잖아." 던은 엄마가 끊임없이 되뇌는 '가족은 결코 가족을 버리지 않는다'는 신념이, 버림받음에 대한 엄마의 원초적 두려움이 투영된 것임을 직감하고 있었다. 하지만 자신이 단단히 경계선을 그었을 때 발생할 심리적 여파가 두려워, 엄마의 요구에 침묵으로 순응해 죄책감을 피하는 길을 선택했다.

조앤

조앤의 친구들은 부러움을 감추지 못했다. 그들에게는 조앤이 이상적인 엄마를 둔 행운아로 비쳤다. 엄마는 조앤 부부에게 품격 있는 동네에서 보금자리를 마련하기 위한 계약금을 선뜻 내주고, 손주들이 명문 사립학교에 다닐 수 있게 전적으로 책임졌으며, 1년 내내 값진 선물로 아이들의 일상을 채웠다. 그러나 이 완벽해 보이는 그림에는 균열이 있었다. 조앤은 이 모든 것을 한 번도 요청한 적이 없다. 엄마는 신용카드와 함께, 변함없이 확고한 신념으로 무장한 채 조앤의 삶에 불현듯 나타났다.

　엄마의 도움에는 보이지 않는 끈이 있었고, 그 끈은 조앤의 삶을 옥죄는 통제의 고리가 됐다. 조앤은 이 모든 것에 감사해야 한다는 사실을 머리로는 이해하지만, 가슴은 그렇지 못했다. 조앤의 내면에는 영원히 상환할 수 없는 부채감이 있을 뿐이었다. 엄마의 암묵적 승인 없이는 아무것도 자유롭게 선택할 수 없었고, 모든 것이 진정한 의미에서 자기 것으로 여겨지지 않았다. 엄마에게 빚진 자로 존재한다는 감정은 건강한 경계선 설정하기를 불가능하게 만들었다. 복잡한 실타래를 어디서부터 풀어야 할지 알 수 없었다. 이는 당연한 결과다. 조앤은 자신의 정체성이 어디서 끝나고 엄마의 영향력이 어디서 시작되는지, 그 심리적 경계조차 구분하지 못했기 때문이다.

에마

이혼하고 7년이 지났지만, 엄마의 상처는 여전히 생생한 아픔으로 남았다. 그렇다. 누구나 인정할 만큼 고통스러운 이혼이었고, 에마의 아빠는 비난받아 마땅한 행동을 저질렀다. 엄마는 그 상처에서 벗어나지 못한 채, 영원한 피해자라는 정체성을 자신의 존재 방식으로 선택했다. 엄마의 상처를 어루만지고 치유하는 과업은 에마의 숙명적인 짐이 됐다. 깊은 밤 끊임없이 울리는 전화벨 소리와 함께 "네 아빠가 이번에는 어떤 믿을 수 없는 짓을 했는지 들어봐"라는 격정적인 토로가 이어졌다. 에마가 아빠를 조금이라도 이해하는 기색을 보이면 "그 사람이 한 짓을 생각하면 네가 어떻게 아빠 편을 드는지 도저히 이해가 안 되는구나"라는 날카로운 원망이 돌아왔다.

 에마는 아빠 편을 들려던 게 아니다. 오히려 그 반대다. 다만 엄마가 한 가지 중요한 사실을 잊은 듯했다. 엄마에게는 전남편이지만, 에마에게는 여전히 아빠 아닌가. 에마도 상실감을 극복해야 했고, 성인이 됐지만 아빠와 관계를 이어가고 싶은 마음을 엄마가 이해해주길 바랐다. 엄마는 에마가 아빠를 사랑한다는 이유로 죄책감에 시달리게 했다.

클레어

막내가 대학에 들어가면서 클레어와 남편은 부부의 고요한 일상을 조심스레 그려보기 시작했다. 하지만 이들 앞에는 피할 수 없는 현실이 기다리고 있었다. 클레어의 연로하신 엄마는 여러 질환으로 24시간 지속적인 보살핌이 필요했다. '우리는 부모님을 요양원에 모시지 않는 가족'이라는 신념은 오랫동안 이들의 정체성을 규정하는 불문율이었다. 하지만 엄마의 돌봄 문제를 실질적으로 논의해야 할 시기가 도래하자, 클레어의 남자 형제들은 안개처럼 흩어졌다.

그 책임은 자연스럽게 클레어의 몫이 됐다. 돌이켜 보면 엄마는 늘 어떤 형태로든 도움을 청했고, 클레어는 한 번도 거스르지 않고 기대에 부응했다. 그래서 이번만큼은 남편과 조용한 시간을 보낼 수 있기를 간절히 소망한 것이다. 하지만 엄마에게는 여전히 클레어가 필요했다. 이를 피할 방법은 없었다. 빈 둥지에서 맞는 새로운 삶에 대한 기대는 잠시 접어야 했다. 클레어는 엄마의 요청을 거절하고 죄책감을 감당할 자신이 없었다.

죄책감의 함정은 사람마다 다른 모습으로 찾아온다. 누군가에게는 견딜 만한 무게로, 다른 이에게는 감당하기 힘든 고통으로. 이는 때로 엄마와 우리를 묶는 쇠사슬이 되고, 때론 마음 한구석에서 지워지지 않는 울림으로 남는다. 경험의 강도와 관계없이, 자신의 필요는 뒤로한 채 엄마의 정서적 안녕을 책임지려는 모든 시도는 결국 우리의 행복을 서서히 무너뜨린다.

이제는 나를 위해 살아야 한다는 생각이 들지만 과연 가능할지, 얼마나 어려운 일이 될지 고민스럽다. 현실적으로 말하면 지금은 불가능한 일에 가깝다.

우리는 엄마와 관계에서 자신을 속박한 패턴을 희미하게나마 알아차리기 시작했다. 구체적으로 말하면, 때로는 엄마를 실망시키는 일도 필요할지 모른다는 깨달음이 우리 마음에 조금씩 스며드는 것이다. 하지만 이해하는 것과 행동으로 옮기는 것은 전혀 다른 문제다. 감정적 반응이 앞서는 상태에서 이런 변화를 시도하기는 더욱 어렵다.

앞서 우리는 자신이 이런 관계의 패턴에 갇혀 있다는 사실을 발견했을 때 나타나는 첫 반응을 살펴봤다. 오랫동안 타인의 행복을 위해 자기 삶을 내줬다는 것을 인지하면, 분노와 배신감이 밀려오는 것은 지극히 자연스러운 감정의 흐름이다. 죄책감의 함정에 빠진 사람들이 처음 보이는 반응은 대개 이렇다. '이제는 내가 이기적으로 살 차례야.'

이런 생각에는 문제가 있다. 자신을 돌보는 일을 여전히 이기적인 것으로 보기 때문이다. 선택지는 두 가지뿐인 듯 여긴다. 자신을 희생하거나, 엄마를 완전히 외면하거나. 이런 사고방식으로는 나와 엄마 중 한 사람만 행복할 수 있다고 믿게 마련이다.

기억할 것 : 행복은 제로섬게임이 아니다

죄책감의 함정은 우리 내면에 특별한 심리적 구도를 만든다. 엄마를 보살피는 일과 자기 돌봄이 양립할 수 없는 선택처럼 여겨지는 것이다. 엄마를 위해서는 나를 지워야 하고, 나를 위해서는 엄마를 외면해야 한다는 이분법적 사고가 무의식에 자리한다. 이런 거짓된 선택의 압박은 우리 안에 분노를 일으킨다. 그러나 우리는 분노하면서도 엄마에게 상처 주기를 원하지 않는다. 마음속에는 여전히 엄마를 향한 애정이 있기 때문이다. 우리가 진정으로 원하는 것은 자유롭게 살아갈 권리다.

건강한 관계라면 자유로운 삶을 추구하는 게 자연스러운 일이다! 죄책감의 함정에서 벗어나는 열쇠가 여기에 있다. 나와 엄마의 정서적 건강이 동등하게 중요하다는 깨달음이다. 이런 이해를 이성적으로만 받아들이는 것은 부족하다. 엄마가 우선이라는 무의식에 새겨진 심리적 각본을 바꾸려면 생존의 뇌를 새롭게 다듬어야 한다.

남은 두 가지 심리적 함정을 살펴보고, 이런 근본적 변화를 이루는 구체적인 방법을 함께 탐구하자.

7

자기 의심의 함정

"나는 모든 결정 앞에서 잘못된 선택을 할까 봐 두려워하며
끊임없이 고뇌한다. 새로운 관계가 시작되거나
승진처럼 좋은 일이 생겨도 마냥 기뻐하지 못한다.
먹구름이 몰려오기를 기다리듯
늘 다음에 닥칠 불행을 예감하며 불안에 시달린다."

아무 잘못도 없이 불필요한 설명과 사과를 하고 있는가? 충분히 준비했고 마땅히 누려야 할 새로운 기회가 와도 모든 게 돌이킬 수 없이 잘못될 것 같아 망설이고 있는가? 내면에서 끊임없이 자신을 의심하고, 결정을 재고하며, 최악의 상황을 그리는 목소리가 들린다면 '자기 의심의 함정(self-doubt trap)'에 빠졌다는 신호다.

  자기 의심의 함정은 홀로 빠져든 나락이 아니다. 엄마의 끊임없는 목소리가 우리 내면에 새겨놓은 심리적 지형이다. 발걸음마다 그림자처럼 따라붙는 엄마의 평가와 의견은 시간이 흐르며 자기 의심이라는 균열을 만든다. 이 목소리가 실제 우리 곁에 있는 엄마에게서 나오는 것이 아니라는 점에 주목해야 한다. 이 목소리가 하는 말이 많을지라도 우리 의식에 자리 잡은 엄마, 즉 우리가 앞서 이야기한 내면화된 엄마의 목소리다. 비판적이고 멈추지 않는 이 목소리는 영원한 동반자가 돼서 끊임없이 최악의 순간을 떠올리고, 위험을 경계하라고 말하며, 자신감이라는 위험한 감정을 품지 말라고 속삭인다.

  이것이 과연 엄마의 목소리일까, 우리의 목소리일까? 우리는 그 답을 알지 못한다. 이 내면의 비평가는 모든 행동에 대해 계속 말하고, 그 말이 따뜻하지 않은 건 분명하다.

보이지 않는 동거인, 엄마

자기 의심의 함정이 특별히 강력한 까닭은 엄마가 특정한 순간에 보이는 행동에 한정되지 않기 때문이다. 다른 심리적 함정과 달리 우리에게 상처를 주기 위해 엄마의 방어기제를 자극할 필요도 없다. 우리가 그 고통을 만드는 주체다.

이런 심리적 함정은 어떻게 형성될까? 성장 과정의 어느 순간, 우리는 엄마의 부적응적 행동 방식을 깊이 내면화했다. 이제 엄마가 곁에 없어도 그 상처가 저절로 재생되는 것이다. 그녀는 조용히 우리 의식에 자리 잡았다. "어서 와, 엄마. 편하게 있어"라는 무의식적인 초대에 그녀는 자연스럽게 들어왔고, 평생 쌓아온 모든 두려움과 의심을 우리 내면으로 가져왔다. 그리고 우리 내면에 계속 머문다. 우울한 룸메이트처럼 끊임없이 불평하고 결점을 지적하면서. 이 세상 어디에도 갈 곳이 없다는 듯이.

자기 의심의 함정은 다른 심리적 함정과 깊은 연관성이 있다. 부족한 존재라는 자기 인식을 심어주는 불충분함의 함정과 엄마의 필요를 절대적으로 우선시하게 만드는 죄책감의 함정이 맞물려 작동한다. 우리는 내면에 엄마를 '최고 의심 책임자'로 받아들이고, 삶의 모든 순간에 그 존재를 끌어들인다. 내면화된 엄마의 목소리는 검은 법복을 입고 우리 인생이라는 법정을 주재하는 판사이자 배심원처럼 끊임없이 우리를 심판한다. 우리는 결백을 증명하려고 애쓰지만, 영원히 재판 중인 듯한 무게감은 사라지지 않는다. 이 모든 비현실적인 심리극이 고요한 내면에서 반복된다.

 내면에 자리 잡은 엄마를 만족시키려는 노력은 현실의 엄마를 대하는 것보다 고된 싸움이다. 실제 엄마는 한 사람이고 물리적 한계가 있지만, 내면화된 엄마는 우리 일부가 돼서 어느 순간이든 의식에 불쑥 나타날 수 있기 때문이다.

여기에 이르기까지

신경심리학자들은 흥미로운 통찰을 전한다. "함께 깨어나는 신경세포는 이어진다." 자기 의심의 사고가 반복될 때마다 뇌에는 점점 깊은 흔적이 새겨진다. 마침내 모든 신경학적 경로는 불안이라는 지점을 향해 수렴한다. 성공을 경험하는 순간에도 긍정적 사고는 뇌에 각인된 자기 의심의 견고한 신경 회로에 맞서기 어렵다. 이것이 우리가 다가올 불행을 예감하며 살아가는 근본적인 이유다.

이 미세한 신경 회로는 어떻게 이토록 견고하게 진화했을까? 흥미롭게도 실수에 집중하고 실패를 예견하는 이런 성향은 또 다른 엄마, 즉 자연의 엄마가 남긴 심오한 유산이다. 이는 우리의 가장 본질적인 유전자에 새겨진 진화의 기억으로 거슬러 올라간다.

선사시대 우리 조상 가운데 여유로운 이들은 평화로운 곳에서 한가로이 열매를 따 먹다가 맹수의 먹잇감이 되고 말았다. 반면 생존 본능이 예민한 이들은 덤불에 몸을 숨기고 최악의 상황에 대비하며 나뭇가지로 창을 만드는 지혜를 키웠다. 오늘날 우리에게 전해진 것은 경계하는 존재의 유전자다.

이런 진화의 메커니즘은 공정하지 않을지도 모른다. 그러나 이것이 우리 뇌가 작동하는 근본적인 방식이다. 이 모든 생존 기제는 개인의 잘못이 아니다. 우리 내면에 자리 잡은 운영 체계가 여전히 선사시대의 논리를 따른다는 것은 인류의 유산이다. 인간은 잠재적 위험을 본능적으로 감지하도록 설계됐다. 심리학자들은 이런 인간 본성의 근원적 특성을 '부정적 편향성(negativity bias)'이라 부른다.

하지만 이는 복잡한 심리적 과정의 절반에 불과하다. 이 원초적인 위험 감지 체계에 각자가 엄마와 관계에서 형성한 발달 경험이 또 다른 심리적 층위로 더해지기 때문이다.

우리는 어린 시절, 엄마가 곁에 없는 순간을 견디기 위해 자연스럽게 엄마의 모습을 마음속에 그려낸다. 심리학자들은 이렇게 내면화된 엄마를 '내사(introject, 內射)'라고 부르는데, 이는 모든 아이의 성장 과정에 필수적이고 자연스러운 심리적 발달 단계다. 엄마의 모습을 마음속에 간직하면 엄마가 곁에 없을 때도 그 존재를 느끼게 해주는 심리적 안전망이 된다.

이런 내면화 과정은 일상적인 순간에 자연스럽게 일어난다. 예를 들어 네 살배기 아이가 처음으로 친구 집을 방문하는 상황을 보자. 새로운 만남에 대한 설렘과 낯선 환경에 대한 불안이 공존한다. 친구 엄마가 문을 열어주는 순간, 집 안의 낯선 냄새가 느껴지고 친구가 장난감을 나누지 않을지도 모른다는 걱정이 스친다. 이 모든 게 조금 벅차게 다가오는데, 엄마가 몸을 낮춰 포옹하며 속삭인다. "점심때 데리러 올 거야. 착하게 굴고 예의 바르게 있어야 해."

엄마의 말은 물리적으로 떨어져 있어도 심리적으로 연결돼 아이 마음에 안전한 공간을 만들어준다. 엄마의 모습은 눈앞에 없지만, 내면화된 엄마는 아이의 심리에 선명하게 존재한다. 거대하고 불확실한 세상을 마주한 어린아이에게 이런 내적 존재는 필수적인 심리적 기반이 된다. 내면화된 엄마와 동일시, 마음속에 울리는 목소리에 귀 기울이는 과정은 엄마와 분리된 상황이 유발하는 불안을 견디게 해준다. 이는 엄마를 내면의 동반자로 받아들이는 것과 같다. 엄마가 바라는 대로 행동할 때면 여전히 곁에서 따뜻하게 지켜보는 듯 안정감이 든다.

성장하면서 내면의 엄마 목소리는 깊은 울림과 무게로 의식에 자리 잡는다. 이 영향력에 저항할 때조차 그 존재감은 강력하다. 엄마라는 프리즘을 통해 자신을 바라보는 것은 호흡처럼 자연스러운 일이 된다. 이 지점에서 내면의 갈등이 생긴다.

그 혼란이란

건강한 엄마는 딸이 성장하는 과정에서 한 걸음 물러나 신뢰의 시선을 보낸다. '네가 충분히 해낼 수 있어'라는 믿음으로 딸이 새로운 경험을 마주하고, 때로는 실패도 겪도록 지켜보는 것이다. 이런 엄마는 좌절이 해결해야 할 문제가 아니라, 자연스러운 성장 과정임을 이해한다. 두 걸음 전진하고 한 걸음 후퇴하는 이 미묘한 움직임은 인간 발달의 핵심이다. 도전하고 실패하고 다시 일어서는 경험이 '회복탄력성(resilience)'이라는 심리적 근력을 형성하기 때문이다.

 정서적으로 건강한 엄마는 성장 과정의 본질을 본능적으로 이해한다. 그래서 딸이 인생의 폭풍우를 견뎌내고 굳건히 설 수 있는 자신감을 키워가도록 돕는다. 문제적 엄마에게는 이런 양육이 어렵다. 아물지 않은 상처와 아직 해결하지 못한 심리적 과제를 안고 살아가기 때문이다.

 자기 의심의 함정에 빠진 착한 딸에게 엄마는 든든한 버팀목이 아니라 불안의 근원이다. 엄마는 세상 곳곳에서 위험을 보거나, 자신이 예측 불가능한 위험이 된다. 지지와 의심, 분노를 오가는 엄마의 마음은 안개처럼 잡힐 듯 잡히지 않는다. 방어적인 태도가 심해질수록 그날의 기분과 반응은 더욱 예측하기 어렵다.

착한 딸은 자라면서 이런 위험 신호를 읽어내는 감각을 키워 간다. 다가오는 위기를 본능적으로 감지하고, 그것을 피하거나 누그러뜨리는 방법을 배운다. 때로는 무심코 엄마의 오래된 상처를 건드려 폭발적인 반응을 마주하기도 한다. 지뢰를 밟은 것처럼. 쾅!

불안이 지배하는 관계

불안은 지금도, 앞으로도 문제적 엄마와 딸의 관계를 지배할 핵심 정서다. 불안이란 본질적으로 미지의 것에 대한 두려움이다. 예측 불가능한 감정 변화는 엄마를 더욱 이해하기 어려운 존재로 만든다. 때로는 엄마가 직접적인 위협이 되지 않더라도, 자녀가 엄마의 영향력 밖으로 조금이나마 벗어나려 하면 세상이 위험하다는 메시지를 전한다. 자녀는 이런 엄마의 모습을 내면화하는 과정에서 엄마의 보호 없이는 세상을 헤쳐 나갈 수 없다는 자기 불신을 새긴다.

엄마는 어떤 모습을 보일까?

우리가 세상을 탐험하러 나설 때마다 엄마는 여러 가지 이유로 자신의 두려움을 우리에게 투사했다. 그 두려움은 불안일 수도, 경쟁심일 수도, 자신에 대한 의심일 수도 있다. 독립된 한 사람으로 자라나려는 모든 노력에 엄마의 불안이 따라다녔다. 사소한 실수도 엄마에게는 불행의 전조로 비쳤고, 그런 시선은 지금도 변함이 없다. 특히 엄마는 딸이 자신을 닮은 부분을 발견할 때마다 성공을 확신하지 못했다. 그래서 "잘할 수 있어"라는 따뜻한 응원 대신 "네가 무슨 짓을 저지를지 모르니까 엄마가 지켜봐야겠어!"라며 불안한 목소리를 냈다.

딸이 스스로 문제를 해결해야 할 순간이면 갑자기 엄마가 나타나 모든 것을 통제했다. 반대로 정말 도움이 필요한 순간에는 잘못된 대처로 상황을 악화시키거나, 아예 모습을 감췄다. 성장은 두 걸음 전진하고 한 걸음 물러서는 점진적인 과정이다. 엄마가 이런 후퇴를 모두 실패로 여겼다면, 그 시선은 자연스럽게 내면화됐을 것이다.

성인이 된 지금도 자기 의심의 굴레가 이어진다. 엄마는 불충분함의 함정에 빠진 것처럼 늘 뭔가 말해야 한다. 도움이 되는 조언이라며, 실패와 고통을 막으려는 경고라며 끊임없이 개입한다. 비판과 지나친 간섭의 출처가 달라졌을 뿐이다. 때로는 엄마가 직접 말하지만, 말하지 않아도 괜찮다. 내면에 자리 잡은 엄마의 목소리가 그 자리를 채우기 때문이다.

엄마는 왜 그렇게 할까?

엄마가 끊임없이 불안과 걱정의 굴레를 만드는 이유는 뭘까? 그 중심에는 두려움이 있다. 이는 단순히 자녀를 향한 걱정이 아니라, 자녀가 태어나기 전에 엄마의 삶에 새겨진 상처에서 비롯된다. 엄마는 자신의 경험을 통해 세상을 예측 불가능하고 위험한 곳으로 받아들였다. 불행은 언제든 찾아올 수 있고, 아무도 삶을 완벽히 통제할 수 없다는 불신이 자리 잡은 것이다. 이런 내면의 불안이 엄마의 행동을 이끄는 원동력이다.

 자기 의심의 함정은 불충분함의 함정, 죄책감의 함정과 맞물려 있다. 엄마는 자녀가 자신의 체면이 깎이는 일을 할까 봐, 자신이 더는 필요하지 않은 존재가 될까 봐 두려워한다. 때로는 자녀를 통해 자신의 삶을 다시 살아보려 하면서 과거의 실수를 되풀이할까 봐 안절부절못한다. 표면적으로 자녀를 걱정하는 듯 보이지만, 이는 엄마가 살면서 배운 뼈아픈 교훈이다. 있는 모습 그대로는 이 험한 세상을 살아내기 힘들다는 절망적인 믿음 말이다.

 이런 심리적 역학 관계로 우리가 인생의 중대한 갈림길에 서거나 깊은 실망감을 마주해야 할 때, 엄마는 우리에게 진정한 공감을 건네지 못한다. 걱정을 잠시도 내려놓지 못해 자녀의 내면에 귀 기울일 여유를 잃어버린 것이다. 엄마를 사로잡은 두려움은 너무 강렬해서, 비판적인 말이나 지나친 걱정이 자녀의 마음에 어떤 상처를 남기는지 이해하지 못한다. 좌절하는 순간을 성장 과정의 자연스러운 일부로 받아들이지 못하고, 작은 성취의 기쁨조차 온전히 누리지 못한다. 언제 어떤 시련이 닥칠지 모른다는 불안이 늘 마음 한구석을 차지하기 때문이다. 엄마의 내면을 가득 채운 불안은 자연스레 자녀의 마음에 스며든다.

자기 의심의 함정 핵심 요약

자기 의심의 함정에 빠진 사람의 심리적 메커니즘은 다음과 같은 단계로 이해할 수 있다.

1. 엄마의 아직 해결하지 못한 상처는 자녀의 성장기 내내 특정한 순간에 깨어난다. 자녀가 엄마의 한계를 넘어설 때, 독립을 시도할 때, 엄마의 기대에 미치지 못할 때 오래된 상처가 되살아나는 것이다. 때로는 자녀를 향한 본능적 두려움이 이런 감정을 일깨우기도 한다.
2. 의식의 표면에서는 엄마의 이런 반응을 자연스럽게 받아들인다. '엄마는 나를 걱정하고 보호하려는 것뿐이야'라고 자신을 설득하는 과정에서, 자신과 자신의 능력에 대한 엄마의 의심을 고스란히 내면화한다.

3. 시간이 흐르면서 엄마의 걱정이 내면에 뿌리내린다. 자신을 온전히 믿을 수 없다는 무의식적 확신으로 자리 잡는 것이다. 성인이 돼서도 중요한 결정을 내리는 순간마다 엄마의 판단에 의존하고, 자신의 선택이 파국으로 이어질까 봐 두려워하며 살아간다.
4. 생존 본능은 엄마를 보호자로 인식하려 한다. 그래서 엄마가 삶에 지나치게 개입해도 자연스레 받아들이고, 무의식중에 엄마를 내면세계의 중심에 둔다. 이 과정에서 엄마가 투사한 것을 수용하고, 결과적으로 엄마의 내면에 자리 잡은 불안마저 고스란히 떠안는다.

우리는 자기 의심의 함정에서 엄마가 투사한 것을 자신의 본질적 문제로 받아들인다. 이런 맥락에서 자기를 신뢰하지 못하는 것은 당연한 결과다. 엄마의 불안을 대신 짊어지겠다는 무의식적 약속으로 자기 신뢰가 엄마를 배신하는 처사로 느껴진다. 이는 분명 건강하지 못한 심리적 역학 관계지만, 무의식이 만든 방정식은 그렇게 작동한다.

  우리는 내면화된 엄마의 기대를 충족하려 애쓸수록 진정한 자아와 연결을 잃어간다. 결국 우리의 신뢰를 받아들이려 하는 사람에게 자신을 내맡기는 위험한 상태에 이른다.

자기 의심의 함정이 초래하는 위험

자기 의심의 함정에 빠진 착한 딸은 타인의 기만적 행동에 노출되기 쉽다. 이들의 심리적 취약성을 생각하면 당연한 결과인지 모른다. 보상 없는 야근과 주말 근무를 강요하는 상사, 필요할 때만 연락하는 친구, 창업 자금을 요구하기 직전까지 달콤한 사랑을 속삭이는 연인… 자기 정체성이 흔들릴 때면, 특히 타인의 행동이 자신에게 이롭다면 타인이 그려주는 왜곡된 모습을 쉽게 받아들인다.

타인의 시선에서 끊임없이 자신의 가치를 찾으려 하다 보니, 불필요한 설명으로 안도감을 구하거나 이유 없는 사과를 반복하게 된다. 때로는 아직 저지르지 않은 실수를 미리 사과하는 모습까지 보인다. 모든 일이 순조롭게 진행될 때조차 마음의 평화를 누리지 못한다. 언제 닥칠지 모르는 불행을 예감하며 불안에 시달린다. 때로는 타인이 거절하거나 비난하지 않았는데도, 스스로 실패의 길을 선택한다. 이는 아픈 진실이다. 우리는 결국 엄마 대신 삶을 검열하는 또 다른 검열관이 된다.

이렇게 복잡한 모녀 관계의 심층을 들여다보면 한 가지 의문이 생긴다. 엄마는 이런 관계에서 어떤 심리적 보상을 얻을까? 자기 의심은 보이지 않는 끈이 돼서 우리를 엄마에게 묶어둔다. 중요한 결정의 순간마다 엄마와 상의하는 과정에서 엄마의 불안은 자녀를 통해 새로운 형태로 되살아난다. 이렇게 두 삶이 얽히면서 자녀는 모든 위험을 감당하는 최전선에 서고, 엄마는 불가결한 조언자로 자리 잡는다. 엄마의 관점에서 이보다 이상적인 관계는 없을 것이다.

이런 심리적 패턴이 얼마나 깊이 스며들었는지 살펴보기 위해 내담자들의 이야기를 나누고자 한다. 개인정보 보호를 위해 이름과 세부 사항은 변경했다.

질

질은 자신의 분야에서 뛰어난 실력을 인정받고 열정을 쏟는 전문가다. 하지만 내면은 늘 불안에 흔들렸다. 업무상 작은 오해가 생기거나 고객의 기대에 미치지 못했다는 생각이 들면 순간적으로 혼란에 빠졌다. 일을 제대로 하지 못해 질책을 받거나 프로젝트를 빼앗길까 봐 두려움에 떨었다. 아무리 최선을 다해도 불만이 담긴 이메일이나 차가운 목소리로 말하는 전화 한 통이면 무너졌다.

질이 받는 고통은 업무 능력이나 고객 만족도와 전혀 관계가 없었지만, 그녀는 이 사실을 알아차리지 못했다. 자신이 달성할 수 없는 완벽한 기준을 스스로 강요하고, 그 기준에 미치지 못하면 재앙이 닥칠 것이라 믿었다. 이런 비현실적인 기준은 고객이나 업계 전문가가 아니라 질의 엄마에게서 비롯했다. 2년간 만나지 않았는데도 엄마의 날카로운 목소리는 현실과 동떨어진 완벽함을 요구하며 질의 마음에 선명하게 울렸다.

데빈

데빈의 삶은 결정 유예의 연속이었다. 휴가지 선택부터 승진 요청까지 모든 선택 앞에서 깊은 고뇌에 **빠졌다**. 데빈은 정보를 충분히 모으면 저절로 정답이 드러날 것이라 믿었다. 하지만 더 많은 정보를 수집하고 더 오래 고민할수록 결단의 순간은 오히려 멀어졌다. 데빈의 삶은 영원한 대기 상태에 머물렀다.

시간이 흐르는 동안 수많은 기회가 스러졌다. 경력의 발전, 여행의 설렘, 관계의 깊이는 모두 자기 의심이라는 늪에 잠겼다. 도달할 수 없는 완벽함을 좇으며 끝없는 자기 의심의 순환에 갇혔다. 이런 심리적 속박의 근원은 어린 시절로 거슬러 올라간다. 엄마는 성장기 내내 데빈이 시도하는 것마다 불완전하다고 평가했고, 반복된 좌절감이 데빈의 내면에 각인됐다. 엄마가 세상을 떠난 뒤에도 비판적 목소리는 데빈의 모든 선택을 지배한다. 그러나 데빈은 이 무의식적 구속이 자기 삶을 얼마나 제한하는지 몰랐다.

사만다

사만다와 밥은 꿈꾸던 집을 향해 첫걸음을 내디디려 했다. 이는 결혼 생활에서 가장 큰 재정적 결정이자, 부부의 유대를 더욱 단단하게 만들 소중한 순간이었다. 하지만 계약 관련 서류를 준비하던 사만다의 마음에 익숙한 불안이 고개를 들었다. 엄마와 상의하지 않고 이런 중요한 결정을 내려도 될까? 삶의 모든 선택 앞에 엄마의 조언은 필수였고, 이번 결정은 어느 때보다 중요하다. 엄마를 배제하면 끝없는 잔소리와 긴장이 이어지리라는 것도 잘 알았다.

결국 사만다는 엄마에게 남편과 점찍어둔 집에 대해 말했다. 그러자 엄마는 그들이 살 완벽한 집을 찾아뒀다고 했다. 사만다는 남편과 함께 그린 미래와 엄마의 강한 의견 사이에서 갈등했다. 하지만 이런 상황은 익숙했다. 세월이 흐르며 엄마가 사만다의 결혼 생활 중심으로 들어올수록 밥은 그 관계에서 조금씩 멀어졌다.

바버라

바버라의 하루는 사과로 채워진다. 하루에 열 번은 "죄송합니다"라는 말이 나왔다. 아무도 문제 삼지 않는 일, 심지어 자신과 무관한 일에도 습관처럼 사과했다. 사과하지 않는 순간에는 긴 설명이 이어졌다. 누군가의 마음이 조금이라도 불편해질까 봐 전전긍긍했다.

어린 시절부터 계속된 엄마의 비판은 바버라의 내면에 깊은 흔적을 남겼다. 모든 행동에 타인의 승인이 필요하다는 믿음이 뼛속 깊이 새겨진 것이다. 스스로 판단하고 행동하려는 순간마다 불안이 찾아왔다. 바버라와 실력이 부족한 동료가 경쟁했으나, 결과는 동료의 승진이었다. 바버라는 자기 의심이 뚜렷했다. 자신도 믿지 못하는 사람을 누가 믿어줄까.

잔

잔은 아름답고 따뜻하며 능력 있는 여성이다. 친구들은 잔이 왜 진정한 파트너를 만나지 못하는지 이해하지 못했다. 훌륭한 남성과 많이 만났고, 희망적인 데이트가 이어졌다. 하지만 새로운 관계가 시작되고 몇 번 만나면 잔의 내면에서 불안이 고개를 들었다.

  자신이 진정으로 그 관계를 원하는지 확인하기도 전에 끊임없이 관계의 방향을 물었다. 상대방은 이런 무거움을 견디지 못했고, 자연스레 연락이 끊겼으며, 잔은 홀로 남았다. 이런 결말은 익숙했다. 아버지가 떠나고 엄마는 '남자는 결국 떠난다'는 쓰디쓴 교훈을 잔의 마음에 심었다. 딸에게 새로운 연인이 생길 때마다 엄마는 이별을 예견했고, 그 말은 현실이 됐다. 아무리 희망적인 만남이라도 잔의 마음에는 이별의 씨앗이 뿌려져 있었다. 잔의 내면을 지배하는 불안과 파트너에게 투사되는 심리적 압박은 자기실현적 예언같이 그림자를 현실로 만들었다.

자기 의심의 함정은 각자가 겪는 고유한 심리적 여정이다. 엄마 내면의 어려움과 자녀의 심리적 민감도에 따라 그 강도와 양상이 달라진다. 때로는 일상의 작은 불편함으로, 때로는 삶을 짓누르는 무게로 다가온다. 이런 감정적 반응은 무의식에서 일어나므로 근원을 알아차리기 어렵다. 불안에 따른 미세한 떨림이나 의심이 드리우는 그림자가 의식 아래서 맴돌지만, 결코 채워질 수 없는 내면의 목소리를 달래려는 시도에서 비롯됐다는 것을 알아차리지 못했을 수 있다.

  자기 의심의 함정에 갇혀 있다는 사실, 엄마와 관계가 이런 고통의 근원이라는 깨달음이 치유의 첫걸음이라는 점이 다행스럽다. 이 인식은 우리를 옭아매던 보이지 않는 굴레에서 벗어나는 시작점이 될 것이다.

하지만 자신을 온전히 믿지 못하는데 이 함정에서 벗어날 수 있을까?

모든 심리적 함정이 그렇듯, 먼저 자각해야 한다. 하지만 이번에는 그 깨달음을 지키는 일이 특히 어렵다. 내 안의 엄마 목소리와 내 목소리를 가려내는 일에는 꽤 많은 시간과 노력이 필요하다. 이런 심리적 함정에 갇혔다는 사실을 알면 깊은 상처를 받을 수 있다. 내 안에서 알게 모르게 뭔가가 나를 갉아먹고 있었음을 깨닫는 순간이기 때문이다. 의식하지 못한 채 스스로 소진하는 이 고통의 굴레에 참여하고 있었다는 사실에 화가 나기도 한다.

그러나 이런 분노 밑바닥에서 자유가 시작된다. 불안과 의심, 두려움이라는 겹겹의 껍질 아래 진짜 내가 생생히 숨 쉬고 있다. 이제 본래의 나를 만나 새로운 힘을 얻을 수 있다는 희망이 생긴다. 남은 건 방법이다. 이렇게 얻은 깨달음으로 무엇을 할 수 있을까? 이 깨달음이 준 새로운 에너지로 어떻게 자기의심의 함정에서 벗어날 수 있을까?

맹목적 긍정의 덫

자기 의심이라는 이름으로 허비한 시간을 떠올리면, 치유 초기에는 강렬한 분노가 일어난다. 이런 감정의 소용돌이에서 자기 의심의 사슬을 끊고, 모든 경계마저 허물어버린 채 순간의 감정대로 살고 싶은 충동이 생긴다. 때로는 모든 자기 검열을 거부하는 것이 진정한 해방이라 착각하며 이렇게 선언하기도 한다. "오늘부터 모든 의심을 버린다. 내가 하는 모든 일은 완벽하다!"

 이해할 만한 반응이다. 삶의 구석구석에서, 그것도 가장 가까운 사람인 엄마 때문에 오랫동안 억눌렸으니 말이다. 이제는 신경 쓰고 싶지 않다며 분노를 터뜨리는 게 자연스럽다. 어쩌면 치유 과정에서 피할 수 없는 단계인지도 모른다. 지금은 그런 감정에 푹 빠져도 좋다. 그동안 쌓은 무거운 마음을 이 순간만큼은 온전히 풀어내도 괜찮다.

 하지만 분별없이 충동에 따르는 이런 태도는 더 큰 상처로 돌아올 수 있다. 일이 잘못되면 깊이 자책하고, 성공은 내 몫이 아니라는 체념에 빠지기 쉽다. 고액을 받고 모든 두려움을 없애주겠다는 그럴듯한 약속으로 접근하는 이들의 덫에 걸릴 수도 있다. 여전히 우리에게는 맑은 정신이 필요하다. 다만 그 맑은 정신을 현명하게 써야 한다. 우리에게는 돌봐야 할 아이가 있고, 해야 할 일이 있으며, 우리 손길을 기다리는 이웃이 있고, 지켜야 할 지구가 있다. 자신과 타인을 위해 의미 있는 일을 하려면, 더 깊은 내면의 성찰을 통해 한 단계 높은 의식의 자리로 나아가야 한다.

핵심을 짚어보자. 무작정 긍정적인 말을 되뇌는 것은 끊임없는 자기 의심만큼이나 현실과 동떨어진 일이다. 우리 내면은 이런 겉치레를 금방 알아차린다. 그저 자신을 속이는 일임을 본능적으로 간파한다.

자기 의심의 함정에서 벗어나려면 실수도, 성공도 있는 그대로 인정해야 한다. 이는 생존의 뇌의 패턴을 바꾸는 일이다. 엄마나 내면화된 엄마의 목소리에서 확신을 찾지 않고, 자기 내면에서 답을 찾는 법을 배우는 것이다.

이런 근본적인 변화를 어떻게 이룰 수 있을까? 마지막 함정을 살펴본 뒤에 구체적인 방법을 함께 알아보자.

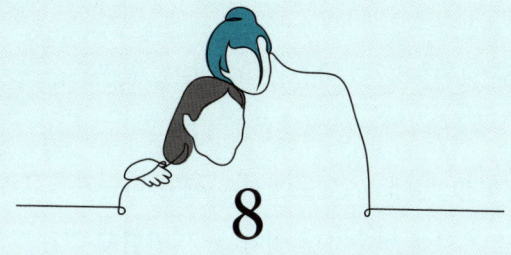

8

이중 메시지의 함정

"엄마의 마음을 읽는 것은 선택이 아니라 필수다.
그렇지 않으면 나는 늘 곤란한 상황에 놓인다.
엄마는 한마디에 두 가지 뜻을 담는 게 숨 쉬듯 자연스럽다."

늘 엄마가 한 말에 숨은 뜻을 파악해야 하는가? 그 말에 감춘 날카로운 가시에 반응하면 엄마는 "미안한데 그래도 엄마니까 이런 말을 하지"라며 더 깊은 죄책감을 안겨주지 않는가? 이런 경험이 익숙하다면 '이중 메시지의 함정(mixed-message trap)'에 빠졌을지 모른다.

이 함정에서 엄마는 겉으로 지지하는 모습을 보이지만, 그 말에 은근한 폄하의 메시지가 있다. 좋은 일이 있을 때마다 찬물을 끼얹는 일이 반복되면 기를 꺾으려는 의도인가 싶은데, 확신하긴 어렵다. 엄마는 항상 비하를 모호하게 표현해서 나중에 부인할 여지를 남긴다. 정면으로 지적하기도 쉽지 않다. 지적하면 "도대체 무슨 말이니?"라고 되묻거나, 그런 의심을 품은 데 서운해하며 화를 내기도 한다.

마지막 함정은 가장 교묘하면서도 파괴적이다. 겉으로 뚜렷해 보이지만, 본질을 알아차리기는 가장 어려운 심리적 굴레다. 이는 단순한 함정을 넘어, 세대를 거쳐 이어온 심리적 기제다. 여성, 특히 엄마는 이중 메시지로 자신의 어두운 감정을 전해왔다. 겉으로 다정한 모습을 유지하면서 말이다. 질투, 시기, 경쟁심, 증오, 경멸 같은 감정은 누구나 가질 수 있다. 이중 메시지의 함정에서 이런 감정은 표면 아래로 숨어든다. 그러나 은폐한 감정은 눈동자를 굴리거나, 눈썹을 살짝 올리거나, 입술을 비틀거나, 눈을 내리깔거나, 어깨를 으쓱하는 몸짓 등 다른 방식으로 나타난다. 적절한 순간의 한숨이나 특유의 말투, 무거운 침묵, "그냥 농담한 거야"라고 얼버무리는 빈정거림으로 드러나기도 한다.

엄마는 이런 식으로 딸의 취약한 부분을 정확히 찌른다.
여성은 이중 메시지를 모국어처럼 자연스럽게 습득한다. 사회는 여성에게 적대감을 감추도록 가르치고, 그 결과 많은 여성이 겉으로 상냥하고 다정한 모습을 보이면서도 그 안에 공격성을 교묘하게 숨기는 법을 배운다. 대개 여성이 하는 말에서는 내용이 아니라 어조, 의도적으로 비워둔 침묵의 공간이 중요하다. 이런 소통 방식이 어떤 형태를 띠든, 이 함정에 가장 큰 힘을 실어주는 근원적인 감정은 '수치심(shame)'이다.

이중 메시지의 함정에서 살아가기

이중 메시지의 함정에 갇히면 수치심을 피하려고 내면의 에너지를 소진하며 살아간다. 이는 단순한 죄책감과 차원이 다른,

훨씬 더 교묘하고 복잡한 감정이다. 죄책감은 대개 구체적인 행동으로 해소할 수 있다. 예를 들어 TV 시청을 포기하고 엄마의 전화를 받거나, 휴가 계획을 변경하는 방법이다. 이 방법이 진정한 해결책인지는 별개다. 죄책감이 주로 특정한 행동이나 선택에 관한 문제라면, 수치심은 그 사람의 존재를 뒤흔든다. 이는 단순히 무엇을 했거나 하지 않은 것에 대한 감정이 아니라, 자신의 본질적 가치에 근본적인 의문을 제기한다.

수치심이 들게 하는 것은 문제적 엄마가 자녀를 통제하고, 무의식적 계약을 지키도록 만드는 정교한 심리적 기제다. 수치심을 자극하는 메시지는 우리 문화에 뿌리내린 규칙, 특히 지나치게 이상화된 모녀 관계의 신화를 따르게 한다. 엄마와 자녀는 이런 패턴을 만들고 있다는 사실조차 인식하지 못한 채, 이 규칙을 무의식적으로 따른다.

수치심은 성적 정체성, 신체 이미지, 계급과 예절, 공격성과 자기주장, 자신감 표출과 자기표현 같은 특정한 영역에서 나타난다. 이제 수치심이 작동하는 규칙을 살펴보자.

- 이성의 관심을 끌 매력은 있어야 하지만, 불필요한 시선이 몰릴 만큼 매력적이어선 안 된다. 이 미묘한 경계가 무너져 문제가 생기면 그 책임은 언제나 자신에게 있다.
- 음식을 즐기는 것은 다른 사람의 요리 솜씨를 칭찬하

는 상황에서만 허용된다. 음식을 한 번 더 먹으면 반드시 "이러면 안 되는데"라고 중얼거려야 하고, 맛있게 먹는 모습을 보였다면 "내일부터 진짜 다이어트 시작이야!"라는 말을 덧붙여야 한다.
- 순서를 정할 때는 반드시 양보하고, 때로는 지나쳐 보일 만큼 이런 태도를 고수해야 한다. 특히 외할머니 댁 식사 자리에서 절대로 음식을 먼저 집어선 안 된다. 이런 불문율을 어기면 가족의 기도 대상이 되거나 은근한 소외를 경험한다. 선의로 보이는 기도 대상이 되는 것도 결국은 불편한 경험이다.
- 자신을 내세우는 행위는 모두 자랑으로 여겨져 무례한 것으로 간주한다. 칭찬받았을 때는 반드시 "과분한 말씀이에요. 별거 아닌데"라고 하거나 "이거요? 세일할 때 산 거예요"라며 그 가치를 낮춘다.

수치심의 이중 구조는 우리 사회의 단면을 드러낸다. 여성에게 억압해야 할 것으로 여겨지는 감정과 욕구가 남성에게는 바람직한 특성으로 인정되는 현상이다. 남성의 이성애적 성향은 남자다움이라는 미덕이 되고, 성적 욕망은 자연스러운 본능으로 받아들여진다. 식욕은 건강한 활력으로, 경쟁심은 성공을 향한 추진력으로 해석된다. 스포츠나 사업에서 보이는 공격성은 승부 근성으로 미화되고, 자신감 넘치는 자기표현은 밝은 미래를 예견하는 징표가 된다. 이런 이중 잣대는 단순한 사회적 관습을 넘어 깊은 심리적 각인으로 이어지며, 세대를 거쳐 재생산되는 무의식적 구조를 형성한다.

여기에 이르기까지

남녀 간의 이중 잣대는 새로운 이야기가 아니다. 그러나 엄마가 딸에게 이중 잣대를 대물림한다는 사실은 많은 사람이 미처 깨닫지 못했을 수 있다. 엄마는 딸의 첫 번째 롤 모델이자 사회적·문화적 규범을 전달하는 안내자다. 딸은 엄마와 관계에서 자연스럽게 여성으로서 정체성을 형성하고, 엄마는 이 과정에 딸의 행동을 이끌어간다.

  이런 학습은 때로 뚜렷하게, 때로 은근하게 일어난다. 놀이터에서 장난감을 빼앗긴 여자아이가 "돌려줘!"라고 외치면, 엄마는 당황스러운 표정으로 "먼저 양보하면 친구도 마음을 열 거야. 좀 더 부드럽게 말해볼까?"라고 타이른다. 친구 집에서 "배고파! 먹을 거 없어?"라고 하면, 엄마는 슬쩍 말을 막으며 "기다리자. 주시면 먹는 거야"라고 가르친다. 손님들 앞에서 곰돌이 속옷을 자랑하려고 드레스를 들어 올릴 때는 엄마의 굳은 표정만으로 넘어선 안 될 경계를 알 수 있다. 이 모든 순간 너머에 수치심이라는 그림자가 있다.

수치심을 심어주는 것이 전적으로 엄마의 잘못이라고 할 순 없다. 사회학자들에 따르면, 수치심은 인류의 진화 과정에서 특별한 목적이 있는 감정이었다. 이런 행동 규칙은 조건화돼 있고 본능적이며, 대다수 사람이 무의식적으로 따른다. 수렵·채집 시대로 거슬러 올라가면 여성은 주로 채집을 맡아 부족의 생존을 이끌었다. 당시 인류에게는 부족 구성원의 기대에 부응하는 게 생존의 필수 조건이었다. 부족의 규범을 어기고 바로잡지 않으면 문자 그대로 길가에 버려질 수 있었다.

이런 사회적 약속은 생존과 직결되는 문제였다. 부족에서 추방된 사람은 포식자의 위협에 홀로 남겨졌고, 이는 죽음을 의미했다. 수치심과 그에 따른 추방이라는 공포를 피할 수 있는 사람만 살아남았다. 이보다 강력한 생존 동기가 있었을까.

수천 년이 지난 지금도 이런 문화적 규범을 어기면 수치심이 찾아온다. 규범을 자주 위반하는 사람은 여전히 사회적 고립 상태에 빠진다. 과거에 맹수의 위협이었다면, 지금은 소셜 미디어의 악의적인 댓글이 그 자리를 대신한다. 수치심은 그 날카로운 고통으로 우리의 행동을 즉각 교정한다. 규칙에서 벗어난 구성원을 질서 속으로 돌려놓는 데는 작은 신호 하나로 충분하다. 이런 미묘한 심리적 순간에 우리는 엄마의 살짝 올라간 눈썹이나 달라진 말투로 순식간에 통제된다. 이처럼 수치심은 세대를 거쳐 무언의 훈육 도구로 작동한다. 겉으로 부드럽게 보이는 감정의 작용이 생존 본능과 맞닿아 있다.

이게 우리한테 어떤 영향을 미칠까?

어린아이는 모든 것을 있는 그대로 받아들인다. 말에 숨은 뜻을 이해할 만한 인지적 성숙에 이르지 못했으며, 모든 일이 자신 때문에 일어난다고 생각한다. 아이들은 자신이 받는 대우가 당연하다고 여긴다. 엄마가 은밀하게 상처 주고 이를 부인할 때, 아이는 혼란을 겪는다. 마음이 아프다는 감정은 분명한데, 엄마는 그럴 의도가 아니었다고 한다. 이런 모순 앞에서 아이는 상처 난 감정을 어떻게 다뤄야 할지 혼란스럽다.

의존적인 아이는 학대하거나 정서적으로 냉담한 부모에게 무방비 상태다. 엄마가 절대적인 존재라면 아이는 무력한 존재다. 아이는 자신이 받은 상처를 내면에 묻어두는 외에 다른 선택지가 없다. 딸은 본능적으로 엄마가 든든한 지지자이자 롤 모델이 돼주기를 바란다. 엄마가 자신을 위해 최선을 다한다고 간절히 믿고 싶다. 그래서 아이는 상처가 되는 말, 가혹한 훈육, 또 다른 아픔을 의식하지 않으려고 애쓴다. 이런 상처는 시간이 흐르며 일상이 돼서 무의식에 자리 잡는다. 엄마가 그런 사람일 뿐, 특별한 의도가 있는 것은 아니라고 받아들인다.

사회는 딸에게 엄마를 이상적인 존재로 바라보도록 강요한다. 엄마를 성인처럼 여기고 딸은 헌신적이어야 한다는 사회적 통념이 모녀를 옭아맨다. 문제적 엄마를 둔 딸은 그 관계 자체에 수치심이 든다. 엄마를 향한 자신의 감정이 순수한 사랑과 다르다고 느낄 때 자책하지만, 이는 사실이 아니다.

엄마는 어떤 모습을 보일까?

이중 메시지에서는 말만으로 진실을 읽어낼 수 없다. 엄마의 몸짓과 목소리 톤, 관계의 역사를 살펴야 한다. 그러나 이 모든 것을 종합해도 실제 상황을 완전히 이해하긴 어렵다. 엄마의 기분은 날씨와 같아서 일상을 지배하고, 피하거나 통제할 수 없다. 그런데도 우리는 바꿔보려는 시도를 멈추지 않는다.

엄마는 왜 그렇게 할까?

이중 메시지의 함정에서 엄마의 소통 방식은 자신이 인정하기 싫은 감정을 숨기려는 욕구에서 비롯된다. 엄마의 내면에는 해결하지 못한 갈등이 있다. 이 내적 갈등 때문에 이중 메시지가 나타난다. 엄마는 과거의 수치심을 의식하지 못한 채 그대로 자녀에게 전달한다. 겉으로는 선의라도 내면의 불안이 선하는 메시지에 적대감을 담게 만든다. 이는 엄마가 공감 능력이 없어서가 아니라(물론 일부 엄마는 예외다), 자신을 보호하려는 욕구가 자녀를 보호하려는 의지와 능력을 압도하기 때문이다.

  세대 간 상처는 대부분 무의식적으로 전달된다. 이 상처가 세대를 거쳐 이어진다고 말하는 이유는 그 시작이 엄마가 아닐 가능성이 크기 때문이다. 엄마의 행동 양식은 오랜 시간 아무런 의문 없이 모녀 사이에서 계속됐다. 이런 패턴은 누군가가 의식적으로 알아차리고 직면할 용기를 낼 때까지 이어진다.

이중 메시지의 함정 핵심 요약

1. 자녀의 특정한 말이나 행동이 엄마의 내면에 잠재된 적대감을 깨운다. 이는 의식적일 수도, 무의식적일 수도 있다.
2. 엄마의 반응은 우회적이다. 겉으로 지지적인 메시지인데, 그 이면에서 부정하거나 무력하게 만든다.
3. 엄마가 자신이 주는 상처를 인정하지 않으니 자녀는 이런 대우를 정당한 것으로 받아들이고, '엄마는 나를 사랑하지만 나를 아프게 한다'고 여긴다.
4. 무의식은 이 모순을 해결하기 위해 엄마의 부적절한 행동을 정당화한다. 엄마가 지적하는 모든 것이 자신의 부족하고 부끄러운 면을 바로잡으려는 배려라고 설득한다.
5. 이런 패턴이 반복되면서 무의식적 신념이 내면에 자리 잡는다. 내 안에는 나쁘고 부끄러운 면이 있다는 뿌리 깊은 믿음이다.
6. 생존의 뇌는 엄마를 협력자로 인식해야 하기에, 엄마가 비하하는 말을 수용하거나 묵인하는 무의식적 계약을 맺는다. 그에 따른 상처를 깊이 묻어두기도 한다.
7. 이렇게 해서 평생 수치심을 피하려고 엄마가 만든 보이지 않는 규칙을 지키며 살아간다.

사랑하는 엄마가 이토록 마음에 상처를 줄 수 있다는 사실을 마주하기는 참으로 혼란스러운 일이다. 겉으로 불만을 표현해도 내면의 어린 자아는 이 고통스러운 진실을 받아들이지 못한다. 더구나 엄마는 부정적인 메시지를 선의라는 그럴듯한 이름으로 포장하기에, 맞서 싸우기보다 순순히 받아들이는 편이 수월하게 느껴진다.

이는 생존의 뇌가 위험에서 자신을 보호하려는 자연스러운 반응이다. 그러나 모든 심리적 함정과 마찬가지로 이중 메시지의 함정에 빠졌을 때 우리는 내면의 힘을 서서히 잃어간다.

이중 메시지의 함정에 빠지면 내면의 한 부분은 늘 경계 상태에 있고, 엄마에게 할 말을 골라낸다. 엄마 앞에서는 진정한 자신이 될 수 없으며, 서로 신뢰하는 동등한 관계에서 친한 친구와 나누는 대화 같은 것은 상상조차 할 수 없다.

내가 상담실에서 만난 수많은 착한 딸은 이런 제한된 소통 속에 주로 다음과 같은 심리적 대응 패턴을 보였다.

1. 엄마에게 인정받거나 최소한 부정적 평가를 피하려고 좋은 면만 골라서 이야기한다.
2. 자신의 어려움은 드러내되, 그 문제를 해결할 능력은 의도적으로 축소해서 엄마의 조언과 개입을 자연스럽게 끌어내는 전략을 구사한다.

두 경우 모두 근본적으로 신뢰가 결핍됐다. 언제 날아들지 모르는 가시 돋친 말을 미리 방어하기 위해 긴장과 경계 상태를 유지해야 한다. 진정한 관계를 맺는 대신 무의식적으로 형성된 규칙에 따르고, 엄마는 믿을 만한 조언자가 아니라 통과해야 할 평가자가 된다.

이중 메시지의 함정은 다른 심리적 함정보다 미묘하고 복잡하다. 이런 관계가 실제로 어떻게 작용하는지 몇 가지 사례를 통해 살펴보자. 내담자의 경험을 바탕으로 하되, 개인정보 보호를 위해 이름과 세부 사항은 변경했다.

로빈

"헨리가 어느 대학을 나왔더라?" 로빈의 엄마는 헨리가 창업을 위해 대학 진학을 포기했다는 사실을 알면서도 이렇게 묻는다. 엄마는 이 사실을 잊은 듯 행동하며 로빈을 혼란에 빠뜨린다. 학벌과 직함은 엄마가 사람의 가치를 평가하는 기준이다.

로빈은 자신이 선택한 사람, 그와 결혼을 결심한 진심에 대해 엄마와 터놓고 이야기 나누고 싶었다. 하지만 엄마는 오랫동안 되풀이한 자신의 각본을 고수하고, 날카로운 말을 교묘하게 숨겨서 로빈을 흔들며 정작 해결해야 할 문제는 슬며시 비켜 갔다. 모녀는 진정한 대화의 본질에는 한 발도 다가서지 못한 채, 영원히 제자리걸음을 할 수밖에 없었다.

다이애나

"설마 그 옷을 입고 가는 건 아니지?" 다이애나가 어린 시절부터 수없이 들은 말이다. 이제는 엄마와 하는 일요일 저녁 식사를 위해 옷장 앞에 서면 그 말이 귓가에 들리는 듯하다. 다이애나는 이 상황이 지긋지긋하다. '쉰 살에도 엄마 기준에 맞춰 옷을 고르다니.'

지난 50년은 다이애나의 외모를 향한 평가의 시간이었다. 10대에 접어들면서부터 엄마의 말은 내면의 규칙이 됐다. 몸매가 드러나거나 노출이 있는 옷은 금기였다. 패션을 즐기고 아름다움을 추구하기보다 뚱뚱하고 품위 없어 보인다는 평가를 피하는 게 중요했다.

로리

"다 너 잘되라고 하는 말인데." 로리는 이렇게 시작하는 말이 결코 긍정적인 방향으로 흘러가지 않으리라는 걸 알았다. 표면적으로 선의의 조언을 담은 엄마의 말에 어떤 진실이 있는지 모르지만, 그 말은 늘 로리의 마음을 아프게 했다. 이런 상황에서 로리는 피할 수 없는 실존적 딜레마에 빠졌다. 엄마에 맞서 진실을 드러내거나, 쓰디쓴 약을 삼키듯 날카로운 말을 묵묵히 받아들여야 했다.

로리가 엄마에게 진심을 털어놓으면 감정의 소용돌이는 처음의 상처보다 몇 배 큰 고통으로 돌아올 게 분명했다. 결국 침묵을 선택하고, 다음에는 이런 상황을 교묘히 우회하는 것이 선택할 수 있는 유일한 생존 전략이다.

멜라니

'괜찮은 거야? 며칠째 소식이 없어서…. 정말 걱정했어!' 멜라니는 엄마가 메시지에 숨긴 의미를 본능적으로 읽었다. 그 말의 이면에는 늦어진 연락에 대한 서운함과 자신이 딸의 삶에서 멀어질지도 모른다는 불안이 있었다. 엄마는 멜라니의 일상을 알면서도 딸에게 다른 의무와 우선순위가 존재한다는 엄연한 현실을 받아들이지 못했다. 멜라니는 세 아이를 키우고, 사업체를 운영하고, 남편과 대화 시간을 간신히 확보하는 것으로 날마다 심리적 · 물리적 한계를 느꼈다.

엄마는 이 모든 상황을 알고 있었다. 그렇기에 엄마가 표현하는 걱정이라는 감정이 멜라니에게 진정한 염려나 보호의 의미로 다가오지 않았다. 자신의 복잡다단한 삶을 이해하지 않는 엄마에 대한 원망과 분노로 변해갔다.

준

"정말 괜찮은 거야? 별로 안 괜찮아 보여." 준의 삶에서 엄마의 존재는 사생활의 부재를 의미했다. 엄마의 개입은 침투와 같았다. 아물어 가는 상처를 헤집듯, 딸의 내면에 자리 잡은 자기 확신을 침식했다. 이 심리적 침식 작업은 준이 완전히 무력해져서 취약한 상태로 전락하기까지 멈추지 않았다. 모든 집요한 심문은 엄마의 따뜻한 돌봄이라는 이름으로 교묘하게 포장했다.

준이 내면의 혼란에 빠지면 엄마는 구원자로 등장했다. 어찌 됐든 엄마니까. 준은 이 정서적 춤사위의 순서를 잘 알면서도 매번 섬세한 심리극의 소용돌이에 빨려들었다. 준이 저항의 목소리를 내면 엄마는 즉각 "난 네 엄마야. 그저 널 걱정하는 마음에서 하는 말이야"라고 방어벽을 세웠다. 하지만 준은 어떤 순간에도 진정한 도움이나 위로를 경험한 적이 없다.

일반적인 오해와 의도적인 조종은 본질적으로 다르다.

우리는 가끔 엄마의 말뜻을 왜곡해서 받아들인다. 모든 관계에서 오해가 발생하게 마련이고, 모녀 관계도 예외는 아니기에 이는 자연스러운 일이다. 딸이 독립적인 인격체로 성장하는 과정은 모녀에게 강렬한 감정의 시간이다. 이 시기에는 관계의 긴장이 고조되기 쉽다. 의존에서 독립으로 가는 길에는 수많은 어려움이 있고, 서로의 바람도 충돌한다. 그래서 모녀 갈등은 피하기 어렵다. 다툼은 결코 단독으로 존재하지 않는다. 겉으로 드러난 불화에는 깊은 갈등의 역사가 있다. 건강한 엄마도 종종 딸의 행동에 지나친 책임감을 느낀다. 건강한 딸 역시 엄마의 인정을 바란다. 이는 자연스러운 현상이다. 지금 이야기하고자 하는 것은 이런 일상적인 갈등이 아니다.

딸에게 가장 필요한 순간, 즉 유연한 이해와 겸손과 따뜻한 공감이 절실한 순간마다 오히려 완고함과 오만함으로 대응하며 수치심과 비난을 안기는 엄마의 모습을 말하고자 한다. 건강한 모녀 관계라면 오해는 자연스럽게 해소된다. 그러나 이중 메시지의 함정에 빠진 관계는 다른 양상을 보인다. 엄마의 경직된 내면이 모든 소통의 가능성을 차단한다. 이것이 우리가 그 함정에 빠졌음을 알려주는 첫 신호다.

엄마 때문에 마음이 아플 때, 우리는 자문해야 한다. "나는 엄마에게 그 말의 의미를 물어보기가 두려운가?" 그렇다면 두려움은 중요한 신호다. 우리는 엄마에게 진의를 묻는 순간 작동할 방어기제를 알고 있다. 엄마는 두 가지 방식으로 반응한다. 더 날카롭고 공격적으로 나오거나, 갑자기 무너진 모습으로 울고 불평하며 상황을 자신의 고통으로 끌고 간다.

이중 메시지의 함정에 빠진 관계에서 우리는 상호 존중과 애정이라는 정서적 토대 대신, 엄마의 단단한 방어벽에 부딪힌다. 이 방어벽 이면에는 엄마의 상처가 있다. 그래서 때로 '이 상황은 포기하는 편이 낫겠다'는 판단이 현명한 선택으로 여겨진다. 무의식적 계약을 깨려는 순간, 엄마는 더 큰 심리적 위협을 감지하기 때문에 격렬한 반응을 보일 수밖에 없다.

이중 메시지의 함정을 인식하는 순간, 우리는 정서적 배신감을 경험한다. 엄마가 자신을 희생양으로 삼아왔다는 고통스러운 깨달음은 청소년기의 또래 관계처럼 같은 방식으로 대응하고 싶은 강렬한 감정을 불러일으킨다.

이런 강렬한 감정이 마음을 지배한다면, 반응성 감정의 소용돌이에 빠져들고 있음을 알리는 신호다. 엄마에 대한 고통스러운 깨달음 앞에서 내면은 분노로 가득 찬다. "엄마가 나를 수치스럽게 만들었으니 나도 그대로 돌려줄 거야. 인과응보지!"

이해한다. 우리가 순수한 마음을 드러내며 취약한 상태로 있는 동안 엄마는 줄곧 관계의 주도권을 쥐고 있었다. 우리의 소망은 단순했다. 엄마의 정서적 안정과 온전한 수용. 이 소박한 희망마저 좌절되자, 성인이 된 딸의 내면에는 이제 심판자가 돼서 그 고통을 되돌려주고 싶은 충동이 일어난다.

오랜 심리적 맹점에서 깨어나는 순간, 내면의 풍경은 급격히 변한다. 억압된 감정이 해방을 맞이하듯, 엄마를 향한 비판적 시선이 선명해진다. 때로는 조용히 엄마의 과오를 기록하며 내면의 저울질을 시작한다. 이 과정에서 엄마의 잘못된 행동은 우리의 정당성을 입증하는 결정적 증거처럼 느껴진다.

이런 심리적 반응에 죄책감이 들어 괴로워할 것 없다. 정서적 상처와 부당함을 마주하고 이해하는 과정에는 충분한 시간이 필요하다. 이는 자연스러운 치유 단계다. 엄마를 용서하거나 엄마에게 연민을 느끼라는 말이 아니다. 지금 우리가 직면할 본질적 문제는 그것이 아니다.

모녀 관계의 새로운 심리적 지평을 생각하자. 선택을 두 가지로 한정하면 또 다른 제로섬게임의 함정이 된다. 하나는 엄마의 은근하고 때로는 노골적인 모욕을 감내하며 관계를 유지하는 것이고, 다른 하나는 상처를 그대로 돌려주며 관계를 단절하는 것이다. 이런 이분법적 시각은 더 깊은 가능성을 가린다. 두 여성이 각자 온전한 정체성을 지닌 채, 분노와 질투를 포함한 모든 감정을 자연스럽게 품은 독립된 존재로 공존할 수 있다는 진실 말이다.

  이전의 이분법적 관점을 넘어, 우리가 직면해야 할 더 본질적인 과제가 있다. 엄마를 이해하거나 용서하는 것은 나중 일이다. 자신을 위해 더 나은 삶을 일구는 것이 우리가 해결할 진정한 과제다. 이 여정에는 두 가지 심리적 함정을 피해야 한다. 하나는 완벽한 존재가 돼야 한다는 강박이고, 다른 하나는 수치심의 그림자에 자신을 가두는 것이다. 두 극단을 오가는 동안 우리는 엄마와 심리적 얽힘에서 자유롭지 못하다. 엄마가 이런 식으로 우리 삶의 중심축에 남는다는 점이 아이러니하다. 우리의 가장 소중한 자질인 공감 능력과 섬세함이 엄마를 비판하는 도구로 변질돼선 안 된다. 그것은 결코 진정한 자유와 행복으로 이어지지 않는다. 진정한 힘은 엄마에 대한 복수가 아니라 자신을 위해 풍요로운 삶을 창조하는 것에 있다. 이는 우리의 모든 존재와 감정을 온전히 받아들이는 내면의 안식처를 만드는 데서 시작된다.

  다음 장에서 이 치유의 여정을 구체적으로 살펴볼 것이다.

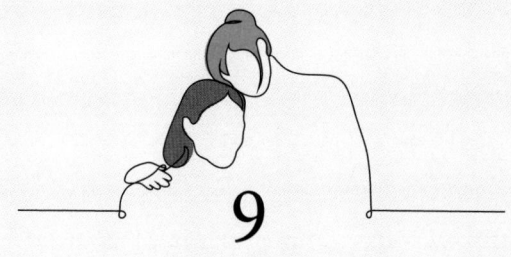

9

상처에서 치유로

"진실은 우리를 자유롭게 할 것이다.
하지만 그전에 우리를 화나게 할 것이다."
글로리아 스타이넘(Gloria Steinem)

앞선 여러 장에서 우리는 깊이 있는 탐색을 해왔다. 엄마가 왜 그런 행동을 하는지, 그리고 그런 행동이 자녀에게 어떤 영향을 미치는지 살펴봤다. 모녀 관계를 비틀어진 춤사위처럼 만드는 여러 함정도 들여다봤다. 이런 패턴을 이해하는 것이 모든 심리적 함정에서 벗어나 새로운 삶을 시작하기 위한 첫 단계. 이는 과거의 경험을 바라보고, 분석하고, 이해하는 틀을 제공한다.

이제 치유의 다음 단계로 나아가야 한다. 단순히 생존하는 차원을 넘어, 의식 수준을 높여야 한다. 착한 딸이라는 틀에 갇혀 있게 만드는 무의식적 계약을 깨뜨려야 한다. 먼저 착하다는 게 어떤 의미인지 다시 생각하자.

찬찬히 보면 엄마를 향한 사랑과 애착이 모든 행동의 근원이었을 것이다. 착한 딸로 살아온 이면에는 엄마의 행복이 있었다. 이는 순수하고 아름다운 마음이다. 하지만 우리가 함께 살펴봤듯 착하다는 게 순종과 복종, 의존을 뜻한다면 더는 건강한 선택이 아니다.

그렇다면 자신을 소진하지 않으면서 착한 딸로
살아가는 길은 무엇일까?

착하다는 말을 다시 정의할 필요가 있다. 이는 독립적이고 온전한 한 사람으로 서는 것을 뜻할 수 있다. 자신감 있게 자신을 지탱하고, 삶의 주체가 되는 것. 착하다는 말이 이런 뜻일 때 진정한 성장을 가져다준다. 엄마를 사랑하고 돌보는 일은 자신을 희생하지 않고도 가능하다. 때로는 적절한 거리를 유지하는 게 나은 선택일 수도 있다. 우리의 치유 여정이 지향하는 바가 이것이다.

지금은 이런 변화를 상상하기조차 어려울 수 있다. 하지만 앞선 여러 장에서 얻은 깨달음이 새로운 이해의 문을 열기 바란다. 특히 모녀 관계에서 겪는 어려움이 결코 자기 잘못이 아니라는 점을 깊이 인식하길 희망한다. 그동안 보인 반응이 고통스럽고 비정상적인 듯해도 주어진 상황에서 자연스러운 결과였다. 이런 관계가 수십 년이 흘렀음에도 여전히 생생한 상처를 남긴다는 게 문제다. 이 상처에서 회복하는 길은 우리 의식 수준을 한 단계 높이는 데서 시작된다. 그래야 엄마의 행동에 무의식적으로 반응하는 대신 솔직하고 의도적이며 자기 수용적인 방식으로 관계를 맺어갈 수 있다.

치유는 점진적인 과정이다. 나 역시 이 여정을 지나왔기에, 이 길 끝에 무엇이 있는지 잘 안다. 치유는 수용에서 시작된다.

반응적 감정에서 자각과 수용으로 나아가기

우리는 때로 문제적 엄마와 자신의 관계를 부정하거나 합리화하려고 애쓴다. 하지만 진정한 치유는 지금까지 겪어온 일을 받아들이는 데서 시작된다. 이런 관계가 예측 가능한 패턴으로 반복되는 상황을 인정하는 게 첫걸음이다. 변명이나 환상을 버리고 자기 삶과 엄마와 함께한 경험을 마주할 시점이다.

앞선 여러 장의 이야기와 예시가 마음을 울렸다면, 그 속에서 엄마와 함께한 경험이 선명히 떠올랐을 것이다. 이 과정에서 내면의 동요와 불안을 느끼는 건 자연스러운 일이다. 이런 심리적 동요가 불편한 것은 진정한 치유의 길에 들어섰다는 신호일 수 있다.

역기능적 관계의 패턴과 그 속의 아픔을 마주하며 새로운 이해와 해방감이 찾아올 수 있다. 이 모든 것이 혼자만의 문제가 아니라는 깨달음이다. 외롭지 않으며, 결코 비정상적인 경험이 아님을 알게 된다. 지금까지 겪은 모든 일이 마침내 의미를 찾는 순간이다.

동시에 메스꺼움이나 불안, 심란함, 때로는 강한 분노가 찾아올 수도 있다. 이런 감정을 피해 도망치고 싶은 순간이 있을 것이다. 안도감과 함께 이런 강렬한 감정이 밀려오는 것은 자연스러운 일이다. 이는 무의식에 있던 감정이 의식의 표면으로 떠오르는 과정에서 나타나는 필연적인 반응이다.

오랫동안 무의식에 있던 고통스러운 경험이 의미를 찾을 때, 오히려 마음에 안정을 줄 수 있다. 하지만 그동안 마주하지 못했거나 깊이 묻어둔 기억이 떠오르면 불편하고 불안한 감정이 밀려들기도 한다. 때로는 이 감정이 무겁게 느껴질 수도 있다. 소화하지 못한 감정이 의식의 표면으로 떠오를 때, 우리 내면은 일시적으로 흔들린다.

하지만 이런 불안정한 순간이야말로 변화의 시작점이 될 수 있다. 자신을 너그럽게 바라보고 감정을 있는 그대로 받아들일 때, 이 감정은 새로운 이해로 이어지는 길이 된다. 이 과정이 불편하게 느껴지더라도 타인의 이야기에서 자기 모습을 발견하는 순간, 삶의 퍼즐이 제자리를 찾아가기 시작한다. 엄마와 관계에서 반복된 패턴이 보이고, 이 모든 혼란이 자신에게서 비롯한 것이 아님을 깨닫는다. 비정상적인 상황에서 보인 자연스러운 반응임을, 내면의 착한 딸이 자신을 지키기 위해 최선을 다했음을 이제는 알 수 있다.

내면의 여정을 시작하는 지금, 먼저 자신을 따뜻하게 돌보는 법을 배워야 한다. 오랜 시간 쌓인 아픔과 마주하며 올라오는 감정을 충분히 경험할 시간이다. 상처를 준 엄마의 행동에 맞서 싸우거나 부정하던 반응에서 벗어나, 새로운 이해를 시작할 때다. 자각과 수용을 통해 진정한 자기 주체성을 향해 나아가는 과정에서 자기 돌봄의 지혜가 자라날 것이다.

분노의 두 얼굴

우리가 함께 살펴본 것처럼 엄마와 관계에 부정적 감정이 올라오는 반응은 생존의 뇌에서 비롯된다. 이는 선조에게서 물려받은 것으로 투쟁과 도피, 경직이라는 형태로 나타난다. 생존을 위해 진화한 이 반응적 뇌는 상황을 단순하고 이분법적으로 받아들이는 특징이 있다.

엄마가 방어기제로 상처를 줄 때, 반응적 내면은 두 가지 선택지만 인식한다. 하나는 무의식적 계약에 따라 상황을 받아들이며 굴복하고, 다른 하나는 심리적 각본을 뒤집어 엄마의 방어기제를 자신의 방식으로 받아들인다. 이는 맹수처럼 달려드는 엄마라는 존재 앞에서 죽은 척하거나 달아나거나 자신이 맹수가 돼야 하는 것과 같다. 이때 작동하는 것은 생존이라는 원초적 본능뿐이다. 그래서일까, 착한 딸이 순응의 굴레에서 벗어나려 할 때 맹수가 되는 길을 선택하는 경우가 있다.

앞에서 우리가 이야기한 제로섬게임이 실현되는 모습은 맹수가 되는 것이다. 이 심리적 대응은 다음과 같다.

- 평생 부족하고 모자란 사람이란 말을 들어왔으니, 이제 엄마의 잘못된 점을 하나하나 짚어낼 거야!
- 그동안 죄책감을 안고 살아왔으니, 이제 내 삶부터 생각할 거야!

- 항상 나를 의심하며 살아왔으니, 이제 내 판단을 믿고 밀고 나갈 거야!
- 부끄럽고 초라한 마음으로 살아왔으니, 이제 나를 있는 그대로 보여줄 거야! 이래야 공평하지.

이런 내면의 반응은 실제 행동으로 이어지지 않더라도, 문제적 엄마와 관계를 처음 자각할 때 나타나는 방어 반응이다. 지금도 이 글을 읽으면서 이런 감정이 생길 수 있다. 이는 놀랍게도 일종의 해방감으로 다가온다.

  이런 해방감은 자연스러운 것이다. 처음으로 자신과 자기 욕구를 삶의 중심에 두는 순간이기 때문이다. 아무도 불편하지 않게 하려고 얼마나 오랫동안 감정을 누르고 또 눌러왔는가? 우리는 한쪽 팔을 묶고 시합하는 것처럼 착한 사람 혹은 좋은 사람이라는 틀에 갇혀 온전한 자신으로 살아갈 기회가 없었다.

  그런 삶은 결국 지금의 이 지점으로 이끌어왔다. 이제 내면의 목소리에 귀 기울이자. 자신의 고유함과 가치를 인정하고, 내면의 힘을 마주하는 시간이다. 이런 감정적 반응은 단순한 해방감을 넘어 더 깊은 의미가 있다. 분노는 변화를 향한 강력한 동력이 될 수 있다. 이를 통해 엄마와 맺어온 무의식적 계약을 깨닫고, 관계의 굴레에서 벗어날 수 있다. 이는 내면의 분노를 알아차리고 그 분노가 전하는 메시지를 이해하는 데서 시작된다.

"나는 이 분노를 온전히 인정한다. 엄마의 끝없는 요구에 맞춰 살아온 이 시간이 나를 얼마나 지치게 했는지 모른다. 우리 사이의 균형은 완전히 깨졌고, 나는 그 대가로 너무 많은 것을 잃었으며 지금도 잃어가고 있다. 이제 엄마의 존재에 가려지지 않고 나 자신의 소중함을 알아가고 싶다. 죄책감에서 벗어나 처음으로 나를 위해 선택하고 싶다. 나를 향한 엄마의 의심은 뒤로하고 지금 이대로 충분히 괜찮다는 걸 믿고 싶다. 엄마의 시선과 판단에서 벗어나 내 안의 진짜 힘을 찾고 싶다."

진실한 내면의 소리를 말하기는 엄마 앞이 아니라도 낯설고 불편한 경험일 수 있다. 하지만 중요한 사실을 기억해야 한다. 자신이 오만하거나 이기적이라고 느낄 수 있는데, 실제로는 그렇지 않다. 이는 새로운 사람이 돼가는 것이 아니라, 감정 표현에 대한 두려움에서 벗어나는 과정이다. 타인의 기쁨만 추구하던 익숙한 영역에서 빠져나와 솔직한 감정을 경험하고 표현하기 시작한 것이다. 이런 변화는 자연스럽고 필요한 과정이다. 그동안 억눌린 감정은 때로 과식이나 불필요한 소비로 표출됐다. 그 감정의 에너지를 자기 목소리를 찾는 데 사용할 때다. 너무 오래 미뤄온 여정이다.

평화를 선택한 내면의 힘

우리는 본래 대립보다 화합을 추구하는 존재다. 그래서 대다수 착한 딸처럼 갈등 앞에서 온몸이 굳어버린다. 엄마 앞에서 목소리를 내는 일은 생각보다 큰 용기가 필요한데, 정작 엄마는 이를 모른다. 가끔 용기 내서 의견을 말하면 서운해하거나 무시하거나 예민하다고 지적할 뿐이다. 심장이 쿵쾅대고 귀까지 얼얼한 내면의 떨림을 엄마는 전혀 알아차리지 못한다.

  엄마가 선을 넘을 때마다 우리는 평화를 택했다. 그때는 이 선택이 얼마나 큰 대가를 불러올지 몰랐다. 어차피 이길 수 없다는 걸 알기에, 한 번 더 지적당하고 참는 게 나아 보였다. 하지만 지적은 끝나지 않았고, 침묵은 더 큰 상처가 됐다. 어느새 우리는 갈등을 피하려고 움츠리드는 존재가 됐다.

  이렇게 살아온 자신을 탓하지 말자. 어둠 속에도 희망은 있다. 억눌러온 감정은 우리 안에 쌓인 거대한 에너지다. 이 에너지가 얽히고설킨 모녀 관계를 풀어갈 힘이 될 것이다.

딜레마의 순간

충분히 이해한다. 나 역시 문제적 엄마 때문에 강렬한 분노를 경험했다. 우리 관계가 왜 그토록 건강하지 않았는지 온전히 이해하기까지 분노는 내 존재의 전부였다.

용기 있게 내 목소리를 내볼까 하다가도 엄마 앞에서 온몸이 굳었다. 정작 하고 싶은 말은 입 밖으로 나오며 의미를 잃었다. 무력해진 나는 결국 자신을 의심했다. 내가 너무 예민했을까? 엄마를 잘못 봤나? 그래서 이런 생각을 오랫동안 의식 저편으로 밀어냈다. 다음 상황이 올 때까지 잊고 싶었다. 하지만 그다음은 언제나 찾아왔다.

엄마가 유난히 모진 말을 하거나 인내심이 바닥나면 나는 분노를 터뜨렸다. 이는 내가 화를 잘 내는 성격이어서가 아니라 견딜 수 없는 좌절감 때문이다. 때로는 분노를 억누르고 싶지도 않았다. 분노는 잠시나마 감정의 출구가 됐지만, 곧이어 죄책감과 수치심의 그림자가 드리웠다. 대개는 그 분노조차 온전히 표현하지 못했다. 우리 사이에 깊은 상처가 있었지만, 나와 엄마는 서로 사랑했다. 내 아이들도 할머니를 좋아하고 잘 따랐다. 우리는 이미 상대의 삶에 깊이 스며들었다.

살면서 좋은 순간도, 나쁜 순간도 있었기에 나는 모든 걸 그냥 넘겼다. 그것이 더 쉬워 보였다. 적어도 그때는 그렇게 생각했다. 당시 나는 이해하지 못했다. 나도 엄마와 마찬가지로 무의식이라는 깊은 강물에 휩쓸렸음을. 그래서 이 관계의 굴레에서 벗어날 수 없었다.

엄마의 잘못을 찾아내야 내가 맞다는 걸 인정할 수 있을 듯했다. 이는 우리 관계의 함정 깊은 곳에 뿌리박힌 무의식적 계약에서 비롯한 생각이었다. 한 사람이 맞으려면 다른 사람은 틀려야 하는 제로섬게임에서 나는 항상 무너졌다. 저항 한 번 제대로 하지 못했다. 엄마가 나를 먼저 생각하고, 나 자신을 신뢰할 수 있도록 지지하길 원했다. 엄마가 채워주지 않을 수많은 것도 바랐다. 하지만 엄마는 그러지 않을 것이다. 어느 날 갑자기 달라질 리 없지 않은가. 솔직히 엄마에게 맞설 용기도 없었다. 마음이 분노와 상처로 가득했지만, 내 안의 착한 딸은 이 무의식적 계약을 깨뜨리지 못했다. 본질적인 문제는 내 생존의 뇌에 깊이 박혀 있었다. 엄마의 행복이 내 책임이라는 굳은 믿음이다.

통제를 향한 갈망

엄마와 나는 서로 통제해야 한다고 느꼈다. 생존의 뇌가 만든 원초적 반응은 우리를 먹잇감 하나를 두고 다투는 굶주린 맹수로 퇴행하게 했다. 이 좁은 우리에서 두 성인 여성이 동등한 목소리를 내며 공존할 여지는 없었다. 나는 엄마를 통제하는 것이 유일한 해답이라 믿었다.

　모든 자녀가 한번쯤 꿈꾸는 순간이 있다. 완벽한 논리로 무장하고 설득하면 엄마가 잘못을 인정하고 나를 이해할 거라고. 더는 상처 받지 않을 거라고. 이는 달콤한 환상이다. 현실에서 우리가 진정으로 바꿀 수 있는 건 하나다. 무의식적 계약을 파기하고, 문제적 엄마와 오랜 세월 관계를 맺으며 형성한 왜곡된 핵심 신념 바로잡기.

내가 보인 순응과 회피, 엄마의 지배와 간섭이 영혼에 남긴 상처를 알아차리기까지 긴 시간이 필요했다. 그리고 이후에도 더 긴 시간과 수많은 시행착오를 거치고야 비로소 깨달았다. 나를 옭아매던 것은 부족한 의지나 미숙한 표현이 아니라, 내 안에 뿌리내린 무의식적 계약과 왜곡된 핵심 신념이다.

다행히 나는 자유를 찾았다. 서로 존중하면서도 실현할 수 있는 방식으로 오래된 무의식적 계약을 깨고 심리적 함정에서 벗어나는 길을 발견했다. 이 모든 변화는 나 자신에게 던지는 질문을 바꾸면서 비롯됐다. '어떻게 하면 엄마를 변화시킬(통제할) 수 있을까?'에서 '어떻게 하면 내가 자유로워질 수 있을까?'로. 이 작은 전환이 내 삶을 완전히 바꿨다.

진정한 통제의 의미를 찾아서

우리는 자기 삶을 이끌어갈 권리가 있다. 이 책이 말하고자 하는 핵심도 바로 여기에 있다. 하지만 대다수 착한 딸은 평생 엄마의 그림자 속에 살아, 통제라는 단어를 오해하기도 한다. 우리가 이제는 엄마를 통제해야 한다고 생각하는 것처럼 말이다.

엄마가 만든 방어벽을 걷어내고 그 안에 숨은 엄마의 본모습을 보고 싶은 마음이 드는 건 지극히 자연스러운 일이다. 그 단단한 벽에 부딪힐 때마다 깊은 상처를 받기 때문이다.

그러나 엄마가 무의식적으로 방어벽을 치는 데는 분명한 이유가 있다. 엄마는 내면의 상처가 깊을수록 이 방어벽 없이는 살 수 없다고 믿는다. 그래서 방어벽을 부수느니 끝까지 싸우려 들고, 더 강한 방어벽을 쌓는다. 절박한 상황에 놓인 사람이 극단적인 선택을 하는 것처럼 말이다.

이 지점에서 대다수 착한 딸은 중대한 오해를 한다. 그들은 엄마에 대한 통제력을 얻는 것이 내면의 해방을 의미한다고 믿지만, 이는 또 다른 심리적 속박이 시작되는 순간이다. 우리에게는 이 문제를 전혀 다른 차원에서 바라보고, 더 본질적인 질문을 던지는 것이 필요하다.

엄마의 통제 욕구, 그 심리적 근원을 찾아서

우리는 엄마의 통제가 두려움에서 비롯된다는 것을 알고 있다. 이 두려움이 엄마의 방어기제를 작동하고 통제 욕구를 불러일으킨다. 그렇다면 엄마는 왜 두려워할까? 통제권을 내려놓는 순간, 자신의 욕구를 충족할 수 없다고 생각하기 때문이다. 엄마에게는 우리를 통제하는 일이 오랫동안 자연스러운 일상이 됐다는 점에 주목해야 한다. 우리는 어린 시절에 엄마의 통제에서 벗어날 선택권조차 없었다. 하지만 그때는 그때고, 지금은 지금이다.

여기, 삶의 깊은 통찰을 하나 전한다.
우리 삶을 되찾는 데 필요한 것은 엄마에 대한 새로운 통제가 아니다. 오히려 그 반대다. 한 걸음 물러서서 엄마의 통제적 행동이 더는 우리에게 영향을 주지 못하게 해야 한다. 가장 중요한 깨달음은 의외로 단순하다. 엄마는 우리가 내어준 만큼 힘을 가질 수 있다. 우리가 이 끝없는 심리적 줄다리기에서 손을 떼는 순간, 엄마는 잡아당길 줄을 잃는다. 이것이 무의식적 계약을 깨고 우리 삶을 되찾는 첫걸음이다.

통제를 대신하는 일

엄마와 딸의 악순환을 끊어내는 일은 삶의 방향을 완전히 바꾸는 중대한 선택이다. 이는 자신과 엄마의 관계, 자녀와 관계까지 영원히 바꾸는 전환점이 된다. 우리는 이 순간을 위해 오래 준비했다. 지금 우리는 신중히 선택해야 할 갈림길 앞에 있다. 이는 충동적인 감정이 아니라 깊은 성찰에서 비롯한 결정이어야 한다. 그렇지 않으면 엄마와 끝없는 감정 소모전이 반복될 뿐이다. 이후 자세히 이야기하겠지만, 깊은 자각과 의식을 가지고 신중히 나가면 삶의 방향을 완전히 바꿀 수 있다.

쉬운 길은 아니다. 때로는 이 선택이 버겁게 느껴질 수도 있다. 모든 것이 제자리를 찾아 이상적인 엄마의 모습으로 돌아오길 바랄 수도 있다. 이런 상황에 놓인 것이 부당하게 여겨질 수 있다. 하지만 현실은 있는 그대로 받아들여야 한다. 우리가 변화의 주체가 되지 않으면 달라지는 건 없다.

친구, 배우자, 상담사, 심지어 미용실 원장님까지 주변 사람들은 늘 비슷한 조언을 한다. "이제 엄마와 건강한 경계를 만들어야 해." "이번에는 엄마에게 단호하게 말해봐." 얼핏 들으면 단순해 보이는 말이다. 나 역시 이런 조언을 수없이 들었다.

돌이켜 보면 이 복잡한 감정의 여정을 누군가 제대로 안내했다면 하는 생각이 든다. 구체적으로 무엇을 해야 하는지, 오래된 관계의 틀을 깨고 나올 때 어떤 감정을 마주할지 미리 알았다면 좋았을 텐데. 나는 이 모든 것을 수년간 상담 경험을 통해 깨달았다. 그래서 이 책을 쓰기로 했다. 같은 자리에 있는 이들이 덜 힘들고, 덜 아프기를 바라는 마음에서.

우리가 온전히 한 사람으로 성장하는 과정에서 엄마의 불완전한, 때로는 전적인 지지의 부재는 심리적 발달 경로를 크게 흔들었다. 그렇기에 우리가 지금 함께하는 이 작업은 마치 자신을 새롭게 양육하는 과정과도 같다. 이는 엄마를 설득하는 일이 아니다. 자기 입장을 설명하려는 시도는 무의식적으로 허락을 구하는 행위가 돼서 결국 통제권을 엄마에게 넘겨주고 만다. 지금 우리에게는 자신을 건강한 방향으로 이끌고, 본래 성장 궤도로 돌아가는 일이 필요하다. 엄마가 받아들이지 못해도 우리 길을 걸어야 한다. 우리의 독립은 엄마가 통제할 영역이 아니기 때문이다. 이는 허락을 구하는 문제가 아니다.

하지만 허락을 구하는 행위는 때로 은밀하고 미묘해서 우리도 알아차리기 어렵다. 그 행위는 일상적인 대화에, 작은 망설임에, 우리가 당연하다고 여기는 생각에 깊이 스며들었다.

통제권을 넘겨주는 순간

- 확신 있게 말해야 할 때도 "그게 아니라… 저기…" 하며 머뭇거리는 것.
- 엄마를 이해시키려고 불필요한 말까지 늘어놓는 것.
- "내가 그때 이래서 그랬고, 저래서 그랬는데…" 하며 끊임없이 설명하는 것.
- '엄마가 이해해주면 내가 더 잘할 수 있는데…' 하며 변화를 바라는 것.

이 모든 행동은 단순한 반응적 행동일 뿐이다. 이런 반응적 행동으로는 진정한 변화를 이룰 수 없다. 엄마와 맺어온 오랜 무의식적 계약을 깨뜨리는 일을 받아들여야 하는 사람은 바로 우리 자신이다.

이 무의식적 계약을 깨고 성숙한 관계의 새로운 지평으로 나아갈 때, 엄마는 다음 중 한 가지 반응을 보인다. 놀랍게도 이 모든 결과가 우리가 걱정하듯 부정적이지만은 않다.

1. 엄마는 오히려 안도감을 느낄 수 있다. 늘 조심스럽게 대하다가도 가끔 터져 나오는 우리의 감정 표현에 엄마 역시 답답했을지 모른다. 시간이 흐르며 엄마도 나름대로 변화를 겪었을 수 있다. 중독에서 벗어났거나, 상담을 통해 성장했거나, 자연스러운 성숙의 시간을 보냈을 수도 있다. 서로를 묶어온 무의식적 계약이 우리 눈을 가린 것이다. 처음에는 낯설겠지만, 엄마도 새로운 관계의 가능성을 발견할 수 있다.

2. 엄마가 완전히 달라지지 않더라도 우리가 만드는 변화를 따라올 수 있다. 성인 대 성인으로 더 직접적인 관계를 맺으려고 노력할 수 있다. 물론 여기에도 저항이 따르겠지만. 이 저항은 다음 장에서 자세히 살펴볼 것이다.

3. 우리가 오랫동안 이어온 관계의 춤을 먼저 멈추면 엄마의 내면에도 서서히 변화가 찾아올 수 있다. 처음에는 더 강한 감정적 반응과 심리적 조종을 시도할지

도 모른다. 하지만 마지막 몸부림일 뿐, 시간이 흐르면 엄마도 자신의 새로운 길을 찾아간다. 춤이란 본디 혼자서 출 수 없는 법이다. 상대방이 자신의 리듬에 화답하지 않을 때, 왜곡된 춤사위를 영원히 이어 갈 사람은 없다.

엄마의 방어기제가 너무 견고해서 건강한 관계가 어렵다면, 엄마는 결국 두 갈래 길 중 하나를 택하게 된다. 자신이 영향력을 행사할 새로운 관계를 찾아 나서거나, 자신만의 세계로 물러나거나. 이는 온전히 엄마의 여정이며, 우리 의지로는 바꿀 수 없는 길이다. 이런 현실과 마주할 때 우리는 해방감과 상실감이라는 양가감정의 소용돌이를 경험할 수 있다. 사실 이것은 처음부터 우리 짐이 아니었다.

  우리가 마침내 엄마와 심리적 분화를 이루면 엄마의 방어기제는 자신을 보호하는 방식으로 작동할 것이다. 그 모습이 우리 눈에 아름답거나 순탄해 보이지 않을 수 있다. 뜻밖의 좋은 변화가 일어날 수도 있다. 어떤 경우든 엄마는 자신의 방식으로 살아갈 것이다. 엄마의 삶은 엄마의 몫이다. 항상 그랬듯이 말이다. 우리가 할 수 있는 가장 의미 있는 일은 자신의 잠재력을 온전히 발휘하며 살아가는 것이다. 이것이 우리의 진정한 힘이다.

더 나은 미래를 향해

우리는 지금까지 딸과 엄마를 강력하게 이어주는 원초적 생존 기제에 대해 살펴봤다. 우리 안에는 이와 다른 본능도 있다. 독립된 존재가 돼서 새로운 삶을 일구고자 하는 내면의 끌림이다. 이는 인류가 이어온 근원적인 힘이기도 하다. 자녀가 성장해서 독립적 삶을 추구하는 것은 진화적으로 각인된 자연스러운 과정이다. 이처럼 독립을 향한 내면의 힘은 애착 본능만큼이나 깊고 강하다.

딸이 내딛는 모든 발걸음은 결국 엄마에게서 한 걸음 멀어지는 여정이다. 엄마는 이 과정을 돕거나 막을 수 있어도, 독립을 향한 근원적인 힘을 없앨 순 없다. 그렇기에 엄마와 무의식적 계약을 깨는 순간에도 우리는 외롭지 않다. 이는 생명의 흐름에 새겨진 자연스러운 과정이다.

우리는 이제 엄마에게서 독립이라는 자연스럽고도 필연적인 내적 여정을 시작한다. 다음 장에서는 이 의미 있는 발걸음을 어떻게 내디딜지 알아보자.

10

깨어나기

"문제가 잠든 깊이에서만 해답도 깨어난다."
알베르트 아인슈타인(Albert Einstein)

'물고기는 물을 모른다'라는 말처럼 우리는 오랫동안 엄마와 관계가 어떤 것인지 몰랐다. 그저 엄마의 요구에 맞춰 살아가는 것이 전부였다. 생존의 뇌는 우리에게 이것이 관계의 본질이라고 믿게 했다. 그래서 우리는 엄마의 기대를 채우지 못할 때마다 자책하며 고치려 했다. 이제 안다. 문제가 우리에게 있지 않다는 것을.

흐린 물속에 오래 머물다 보면 그 탁함이 자연스레 몸에 배어든다. 엄마의 불안과 상처도 그렇게 우리 일부가 됐다. 이런 관계의 패턴은 엄마와 관계를 넘어 모든 인간관계에 영향을 끼친다. 이런 무의식적 행동 패턴을 깨닫지 못하고 반복하는 한 변화는 일어나지 않는다.

달라지려면 의식의 성장이 필요하다. 무의식적으로 반복하던 행동을 의식적인 선택으로 바꾸고, 새로운 습관을 만들어가는 것이 한 단계 성장하는 과정이다.

우리를 옭아매는 심리의 비밀

심리학자들이 연구한 바에 따르면, 우리는 태어나서 처음 6년을 최면 상태처럼 보낸다고 한다. 이 독특한 심리 현상은 생애 첫 6년 동안 뇌파가 최면 상태의 뇌파와 거의 같기 때문에 일어난다. 여기에 어린아이의 절대적인 의존성과 미숙한 인지 능력이 더해져, 우리 무의식은 숨 쉬듯 자연스럽게 프로그래밍된다. 그래서 우리는 엄마의 방어적인 태도 앞에 무력해진다. 물속에만 사는 물고기처럼 그것이 우리가 아는 전부였기 때문이다. 오래된 행동 패턴을 바꾸고 적절한 경계를 세우는 일이 어려운 이유가 바로 여기에 있다.

 의식이 원하는 것과 무의식이 이끄는 방향은 다르다. 우리가 의식적으로 결심한 것과 상관없이 무의식은 전혀 다른 선택을 할 수 있다. 이런 이유로 내면에 자리 잡은 무의식적 계약과 핵심 신념을 직면하고 다루기 전에 경계선을 설정하는 것은 아무 효과가 없다. 이는 지하의 터널은 그대로 두고 지상에 담장을 세우는 것과 같다. 자기 파괴적인 터널부터 메우고 모든 의식을 환한 빛 아래로 끌어 올려야 한다.

 의식이 깨어날수록 왜곡된 생각에서 벗어나 현실을 선명하게 볼 수 있다. 엄마와 관계에서도 맹목적인 순응이나 거절이 아니라 상황을 이해하고 자신을 존중하는 선택을 하게 된다.

자신을 발견하는 과정

우리가 오래된 심리적 틀에 갇힌 이유는 다른 선택이 가능하다는 것을 떠올리지 못했기 때문이다. 불편하고 답답하면서도 익숙한 방식으로 자신을 바라보며 살아왔다. 우리는 어린 시절부터 자율적 결정보다 타인의 기대에 부응하는 것이 미덕이라 배웠다. 그래서 내면의 진정한 욕구를 살피는 법을 알지 못했다. 이런 패턴을 바꿔야 할 때다.

  우리의 일상적 패턴을 한 예시로 살펴보자. 매주 월요일 저녁에 엄마와 식사하는 게 의례가 됐다. 이 만남의 횟수를 줄이고 싶다. "엄마, 나 매주 월요일 저녁에 엄마 집에 가는 건 좀 무리인데… 괜찮아?" 혹은 "이해하지?" 엄마가 어떻게 반응할지 알면서도 이런 말을 건네는 것은 우리 안에 오래된 심리가 작동함을 보여준다. 이는 경계를 긋는 듯하나 허락을 구하는 방식으로, 시작부터 실패를 전제하고 있다. 엄마의 마음을 살피며 부드럽게 말한다는 생각은 우리 안에 생존의 뇌가 깨어 있다는 증거다. 이런 태도가 우리를 더 깊은 무력감으로 이끈다.

  엄마가 반대할 때마다 끝없는 설득과 협상의 시간을 보낸다. 때로는 엄마의 기대가 지나치다고 항변하고, 월요일 저녁 식사를 몇 차례 거르며 소극적 저항을 시도한다. 하지만 엄마의 필요를 우선해야 한다는 무의식적 계약이 다시 고개를 든다. 월요일 저녁 식사는 이전 패턴으로 돌아가고, 우리가 세운 경계선은 무너진다. 이런 패턴은 정해진 궤도를 도는 별처럼 어김없이 반복된다.

월요일 저녁 식사 문제를 다른 방식으로 접근하자. 엄마의 허락을 얻기 위해 부드럽게 조종하려 하지 말고, 진솔하게 이야기하는 것이다. 애초에 허락을 구하지 않으면 엄마의 허락이 필요 없다. 대신 우리 입장을 명확히 전한다. "엄마, 매주 월요일에 저녁 먹는 거 앞으로는 한 달에 한 번으로 줄이고 싶어. 그러면 내가 좀 더 편하게 만날 수 있을 것 같아." 단순하고 솔직한 방식이다. 이런 변화에 있는 의미를 좀 더 들여다보자.

1. 익숙한 패턴을 있는 그대로 인정했다.
2. 성숙한 어른으로서 자기 의사를 분명히 밝혔다.
3. 그 지점에서 멈췄다.

사과나 설명, 허락을 구하는 말이 필요 없다. 진정한 성장은 엄마의 감정을 살피는 일이 우리 숙명이 아님을 받아들이는 것이다. 기본적인 예의와 따뜻함은 지키되, 엄마에게서 받을 수 없는 것을 애써 구하지 않는 성숙한 태도다. 이제 우리의 선택은 엄마에게 저항하는 게 아니라 온전히 자신을 위한 결정이다.

이런 태도가 처음에는 무척 낯설고 불편할 것이다. 한동안 자신이 지나치게 차갑고 무례하며 성급해진 것 같아 혼란을 겪을 수 있다. 이토록 직접적인 표현은 우리나 엄마에게 생소한 경험이다. 하지만 성인 대 성인으로 나누는 대화야말로 생존을 위해 허락을 구하며 돌려 말하던 예전의 방식보다 깊은 존중을 담고 있다. 우리가 세우고자 하는 경계선이 단순히 저녁 식사 자리 줄이기보다 중요한 문제라면 어떻게 해야 할까?

그 문제가 엄마와 우리 관계의 단절이라고 해보자. 엄마에게 받은 상처가 너무 깊어 더는 아무 관계도 유지하고 싶지 않을 때가 있다. 이처럼 서로의 삶을 뒤흔들 수 있는 결정을 어떻게 전해야 할까? 놀랍게도 방법은 다르지 않다.

이 순간에도 솔직한 태도가 가장 중요하다. 감정을 숨기지 말고 있는 그대로 전달하는 것이다. "엄마, 이제 나만의 시간과 공간이 필요해. 당분간 연락도, 만남도 어려울 것 같아. 내 마음이 정리되고 준비가 되면 그때 다시 연락할게." 이렇게 마음을 전한 뒤 자기 삶을 이어간다.

이때 우리 안에서 또 다른 목소리가 들릴 수 있다. 오랫동안 가슴 한구석에 묻어둔 상처를 하나하나 꺼내 보이고 싶은 충동, 이 고통스러운 결정이 얼마나 불가피한지 설명하고 싶은 갈망. 이는 과거의 익숙한 패턴을 반복하는 것에 불과하다. 엄마의 이해와 인정을 갈구하는 어린 시절의 목소리일 뿐이다. 그러나 엄마는 우리를 쉽게 이해하지 못한다. 우리 마음 깊은 곳에서도 이 사실을 알고 있다.

우리가 필요와 의도를 있는 그대로 표현할 때, 비로소 새로운 의식의 단계에 들어선다. 논쟁에서 이기려 하거나, 엄마의 잘못을 증명하거나, 허락과 이해를 구하지 않아도 된다. 시간에 쫓길 이유도 없다. 지금 자신에게 필요한 것을 담담히 전하는 것으로 충분하다.

힘의 균형 변화

더 수준 높은 의식으로 엄마를 대하면 관계의 균형이 달라지는 것을 느낄 수 있다. 우리도, 엄마도 각자 행동에 책임지는 성인이 되는 것이다. 각자 감정을 있는 그대로 표현하고, 그 감정을 받아들일지 말지도 스스로 정한다. 엄마의 감정을 듣고 싶지 않을 때는 "엄마, 이제 전화 끊을게"라고 대화를 마무리한다. 이렇게 의식적인 마음이 중심을 잡으면 엄마의 감정이나 그동안 엄마를 보호하려 한 무의식적 계약이 영향력을 발휘하지 못한다. 이제야 온전한 나로 살아갈 수 있는 것이다.

심리적 해방으로 가는 길

엄마와 맺은 무의식적 계약에서 벗어나는 것은 앞으로 관계를 위해 낡고 잘못된 믿음을 새로운 의식적 진실로 바꾸는 것이다. 이 진실은 각각의 함정에 다른 모습으로 나타나며, 우리는 이 모습을 하나씩 살펴볼 것이다. 이후에는 이 메시지를 의식적 차원에서 경험으로 무의식에 자리 잡게 하는 방법을 알아볼 것이다. 먼저 우리가 걸어갈 길을 전체적으로 훑어보자.

불충분함의 함정에서 벗어나기 위한 새로운 신념과 무의식적 계약

- 나는 지금 충분하며, 나를 있는 그대로 받아들인다.
- 내 삶의 주인은 나다. 내가 부족한 존재가 됨으로써 엄마의 가치가 높아진다는 무의식적 계약을 파기한다.
- 엄마에게 인정받으려 애쓰지 않고, 내 자존감을 엄마의 평가에 맡기지 않는다.
- 엄마의 투사와 비판을 받아들이지 않는다.

불충분함의 함정에서 벗어나면 얻는 새로운 의식적 진실

- 우리는 온전한 개인으로서 특별하고 가치 있다.
- 내 성공이 엄마의 가치를 높이거나 낮추지 않는다.

- 사랑받기 위해 더 나은 사람이 될 필요가 없다.
- 서로의 행복을 바라지만, 상대가 어떻게 살아야 하는지 단정 지을 수 없다.
- 우리 삶에는 각자의 성공과 어려움이 있다. 우리 관계는 복종이나 순응이 아니라 존중과 신뢰로 만들어진다.

죄책감의 함정에서 벗어나기 위한
새로운 신념과 무의식적 계약

- 나는 이제 나 자신을 돌보는 데 집중한다.
- 엄마의 정서석 안녕을 책임지지 않는다.
- 엄마의 정서적 욕구를 내 정서적 욕구보다 우선시하는 무의식적 계약을 파기한다.
- 엄마의 감정에 휘둘리지 않으면서도 엄마를 걱정할 수 있다.
- 엄마가 힘들어도 나는 괜찮을 수 있다.

죄책감의 함정에서 벗어나면 얻는
새로운 의식적 진실

- 내게 최선의 선택이 엄마를 거부하는 것은 아니다.
- 우리는 자신의 감정적 삶에 책임이 있다.

자기 의심의 함정에서 벗어나기 위한
새로운 신념과 무의식적 계약

- 삶의 주도권을 가져서 자신을 믿지 못하니 누군가의 인도가 필요하다는 무의식적 계약을 파기한다.
- 엄마를 내면의 중심에 두지 않는다.
- 엄마가 아니라 내 기준으로 결정할 힘을 되찾는다.

자기 의심의 함정에서 벗어나면 얻는
새로운 의식적 진실

- 완벽한 결정이란 없다.
- 내가 책임지는 내 결정이 있을 뿐이다.
- 나는 실수에서 배우고 성공을 인정할 자유가 있다.

이중 메시지의 함정에서 벗어나기 위한
새로운 신념과 무의식적 계약

- 엄마의 마음을 읽으려 하지 않는다.
- 엄마의 말과 행동이 다를 때는 그 불일치를 드러내고, 표현된 말 그대로 받아들인다.
- 엄마의 마음을 불편하게 하지 않으려고 나를 작게 만들지 않는다.

이중 메시지의 함정에서 벗어나면 얻는
새로운 의식적 진실

- 내 모든 모습은 받아들일 만해서 숨길 게 없다.
- 내 그림자도 받아들인다. 그러므로 내 그림자에 얽매이지 않는다.
- 인정하고 받아들인 것만 치유될 수 있다.
- 나는 어떤 감정도 부끄러워하지 않고 받아들인다.

이제 준비가 됐을까? 우리는 이 새로운 의식의 단계에 도달하고, 과거의 상처를 뒤로하고, 더 나은 삶과 더 행복한 현실로 나아가는 방법을 살펴볼 것이다.

11

마음의 지도
다시 그리기

"자극과 반응 사이에 존재하는 순간,
그곳에 우리 운명을 바꿀 선택의 공간이 있다.
그 고요한 틈새에 의식적 선택이라는 강력한 힘이 깃들었으며,
바로 그 선택의 순간에 우리의 성장과 자유라는
위대한 가능성이 숨 쉰다."

홀로코스트 생존자 빅터 프랭클(Viktor E. Frankl)

엄마와 지내는 동안 우리 관계는 엄마의 불완전한 자아가 만든 틀에 갇혀 있었다. 무의식적 계약을 깨고 엄마에서 자신에게 눈길을 돌리는 일은 처음에 낯설고 두려울 수 있다. 하지만 심리 전문가로서 단언하건대, 이는 자연스러운 성장 과정이다.

자신에게 향하는 관심의 전환은 새로운 시작이 될 수 있다. 엄마의 두려움으로 멈춘 성장이 계속되는 것이다. 이는 자신을 다시 양육하는 과정과 같다. 이때 우리는 본래 모습, 즉 심리학에서 말하는 개인화(individuation)와 분화(differentiation)의 단계에 도달한다. 이는 우리 안에 억눌린 자연스러운 본성이다. 이제 우리는 발달 과정의 본궤도로 돌아갈 수 있다. 과거의 역기능이 가로막은 지점을 지나, 마땅히 있어야 할 자리를 찾아가는 것이다. 우리가 실제로 그곳에 닿을 수 있다는 사실이 무엇보다 중요하다.

감정을 한 걸음 떨어져 바라보는 작은 습관으로 삶의 중심을 잡을 수 있다. 신경심리학자들은 자신의 무의식적 패턴을 알아차리고 그 패턴에 따르는 자신을 관찰하는 것을 '메타인지(metacognition)'라고 부른다. 정신 역동적 관점의 심리학자들은 이를 '관찰하는 자아(observing ego)'라고도 하는데, 이런 힘이 자랄수록 무의식적 반응 대신 의식적인 선택이 가능해진다. 이렇게 우리는 과거에 묶인 생존 본능에서 벗어나 진정한 삶을 영위할 수 있다.

변화가 주는 고통

엄마와 적절한 거리가 필요하다는 것을 알지만, 실제로 경계를 만들기는 쉽지 않다. 우리가 현재의 불편한 관계에 머무르는 것은 단지 변화가 두려워서가 아니다. 작가이자 꿈 분석가 토코파 터너(Toko-pa Turner)는 새로운 삶을 시작하기 위해 가진 것을 내려놓을 준비가 필요하다고 말한다. 상담사로서 이 말에 깊이 공감한다. 좋은 변화라도 잘못된 선택처럼 느껴지는 때가 있다. 그래서 사람들은 불편해도 익숙한 곳에 머문다. 변화는 의미 있는 것을 포기할 용기를 요구한다. 엄마가 주는 작은 관심이나 불안정한 애정이라도 놓기 어렵고, 엄마에게 받는 것이 불확실할수록 그 관계에 집착한다. 심리학에서는 변화를 거부하고 현재에 집착하는 마음을 '저항(resistance)'이라고 부른다. 저항은 우리를 한자리에 붙들 만큼 강력한 힘이 있다. 이를 넘어서려면 다음과 같은 과정이 필요하다.

자신을 사랑하는 법 배우기

삶에서 가장 중요한 관계는 무엇일까? 지금까지 논의를 통해 엄마와 관계가 아니라는 걸 이해했기를 바란다. 강조하건대 배우자도, 친한 친구도, 심지어 자녀와 관계도 아니다. 가장 중요한 관계는 바로 자신과 관계다. 이유는 생각보다 단순하다. 엄마가 자신과 맺어온 관계에서 그 답을 찾을 수 있다. 엄마의 왜곡된 자기 이해와 기만, 복잡한 방어기제가 지금 우리가 겪는 모든 어려움의 시작점이기 때문이다. 엄마가 자신을 깊이 이해하고 건강한 관계를 맺고 있다면, 우리와 관계도 달라지지 않았을까? '자신을 사랑하지 못하면 타인도 사랑할 수 없다'는 흔한 말은 진실이다. 그래서 엄마와 악순환을 끊는 것은 자신과 더 건강하고 단단한 관계를 쌓아가는 일이다.

"나를 사랑하는 게 뭔데?"라는 질문이 자연스럽게 떠오른다. 그동안 겪어온 혼란스럽고 실망스러운 사랑의 기억을 떠올리면 진정한 사랑이란 말이 낯설게 느껴진다. 우리는 지나치게 가까워지거나, 휘둘리거나, 숨 막히게 억압을 당하는 경험에 익숙하다. 하지만 변함없이 믿을 수 있는 사랑이 뭔지 여전히 모호하다. 엄마와 마음이 통한 순간, 깊은 사랑을 느낀 기억은 분명히 있어도 그 사랑이 변함없이 그 자리를 지키리라 믿기는 어려웠다. 그 사랑은 대부분 우리가 치러야 할 어떤 대가와 맞닿아 있었기 때문이다.

자신에게 집중하는 일은 단순한 감상이나 일시적인 위안 이상 의미가 있다. 끊임없이 엄마의 행동을 살피고 그 감정 변화에 맞추느라 쏟는 힘은 결국 우리를 자신에게서 멀어지도록 만든다. 진정한 자기 사랑은 꾸준히 자신의 곁에 머무는 것이다. 이는 끝없는 자기관찰이나 지나친 분석, 긍정적인 말 되뇌기, 자신이 얼마나 훌륭한지 외치는 것과 다르다. 내면의 소리에 귀 기울이고 있는 그대로 마주하는 일이다. 숨기거나 외면하거나 밀어내는 대신, 있는 그대로 받아들이고 품는 것이다.

이렇게 자신을 이해하고 바라보며 공감하고 있는 그대로 받아들일 때, 치유가 시작된다. 이 치유를 통해 비로소 변화를 위한 기반을 다질 수 있다.

어떻게 하면 자신과 온전히 함께하는 상태에 이를 수 있을까? 다음 연습이 그 경험을 도와줄 것이다.

■ **내면의 아이를 돌보는 마음 연습**

과거로 돌아가는 심리 여행을 시작하자. 성숙한 어른이 된 지금의 내가 어린 시절의 나를 만나러 가는 여행이다. 그 순간의 기억을 떠올리며 현재의 내가 어린 나의 든든한 보호자로 그 자리에 함께 있음을 느끼는 것이 목적이다.

1. 편안하고 안전한 공간을 찾아 자리 잡는다. 그곳에서 편안한 자세로 앉아 깊은 호흡을 다섯 번 한다. 매번 숨을 충분히 내쉰다.
2. 이제 성숙한 현재의 우리가 어린 시절 식탁으로 돌아간다. 잠시 그 식탁과 주변 사람들을 떠올린다. 누구와 가장 가깝다고 느꼈나? 누가 그 자리에서 영향력을 발휘했는가? 누구의 마음을 헤아리고 싶었는가? 두려운 사람이 있었는가?
3. 절대 입 밖에 내선 안 되는 이야기가 있었는가? 감히 거스를 수 없는 사람이 있었는가? 당신의 가족 사이에 말로 정한 적은 없지만, 모두 알고 따라야 하는 규칙은 무엇이었는가?
4. 가족 중 아무도 말하지 않았으나 모두 아는 비밀이 있었는가?
5. 마음에 상처를 받거나 두려움과 불안이 찾아올 때, 누구에게 위로를 구했는가? 그때 그 사람은 어떤 반응을 보였는가?
6. 문제가 생겼을 때 어떤 일이 벌어졌는가? 그 상황을 해결할 방법이 있었는가, 아니면 덮어두고 넘어가야 했는가?

성숙한 현재의 내가 어린 시절의 내 손을 잡고 이야기한다.

- 그동안 네가 겪어온 일을 모두 알고 있단다.
- 늘 착한 아이가 되려고 애쓰며 마음속에 숨긴 감정, 그렇게 힘든 시간을 다 봤어.
- 너는 아무도 불편하게 하고 싶지 않아서 늘 조용히 있었지. 그렇게 작은 존재처럼 살아온 네 모습이 얼마나 안쓰러웠는지 몰라.
- 하고 싶은 말이 많았을 텐데, 늘 다른 사람 눈치 보느라 속으로 삭였잖아. 그때 네가 얼마나 힘들었을지 이제야 알 것 같아.
- 외로우면서도 착한 아이로 살기 위해 많은 걸 포기했구나. 이제 내가 네 편이 될게.

마지막으로 어린 시절의 내게 마음을 전한다. 너는 엄마의 행복을 책임지는 무거운 짐을 지지 않겠다고. 이 변화가 때로는 낯설고 두려울 수 있지만, 성장한 내가 어린 나를 굳건히 지켜주리라고. 우리는 서로가 있기에 모든 것이 잘 풀릴 거라고.

  내면의 소리에 귀 기울이고, 자신을 이해하고 사랑하며 지지하는 여정이 시작된다. 조금씩 나아가다 보면 자연스레 자신을 믿게 된다. 이렇게 우리는 마침내 진정한 자신의 자리로 돌아온다.

내면에 숨겨진 무의식적 계약 발견하기

앞선 연습으로 우리는 어린 시절, 특히 가족 식사 자리 같은 상황에서 생존의 뇌가 만든 무의식적 계약의 흔적을 봤다. 이전 여러 장에서 무의식적 계약의 본질과 그 계약이 우리 삶에 미치는 영향을 살펴봤다. 이제는 우리를 보이지 않게 붙드는 무의식적 계약의 실체와 마주할 차례다. 간단한 자기 탐색으로 의식 아래 있던 신념과 무의식적 계약이 하나둘 모습을 드러내고, 그때 우리는 비로소 그 신념과 무의식적 계약을 풀 수 있다.

- **연습 : 무의식적 계약 발견하기**
    1. 엄마와 관계에서 반복적인 갈등을 떠올린다. 특별한 것이 떠오르지 않으면 최근의 다툼이나 불화를 생각한다.
    2. 그 순간 서로의 욕구가 어떻게 충돌했는지 확인한다. 엄마의 바람과 내 바람은 무엇인지, 내가 엄마에게 기대한 것과 엄마가 내게 기대한 것은 무엇인지 살펴본다.
    3. 나와 엄마의 이해관계가 정확히 어느 지점에서 부딪히는지 갈등의 핵심을 파악한다.
    4. 어떤 신념과 무의식적 계약이 이 갈등의 해결을 막았는지, 그것이 어떻게 내 욕구 충족을 방해했는지 알아본다.

10장에서 다룬 월요일 저녁 식사 문제를 예시로 보자.

1. 월요일 저녁 식사에서 일어난 갈등을 다시 떠올린다.
2. 이 상황에서 나는 월요일 저녁 식사를 한 달에 한 번으로 줄이고 싶고, 엄마는 현재 방식을 유지하고 싶어 한다.
3. 갈등의 핵심을 찾는다. 나는 혼자 보낼 시간이 필요하고, 엄마는 함께 있어야 안정감이 든다. 이처럼 서로 다른 두 욕구가 정확히 어디서 부딪히는지 파악한다.
4. 이 문제로 계속 갈등하지만, 결국 매번 양보하고 월요일 저녁 시간을 엄마에게 내준다. 이런 내적인 딜레마에 숨겨진 무의식적 계약은 다음과 같다.
   1) 엄마는 특별한 존재니까 더 많은 관심을 받아야 해.
   2) 엄마가 나보다 현명하니까 얼마나 자주 만날지도 엄마 판단을 따라야 해.
   3) 내 감정보다 엄마 감정이 우선이야. 내가 힘들어도 엄마에게 실망을 줘선 안 돼.
   4) 거절하면 불안하고 그 선택을 끊임없이 의심할 거야.
   5) 엄마가 나를 심리적으로 압박해도 그냥 넘어가야 해. 엄마가 비꼬듯 말해도 진심은 아닐 거야.

우리 삶이 월요일마다 제자리걸음인 것은 이 때문이다. 무의식적 계약은 은밀하게 우리 삶을 좌우한다.

다행히 자기 탐색 과정은 생각보다 단순하다. 엄마와 갈등 상황을 이 단계에 따라 하나씩 살피면 그 속에 뿌리내린 무의식적 계약이 보이기 시작할 것이다. 생존의 뇌가 자리 잡은 우뇌에 있던 무의식적 계약과 뿌리 깊은 신념을 발견하면, 좌뇌를 통해 그 실체를 차분히 바라볼 수 있다. 우리는 새로운 선택을 할 수 있고, 이런 무의식적 계약과 신념의 영향에서 벗어날 수 있다.

무의식적 계약에서 벗어나기 위한 자각의 거울

우리는 앞으로 펼쳐질 이야기에서 이런 심리적 함정의 실체를 하나씩 들여다볼 것이다. 그 전에 문제적 엄마를 둔 딸이 왜 자기도 모르게 엄마의 요구 사항에 얽매이는지, 그 밑바탕에 깔린 무의식적 계약과 뿌리 깊은 신념을 발견해야 한다. 다음과 같은 자기 성찰이 도움이 될 수 있다.

1. '엄마는 항상 옳다'는 생각이 들 때마다 자신을 돌아봐야 한다. 엄마 의견을 절대적인 것으로 받아들이거나, 엄마를 높이기 위해 자신을 낮추지 않는지.
2. '엄마의 의견 없이는 결정할 수 없어'라는 생각이 들

때는 자신에게 물어야 한다. 진정 판단력이 부족한지, 단지 엄마가 소외감이 들까 봐 걱정되는지.

3. '엄마의 감정을 상하게 할 수 없어'라는 생각이 삶을 지배한다면 자신을 돌아봐야 한다. 자기 행복을 뒤로한 채 엄마의 감정을 책임지려 하지 않는지.

4. 엄마에게 "싫어"라고 말하지 못한다면 살펴봐야 한다. 자신의 필요와 욕구를 챙기는 걸 이기적이라고 여기지 않는지.

5. 엄마가 겉으로는 칭찬하지만 실제로 비난하거나, 웃으면서 꼬집듯 말할 때 그 의도를 물어보는 것이 실례라고 생각되면 자문해야 한다. 이런 태도로 자신의 자존감을 깎아내리는 데 동참하지 않는지.

우리 마음을 수용의 공간으로

지금까지 우리는 왜곡된 생각을 찾아내고 바로잡는 작업을 했다. 이는 중요한 과정이지만, 이것만으로 부족하다.

이런 무의식적 계약은 또 다른 부담을 준다. 우리는 끊임없이 스트레스 상태에 놓이고 생존 모드에 갇혀, 엄마가 괜찮은지 확인하느라 쉴 새 없이 움직인다. 우리 몸이 늘 긴장 상태라는 것조차 인식하지 못할 때가 많다.

우리는 과거의 두려움에서 비롯한 스트레스 반응에서 벗어나야 현재에 온전히 머물며 휴식을 취하고, 마음을 정비하고, 무의식의 상처를 치유할 수 있다. 이런 변화를 이루려면 뇌와 마음이 조화를 이루는 상태에 도달해야 한다.

신경심리학자 마리오 마르티네즈(Mario Martinez) 박사는《The MindBody Code(마음과 몸의 코드)》에서 "긍정적인 감정은 심장 건강의 핵심 지표인 심장박동 패턴의 조화를 높인다"고 설명했다. 이런 놀라운 동기화가 가능한 까닭은 우리 심장과 뇌가 끊임없이 소통하며 영향을 주고받기 때문이다. 둘이 조화를 이룰 때, 심장은 뇌에 신호를 보내고 뇌는 심장의 리듬에 맞춰진다. 마치 숨을 들이쉴 때 심장박동이 빨라지고 내쉴 때 느려지는 것처럼.

뇌와 마음은 생각보다 단순한 방법으로 조화를 이룰 수 있다. 뇌파를 천천히 늦추면서 긍정적인 감정을 느끼면 된다. 의식적인 활동이나 집중할 때 나타나는 베타파는 점차 더 느린 세타파로 바뀐다. 이 과정에서 우리는 자연스럽게 최면 상태에 들어간다. 세타파 상태가 되면 핵심 신념이 자리 잡은 무의식 깊은 곳에 닿을 수 있다. 그곳에서 우리를 멈춰 세우는 부정적 신념을 걷어내고, 그 자리에 새롭고 건강한 의식을 심을 수 있다.

뇌와 마음의 조화 연습 : 《The MindBody Code》 응용

1. 조용한 곳에서 편안한 자세를 찾는다. 머리에서 가슴으로 주의를 옮긴다. 손을 기도할 때처럼 복장뼈에 가볍게 얹는다. 이는 주의력을 어디로 가져가야 할지 몸으로 느끼게 해준다. 이 동작은 두려움에 사로잡힌 뇌를 건너뛰고 가슴의 지혜와 연결되게 하는데, 여러 종교에서 이 손동작이 나타나는 원인일 것이다. 손을 그대로 가슴에 가볍게 올려둔다.

2. 5초 동안 숨을 깊이 들이마시고, 10초에 걸쳐 부드럽게 내쉰다. 가슴으로 직접 호흡하는 듯 느껴본다. 이런 호흡법은 뇌파를 자연스럽게 가라앉히며, 우리를 생존 본능이 깃든 교감신경계에서 치유와 회복의 공간인 부교감신경계로 인도한다.

3. 긴장이 풀어지는 동안 자신이 소중히 여기거나 감사하는 대상에 집중한다. 가슴이 감사와 연민, 따스한 마음으로 차오르게 한다. 이때 너무 깊이 생각하지 않아도 된다. 사랑하는 반려견이든 오렌지 향기든, 그런 감정을 일으키는 것이라면 뭐든 좋다.

4. 가슴이 따뜻한 감정으로 채워지고 마음이 고요해지는 동안 손은 가슴에 가볍게 둔다. 몸과 마음이 편안히 풀어지고 감사하는 마음이 스며드는 순간이야말

로 새로운 의식적 진실을 받아들이고 오래된 무의식적 계약과 신념을 부드럽게 녹을 수 있는 때다.

내면의 새로운 인식 다지기

마음을 담아 다음 문장을 소리 내어 읽어보자.

- "나는 내가 뭘 원하는지 잘 알아. 완벽하지 않아도 괜찮아. 지금 내 선택이 영원할 필요도 없고, 엄마 눈치 보면서 살지 않아도 돼. 내 인생은 내가 책임지는 거니까. 그걸로 충분해." 수용을 들이마시고, 비교를 내쉰다.
- "지금 뭐가 필요한지 나만큼 잘 아는 사람은 없어. 시간이 지나면 생각이 바뀔 수도 있겠지. 궁금한 게 있으면 엄마나 다른 사람한테 물어보고. 결과가 어떻든 내가 선택하고 배워가는 시간이 의미 있는 거야." 평온함을 들이마시고, 불안을 내쉰다.
- "가까운 사람일수록 서로 마음 아프게 할 때가 있어. 진짜 관계라면 실망하고 오해도 생기는 게 당연하지. 그때 마음을 어떻게 다시 잇는지가 중요해. 관계는 서로 이해하면서 깊어지는 거야. 서로 존중하면서

이해하려 노력할 때, 내가 괜찮은 사람이라는 걸 느껴." 연민을 들이마시고, 상처를 내쉰다.
- "엄마한테 다 털어놓을 필요는 없어. 어떤 건 말하고 어떤 건 안 할지 내가 정하면 돼. 나를 아끼며 선택할 때 마음이 편안해지는 걸 느껴." 보호받는 느낌을 들이마시고, 불안한 마음을 내쉰다.
- "엄마가 비판하고 꾸짖는 걸 막을 수 없지만, 그런 말을 마음에 새길 필요도 없어. 스쳐 지나가게 두면 돼." 안전함을 들이마시고, 비판을 내쉰다.

생존의 뇌를 다르게 이용하기

지금까지 생존의 뇌가 우리 삶에 드리우는 그림자를 살펴봤다. 이 본능의 지혜를 이해하고 받아들이면 오히려 생존의 뇌가 우리 삶에 드리우는 그림자가 치유로 이끄는 안내자가 될 수 있다. 방금 전의 작업이 그 예시다. 첫 단계에서 생존의 뇌를 가라앉혀 두려움의 반응을 누그러뜨렸다. 이는 무의식의 영역으로 진입하는 기초 단계다. 다음 단계에서 두려움의 반응이 잦아들고 정신이 가장 수용적인 상태에 이르렀을 때, 새로운 의식적 진실을 받아들일 수 있었다. 생존의 뇌를 동반자로 받아들이는 게 진정한 치유의 시작이라는 사실을 발견했다.

저항 다루기

이런 연습은 시작일 뿐이다. 생존의 뇌가 겪은 상처를 치유하기 위해서는 더 많은 연습과 시간이 필요하다. 우리는 이 과정에서 자연스럽게 내면의 저항과 맞닥뜨린다. 의식적으로는 엄마와 관계를 바꾸고 싶지만, 그 변화가 가져올 상실감과 배신감을 생존의 뇌가 피하려 하는 것이다.

생존의 뇌가 지금 하는 모든 노력이 결국 자신을 치유하는 길임을 알아차릴 수 있으면 좋겠지만, 말처럼 쉽지 않은 일이다. 엄마와 관계에서 경험한 상처는 무의식에 깊이 묻혔다. 생존의 뇌는 이 상처에서 우리를 보호하려는 것이다. 우리는 어떤 방식으로든 무의식에 다가가야 한다. 이제부터 우리가 마주칠 심리적 함정을 다루는 구체적인 방법을 알려줄 것이다. 전체적인 흐름부터 이해하고 넘어가자.

1. 몸이 보내는 신호 살피기 : 우리 몸은 특정한 심리적 함정에 빠졌는지 알려준다. 베셀 반 데어 콜크 박사가 《몸은 기억한다》에서 밝혔듯이, 우리는 의식하지 못하는 사이에도 과거의 상처와 무의식적 패턴을 품고 산다. 몸의 여러 부분이 간직한 상처를 찾아가는 질문을 통해 치유가 필요한 기억과 감각을 발견할 수 있을 것이다.

2. 시각화와 명상으로 마음 들여다보기 : 많은 사람이 스트레스 해소나 마음의 안정을 찾기 위해 명상을 한다. 명상은 우리가 바라는 변화를 구체적으로 그려보게 한다. 이를 통해 우리를 제한하던 부정적 생각과 믿음을 마주하고, 그 자리에 새롭고 건강한 관점을 심을 수 있다. 명상은 무의식적 계약을 풀고, 깊이 뿌리박힌 신념을 부드럽게 녹이며, 자기 수용과 진실한 이해를 바탕으로 새로운 의식을 키우는 데 도움이 될 것이다.

3. 마음을 달래는 치유의 명상 : 뇌의 긴장 반응을 가라앉히고 내면의 상처를 치유하는 명상법이다. 이는 생존을 위해 형성된 무의식적 패턴을 풀고 새로운 힘을 키우는 데 도움이 될 것이다.

4. 새로운 관계를 위한 대화의 길잡이 : 자기 모습이 변하고 관계 맺는 방식이 달라지면 새로운 의식에 맞게 말을 표현하기 어려울 때가 있다. 까다로운 상황을 미리 생각하면 실제 그런 순간이 왔을 때 더 나은 선택을 할 수 있다. 여러 대화 예시는 달라진 자신에게 맞는 언어를 찾아가는 밑거름이 될 것이다.

5. 신체 활동 : 몸을 움직이는 방식은 자기 경험의 중요한 부분이다. 자세나 몸짓의 변화는 무의식에 새로운 신호를 보낸다. 이는 오랫동안 이어온 제한적 패턴에

서 벗어나 더 넓은 삶으로 나아가는 과정이다. 혼란에서 벗어나 선명함과 자신감을 찾아가는 여정에서 구체적인 신체 활동은 원하는 감정 상태로 이끄는 도구가 될 것이다.

6. 작은 습관 바꾸기 : 불교의 가르침과 같이 한 가지 일을 하는 방식은 다른 모든 일에 영향을 끼친다. 엄마와 관계에서 형성된 습관은 삶의 여러 영역에 스며들었다. 옷을 고르는 방식, 말하는 태도, 일상적 행동의 작은 변화가 무의식적 계약과 신념을 바꿀 수 있다. 특정 단어를 의식적으로 쓰지 않는 것 같은 시도가 생존의 뇌에 자연스러운 변화를 줄 것이다.

의미 있는 변화에는 언제나 시간이 필요하다. 새로운 시도가 낯설게 다가올 때도 있고, 어색함과 어려움을 느낄 때도 있다. 진정성 없이 겉모습만 흉내 내는 느낌이 들 수도 있다. 하지만 그 순간에도 우리는 나아가야 한다.

우리가 내딛는 모든 발걸음은 아무리 작은 움직임이라도 내면에 새로운 변화를 만들 것이다. 이 변화의 물결이 일어나면 어떤 힘도 우리의 치유와 성장을 막을 수 없다. 이것이 우리가 발견할 내면의 진실이며, 우리를 기다리는 자유로운 미래다.

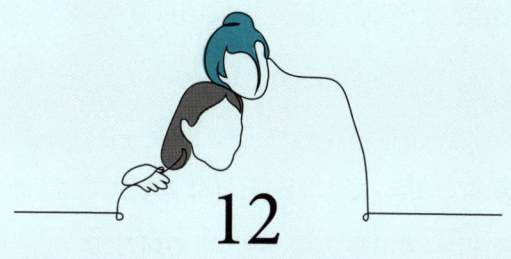

12

불충분함의
함정에서 벗어나기

"이번에는 다를 거라 믿었다.
엄마의 비판도 불평도 듣지 않을 만큼,
엄마가 더는 나를 고치려 하지 않을 만큼
잘할 수 있을 거라 여겼다. 그런 일은 없었다.
이렇게 반복되는 일을 나는 왜 알아차리지 못했을까."

불충분함의 함정은 자존감을 서서히 무너뜨린다. 같은 상황에 계속 휘말리는 자신을 보며 한숨이 깊어질 뿐이다. 이 함정의 실체를 알면 무의식중에 반복하던 생각과 행동도 바꿀 수 있다. 이런 깨달음이 변화의 시작이다.

이런 깨달음

- 엄마와 관계에서 생기는 문제는 우리 잘못이 아니다.
- 엄마는 마주하기 두려운 감정을 피하고자 방어기제를 써왔다. 우리 위에 군림하거나, 자신이 받아들이지 못하는 모습을 투사하는 방식으로.
- 착한 딸은 어릴 때 서로 보호하려는 마음에서 엄마보다 작은 존재가 되려고 무의식적 계약을 맺었다.
- 무의식적 계약은 우리를 열등한 위치에 가뒀다. 이는 삶의 다른 영역으로 번져서 우울, 스트레스, 소진, 무감각, 절망 등 복합적인 고통을 안긴다.

- 자기 가치를 엄마의 평가에 맡기는 한, 이 악순환은 끝나지 않는다.
- 변화를 원하나, 생존의 뇌는 현재 상태를 고수하려 한다. 앞으로도 그 변화에 저항할 가능성이 높다.
- 이 굴레에서 벗어나려면 '엄마가 우위에 있고 나는 부족한 존재'라는 무의식적 계약을 깨야 한다.

지금까지 우리는 많은 것을 배웠다. 치유의 첫걸음을 내디뎠고, 앞으로 마주할 내면의 장애물도 조금씩 보이기 시작했다.

이 장에서는 무의식 깊은 곳을 다룬다. 엄마의 그늘에서 벗어나지 못하게 만드는 무의식적 신념을 하나하나 들여다보고, 걷어내고, 새로운 신념으로 채워가는 작업을 할 것이다. 불충분함의 함정에서 벗어나려면 내게 문제가 있다는 생각을 내려놓고, 자신을 있는 그대로 받아들여야 한다. 이 장의 핵심이다.

나는 불충분함의 함정에 빠졌을까?

다음 질문에 답해보자.

- 엄마와 대등한 입장에서 다른 의견을 말할 수 있는가, 아니면 늘 엄마의 판단에 고개를 끄덕이는가?

- 엄마를 비판적으로 바라보려 할 때 어떤 감정이 드는가, 아예 그런 생각이 들지 않는가?
- 엄마에게 인정받지 못하면서도 계속 갈구하는가?
- 엄마 기분을 상하게 하지 않으려고 자기 잘못을 서둘러 인정하는가?
- 엄마가 우리의 다른 관점은 고려하지 않고 늘 자신의 생각이 옳다고 주장하는가?
- 엄마가 물어보지도 않고 '건설적인 비판'이나 '도움이 되는 조언'을 하는가?
- 엄마가 자주 사적인 질문을 하고, 즉각적이고 솔직한 대답을 요구하는가?

이런 질문에 '그래, 바로 이거야!'라고 공감하거나 '음… 그런 것 같기도…'라고 조심스레 인정한다면, 우리는 중요한 실마리를 찾아가는 것이다. 이 깨달음을 분명히 하기 위해 내면의 이야기를 몇 가지 더 살펴보자.

내 삶의 주인은 누구인가?

내 삶의 중요한 선택은 누구의 관점과 기준에서 비롯됐을까? 이 질문에 옳고 그름은 없다. 우리 삶 곳곳에 스며든 엄마의 영향력을 차분히 들여다보는 과정일 뿐이다. 이제 삶의 영역에서 엄마의 기대가 어떻게 작용했는지 하나씩 살펴보자.

- 학업/직업 : 내가 선택한 전공과 직업은 엄마의 생각과 기대를 얼마나 따른 것인가?
  - ☐ 전혀 영향을 받지 않음
  - ☐ 부분적으로 영향을 받음
  - ☐ 대부분(전적으로) 영향을 받음
- 신앙/가치관 : 엄마의 신앙을 그대로 받아들이는가? 혹은 그 가르침의 어떤 부분을 깊이 생각하지 않은 채 자연스럽게 따르는가?
  - ☐ 전혀 영향을 받지 않음
  - ☐ 부분적으로 영향을 받음
  - ☐ 대부분(전적으로) 영향을 받음
- 연애/결혼 : 연인을 선택할 때 엄마의 승인이 얼마나 중요했나? 지금도 그런가?
  - ☐ 전혀 영향을 받지 않음
  - ☐ 부분적으로 영향을 받음
  - ☐ 대부분(전적으로) 영향을 받음
- 개인적 취향 : 내 방과 옷장을 둘러보자. 내 취향이라 생각한 것은 엄마의 취향과 얼마나 닮았는가?
  - ☐ 전혀 영향을 받지 않음

☐ 부분적으로 영향을 받음
☐ 대부분(전적으로) 영향을 받음

마지막으로 엄마와 관계에서 균형 문제다. 잠시 호흡을 고르고 다음 장면을 떠올려보자.

- 평소 엄마가 내게 하던 질문을 이번에는 내가 엄마에게 한다면?
- 엄마가 좋은 뜻이라며 건네던 충고를 이번에는 내가 엄마에게 한다면?
- 엄마가 항상 내 말과 행동을 고치려 한 것처럼 내가 엄마의 모습을 짚어본다면?

이런 장면을 상상하는 마음이 어떤가? 담담한가, 불편한가, 차마 생각조차 하기 어려운가? 이런 상상만으로 마음이 무거워진다면, 우리가 미처 알지 못한 무의식적 계약과 신념이 감정의 솔직한 표현을 막고 있기 때문이다.

자기 탐색의 여정에서 느끼는 깊이는 저마다 다를 것이다. 어떤 이는 모든 게 선명히 보이고, 다른 이는 혼란스러울 수 있다. '내가 정말 이런 함정에 빠진 걸까, 아니면 다른 뭔가가 있는 걸까?' 하는 생각이 들 수도 있다. 세 가지 함정을 더 살펴봐야 하니, 당장 답을 찾으려고 서두를 필요 없다. 마음이 전하는 이야기에 귀 기울이고, 이 과정에서 만나는 모든 감정과 깨달음을 있는 그대로 받아들이면 된다. 아직 마음이 움직이지 않아도 괜찮다. 때가 되면 반드시 알게 될 것이다.

   지금까지 본 질문을 통해 불충분함의 함정에 빠졌음을 확인했다면, 잠시 멈추고 새로운 이해의 창을 열어보자. 우리 내면에서 일어나는 이야기를 다른 각도로 바라보고, 자신에게 다음 질문을 해보자.

- 내가 부족한 게 아니라, 엄마가 자신의 받아들이기 힘든 부분을 내게 투사하는 건 아닐까?
- 나에게 고칠 점이 있어서가 아니라, 엄마가 나를 통해 새롭게 살아보고자 하는 건 아닐까?
- 엄마가 자신의 가치를 확인받고 싶어서 나를 낮추거나 필요 이상으로 조언하는 건 아닐까?

엄마의 따가운 말 한마디가 가슴을 찌를 때가 있다. 그 말이 정말 나를 향한 것이었을까? 그 말은 몸이 아플 때 열이 오르고 기침이 나듯, 엄마의 마음속 상처가 터져 나온 소리였는지 모른다. 착한 딸인 우리는 이런 순간을 수없이 겪어왔다. 알고 보니 그 말은 우리를 향한 게 아니라, 엄마의 아픔을 드러내는 것이었다. 바로 여기서 우리를 짓눌러온 무게의 정체가 드러난다. 우리가 부족하다고 여겨온 것은 어쩌면 엄마의 짐을 묵묵히 안고 살아온 흔적인지도 모른다. 이제 그 짐을 내려놔도 좋다. 우리는 태어날 때부터, 지금도 있는 그대로 충분하다.

엄마와 관계, 뜻밖의 깨달음

우리에게는 엄마를 온전하게 만들 힘이 없다. 이 단순하면서 무거운 진실을 받아들이는 순간, 모든 것이 달라진다. 오프라도, 아인슈타인도, 오즈의 마법사도 할 수 없는 일이다. 하늘에서 비를 내리게 할 수 없듯, 아무리 애써도 엄마의 마음속 상처를 치유할 수 없다. 여기에 씁쓸한 역설이 있다. 엄마는 우리가 자신을 행복하게 만드는 일에 실패하기를 바란다. 이 게임은 처음부터 실패하도록 설계됐지만, 우리는 계속 도전한다. 우리가 잘했다고 느낄 때마다 엄마가 더 높은 기준을 들이미는 이유는 뭘까? 우리가 완벽해지면 엄마는 특별한 존재가 될 수 없고, 자신의 결점을 투사할 대상도 없어지기 때문이다.

 엄마의 인정을 바라며 우리를 혹사할 필요가 없다. 그것은 이룰 수 없는 바람이다. 늘 우리 곁에 있었지만 보지 못한 이 단순한 진실을 받아들일 때, 자유로워질 수 있다. 엄마가 영향력을 행사하는 것은 우리가 그만큼 힘을 허락했기 때문이다.

 치유의 시간이다. 무의식적 계약을 파기하고, 우리는 부족한 존재라는 핵심 신념을 녹여 불충분함의 함정에서 벗어나자.

의식이 지닌 치유의 힘

우리는 특별한 순간마다 의식을 치른다. 결혼식, 졸업식, 세례식, 장례식은 삶의 전환점을 알리는 중요한 의식이다. 이런 의식을 거쳐 새로운 삶으로 나아간다. 홀로 지내던 사람이 누군가의 반려자가 되고, 학생이 사회인으로 성장하며, 평범한 일상을 살던 이가 신앙인의 길을 걷고, 아내는 남편을 먼저 보내고 홀로 살아간다.

새로운 삶을 시작하면 역할과 책임이 따라온다. 동시에 이전 모습은 내려놔야 한다. 결혼하는 사람은 자유롭게 혼자 지내던 시간과 작별한다. 졸업생은 설렘 가득하던 학창 시절을 마무리한다. 신앙의 길을 택한 사람은 생활 방식을 바꾼다. 배우자를 떠나보낸 사람은 새로운 일상을 받아들인다. 이런 의식은 우리 삶의 변화를 기념하고, 때로는 축하하며, 특히 장례식은 마음속 깊은 상처를 달래준다. 이런 의식을 치르며 앞선 세대도 같은 길을 걸어왔음을 깨닫고, 새로운 삶이 시작됨을 주변에 자연스럽게 알린다.

우리는 심리적 함정에서 벗어나는 과정에 한 가지 치유 의식을 따를 것이다. 의식의 형태는 각 함정의 특성에 맞게 달라진다. 이 의식은 지금까지 우리 삶을 지배한 무의식적 계약과 작별하고, 더 평화롭고 행복한 미래로 나아가게 돕는다. 이 치유 의식은 마음을 자유롭게 할 뿐 아니라, 엄마에서 딸로 이어진 마음의 사슬을 풀어주는 일이다. 우리는 대대로 이어온 익숙한 틀에서 벗어나며 비로소 착한 딸이라는 이름을 내려놓고 자신의 길을 걷는 한 사람으로 선다. 이렇게 시작된 작은 변화는 가족 내 모든 여성에게도 새로운 삶의 가능성을 열어줄 것이다.

불충분함의 함정에서 벗어나는 치유 의식

- 조용한 시간, 편안한 공간을 마련한다. 숨을 5초 동안 천천히 들이마시고, 10초 동안 내쉰다. 이 호흡을 세 번 반복하며 마음을 비운다.
- 마음을 가라앉히고 의미 있는 장소를 떠올린다. 평화로운 기도실이 될 수도 있고, 달빛이 스미는 정원이나 파도 소리가 들리는 해변이 될 수도 있다. 이 순간을 특별하게 만들어줄 곳이면 어디든 상관없다. 촛불을 밝히거나 고요한 음악으로 마음을 열어도 좋다. 자신만의 방식으로 이 시간을 준비한다.
- 고요한 마음으로 내면의 성찰이 이뤄질 자리에 선다. 그곳에는 지금껏 알아채지 못한 무의식적 계약이 놓였고, 곁에는 새로운 길을 위한 다짐이 있다.
- 이 의미 있는 자리에서 엄마와 마주한다. 엄마 뒤에는 엄마의 참된 자아가 서서 엄마를 지지한다. 내 뒤

에도 나의 참된 자아가 나를 보살핀다. 두 참된 자아는 나와 엄마의 겉모습과 속마음을 알고 받아들인다. 그들은 나와 엄마 안에 있는 소녀의 마음과 성숙한 여성의 지혜를 품고 있다. 두 참된 자아는 낡은 계약을 파기하는 것이 서로의 성장에, 대대로 이어진 아픔의 고리를 끊는 데 필요한 일임을 안다.

- 엄마와 마주 앉아 이야기하듯 마음속으로 다음 말을 전한다(이는 예시일 뿐, 마음에 와닿는 말로 바꿔도 좋다).

  무의식적 계약 파기 "엄마, 이제 내 삶의 주인으로 살아가려 해. 엄마의 가치를 증명하려고 나를 부족하다고 여기던 오랜 계약에서 벗어나려 해."

  선언 "나는 이대로 충분해. 엄마에게 인정받으려고 애쓰거나 내 가치를 엄마의 눈으로 재지 않을 거야."

  핵심 신념의 전환 "엄마, 난 고칠 필요가 없는 온전한 사람이야. 부족한 것도, 채워야 할 것도 없어. 내 모습을 있는 그대로 받아들이기로 했어."

  의식적 진실의 수용 "우리는 각자의 길을 걷는 사람이야. 엄마도, 나도 사랑받기 위해 달라질 필요 없어. 서로의 행복을 바라지만, 서로의 삶을 판단할 순 없지. 우리에겐 기쁨도, 아픔도 있을 거야. 엄마의 길이 있고, 내 길이 있어. 이제 서로를 판단하지 않고, 이해하고 신뢰하는 사이가 되고 싶어."

- 마지막으로 마음 깊은 곳에서 오래된 계약을 모두 풀어낸다. 그 계약을 찢어 정화의 불꽃 속에 던지고, 새로운 다짐을 마음에 새긴다.

치유 의식이 처음에는 어색하고 부자연스럽게 느껴질 수 있다. 때로는 이런 과정이 쓸데없어 보일지 모른다. 그래도 이 시간을 가져보자. 지금 우리는 서로를 탓하고 반응하는 낡은 패턴에서 벗어나 새로운 관계로 나아가는 중이다. 이 새로운 깨달음으로 돌아올 때마다 문제의 핵심을 직면하고, 우리를 묶어온 왜곡된 신념과 무의식적 계약의 뿌리를 흔들 수 있다.

새로운 의식으로 엄마와 관계 다루기

처음에는 이런 깨달음을 일상에서 실천하기가 쉽지 않다. 생존의 뇌는 '나는 부족한 존재'라는 생각으로 돌아가려 한다. 새로운 의식이 자리 잡아 왜곡된 신념을 완전히 대체할 때까지 꾸준한 노력이 필요하다. 특히 엄마를 마주하는 순간에 어려움을 겪을 수도 있다. 소용없다는 것을 알면서도 여전히 엄마의 인정을 바라고, 내면에서 찾아야 할 평화를 자꾸 외부에서 찾으려 한다. 끝없는 인정 추구에서 벗어나려면 자신을 있는 그대로 받아들여야 한다. 다음 연습이 도움이 될 것이다.

마음과 몸 알아차리기 연습

자신의 모습을 있는 그대로 마주할 때, 자기 수용이 시작된다. 이는 우리가 원하는 순간에 언제든 마음의 평화를 얻을 수 있다는 뜻이다. 엄마의 날카로운 비판이 마음을 찌를 때 다음과 같이 해보자.

- 생각의 영역에서 벗어나 몸의 감각으로 주의를 옮긴다. 아픔이 어느 부위에서 느껴지는지 살펴본다. 배를 맞은 것 같은가, 얼굴이 화끈거리는가, 숨이 막히는가? 이 느낌이 단순한 생각이 아니라, 몸이 실제로 경험하는 감각임을 알아차린다.
- 몸의 어느 부분이 굳고 움츠러드는지 살펴본다. 이는 우리 몸이 위험을 감지했을 때 자신을 보호하려는 자연스러운 반응이다.
- 긴장된 곳에 온전히 주의를 기울여 따뜻한 호흡을 보낸다. 이 순간 나는 안전하다. 몸의 긴장을 풀고 부드럽게 이완하며 모든 것을 내려놔도 좋다.
- 마음속에서 점점 작아지다가 희미하게 사라지는 엄마의 모습을 바라본다. 엄마의 존재가 멀어질수록 상처 주는 말이 끼치는 영향도 약해져서 마침내 담담히 바라볼 수 있다. 나는 온전하고 독립된 존재다.

- 이 과정을 필요할 때마다 반복한다. 엄마에 대한 익숙한 반응으로 돌아가려 할 때, 몸에 방어적 긴장이 있는 곳을 찾아 따뜻한 마음을 보내고 호흡과 함께 안전한 기운을 전한다. 몸은 시간이 지남에 따라 이런 방어 반응에서 벗어나는 법을 익힌다.

투사와 격한 감정 다루기

자기 수용의 토대가 단단해지면 엄마의 날카로운 반응이 다르게 보인다. 우리는 엄마가 내게만 보이는 예민한 반응과 날 선 비판을 받은 적이 있다. 이런 반응 이면에는 대개 엄마가 마음에 오래 품어온 상처가 있다. 엄마가 특정 주제에 격한 감정을 보이면 이성적인 대화가 불가능한 지점에 이르렀다는 신호다.

 엄마의 반응을 더 깊이 살피면 말의 내용 너머에 있는 게 보인다. 떨리는 목소리와 굳은 몸짓, 갑작스러운 침묵. 이런 순간에 엄마는 내면이 흔들려 투쟁과 도피를 오가고 있다. 엄마는 해결하지 못한 상처를 마주하거나 피하는 중이다.

 이 순간을 이해하면 우리 마음도 한결 가벼워진다. 무가치하거나 잘못된 존재가 된 듯한 느낌은 엄마의 상처가 우리에게 드리운 그림자다. 과거의 아픔에 흔들린 엄마의 마음이 우리를 비추고, 우리는 그 감정의 출구가 됐다. 이렇게 엄마가 풀지 못한 마음의 매듭이 우리 삶으로 이어진다.

다음 질문을 통해 엄마에게 받은 투사의 흔적을 구체적으로 살펴보자. 자신의 경험과 일치하는 것이 있는가?

- 체중이나 외모에 대해 엄마가 반응할 때마다 나 자신을 형편없고 부족한 사람처럼 느끼지 않는가?
- 성 정체성에 대한 엄마의 시선이 나를 비정상적이고 부적절한 존재로 만들지 않는가?
- 엄마가 청결에 집착하는 말이 나를 깨끗하지 못한 사람처럼 느끼게 하지 않는가?
- 계층과 경제력, 교육에 대한 엄마의 태도가 나를 교양 없고 부족한 사람으로 만들지 않는가?
- 종교와 도덕성에 대한 엄마의 기준이 나를 죄책감 속에 살게 하지 않는가?
- 일과 돈에 대한 엄마의 평가가 나를 게으르고 무능한 사람으로 규정짓지 않는가?
- 관계에 대한 엄마의 걱정이 나를 사랑받을 자격이 없는 사람으로 만들지 않는가?

이런 내면의 진실과 마주하는 일은 고통스럽지만, 의미 있는 과정이다. 지금 우리는 오랫동안 마음에 스며든 투사라는 독을 끌어내는 중이다. 이 독은 엄마가 감당하기 힘들어 무의식적으로 우리에게 넘긴 감정이다. 독을 치유하기 위해서는 그 실체를 분명히 알아야 한다. 여기서 중요한 깨달음은 우리가 느끼는 모든 감정이 온전히 우리 것은 아니라는 사실이다. 때로 다른 이의 아픔이 우리 감정으로 위장해 들어오기도 한다.

이런 이해는 우리에게 새로운 시선을 열어주지만, 현실에서 우리 마음은 여전히 흔들린다. 엄마가 민감한 주제로 우리를 평가절하 할 때면 본능적으로 엄마를 설득하거나 바꾸고 싶다. 하지만 이것이 우리가 마주해야 할 진실이다. 엄마는 자신의 상처가 우리에게 끼치는 영향을 알아차리지 못한다. 그렇기에 엄마의 오래된 상처와 민감함을 해소하려는 모든 시도는 실패할 수밖에 없다. 더구나 우리가 엄마의 마음을 바꾸려는 노력은 또 다른 방식으로 엄마에게 인정을 구하는 일에 불과하다.

이제 새로운 길을 찾아야 한다. 엄마의 시선에서 자유로운 공간에서 다음 단계 작업을 시작하자.

- **투사 해소를 위한 연습**
  - 지금까지 이해를 바탕으로 엄마가 우리에게 한 비판의 목록을 작성한다.
  - 엄마가 우리에게 상처 주고 잘못된 존재처럼 느끼게 만든 순간을 조용히 떠올린다.

- 그 기억이 선명해지면 우리와 엄마 사이에 투명한 보호막이 서서히 내려온다고 상상한다. 이 보호막은 우리를 향해 투사되는 모진 말에서 지켜준다.
- 안전한 경계 너머로 엄마를 바라본다. 자연의 생명체를 관찰하듯 평온한 마음으로. 이제 우리는 상처 받는 대상이 아니라 그저 바라보는 사람이다. 엄마의 격한 감정 표현도 우리에게 닿지 않는다. 엄마의 날카로운 말도 우리를 흔들지 못한다. 우리는 차분히 중심을 지킬 수 있다.
- 한 걸음 더 나아가 이 보호막이 모든 것을 비추는 거울이 된다고 상상한다. 엄마가 우리에게 투사하려는 것, 예를 들어 "넌 형편없어" "넌 부족해" "넌 실패자야"와 같은 말이 모두 반사된다. 이렇게 투사된 감정은 본래 주인에게 되돌아간다.

엄마와 대화

엄마와 깊은 대화를 나누기 망설여질 때가 있다. 이런 민감한 주제로 엄마와 대화하지 말라는 뜻은 아니다. 서로 충분한 신뢰가 쌓였고, 대화가 어떤 방향으로 흘러가도 받아들일 준비가 됐다면 엄마의 경험을 듣는 것도 의미 있는 시도다. 엄마가 자신의 이야기를 하고 우리가 진심으로 들으면, 특정 주제에 대한 엄마의 격한 반응도 조금씩 누그러질 수 있다. 이때 논리를 따지거나 엄마 생각을 바꾸려 하지 말고, 있는 그대로 이해하는 관계를 만드는 것이 중요하다.

이런 대화를 시도하고 싶다면 서로 마음이 편한 때를 골라 말해보자. "엄마, 내가 궁금한 게 하나 있는데. 엄마는 결혼하기 전에 조신하게 지내야 한다, 돈도 미리 모아야 한다, 공부도 열심히 해야 한다고 하잖아. 그게 엄마한테 왜 중요한지 궁금했어. 혹시 그런 것에 대해 엄마의 특별한 이야기가 있어?"

진정으로 귀 기울이고 공감하는 순간이 쌓일 때, 엄마를 바꾸거나 뭔가 입증하려 들지 않을 때, 엄마의 굳은 마음이 조금씩 열리는 것을 느낄 수 있다. 이런 과정에 엄마의 마음 깊은 곳에서 움직이는 진짜 이유를 알게 될지도 모른다. 하지만 이런 대화의 진정한 의미는 단순히 엄마를 이해하는 데 있지 않다. 엄마가 과거 경험 중에 아주 작은 부분만 보여준다 해도, 엄마가 보이는 반응이 상처에서 비롯됐음을 깨닫는 데 있다. 엄마가 자신의 이야기를 할 때, 더는 우리 삶과 뒤얽힌 이야기가 아니라 엄마의 고유한 경험으로 자리 잡는다. 우리가 이를 받아들이면, 엄마의 이야기를 듣는 일은 우리에게 필요한 새로운 시각을 준다. 이를 통해 엄마와 엄마의 반응을 우리와 별개로 보고, 엄마의 평가에 휘둘리지 않을 수 있다.

새로운 의식 수준으로 마주하는 비판의 순간

의식 수준이 높아져도 여전히 불편한 순간을 마주하게 된다. 이때는 어떤 식으로 대응해야 할까?

답은 엄마와 관계 방식을 새로 정립하는 데 있다. 독립된 성인으로 성장한 우리는 모든 선택과 그 이유를 엄마가 이해하고 동의하기를 기다릴 필요가 없다. 다음 세 가지 사실을 명확히 하는 것으로 충분하다.

첫째, 이것은 내가 선택한 길이다.
둘째, 이 결정은 온전히 내 몫이다.
셋째, 이 문제는 더 논의가 필요치 않다.

우리는 자신을 방어하려 할 때마다 무의식적으로 엄마에게 삶의 주도권을 내준다. 하지만 삶을 결정할 권한은 오직 우리에게 있다. 그 결정이 옳고 그름은 중요하지 않다. 그 결정이 우리의 선택이라는 점이 중요하다.

이런 생각은 이론으로 분명해 보이지만 현실은 다르다. 우리의 선택에 끊임없이 의견을 내고, 질문하고, 삶에 관여하려는 엄마 앞에서 이 원칙을 지키기는 쉽지 않다. 여기서 우리가 선택하는 언어에는 다음 원칙이 필요하다.

첫째, 능동적이고 목적이 분명하며 의도가 명확한 언어를 사용한다.
둘째, 자신에게 아무런 문제가 없으며 고칠 필요도 없다는 점을 분명히 한다.

우리가 할 말은 아주 간단하다. "나는 [ ] 하기로 했어"라고 하면 충분하다. 이런 대화가 실제 상황에서 어떻게 이뤄지는지, 왜 효과적인지 구체적인 예시로 살펴보자.

엄마가 원치 않는 조언을 할 때
"엄마, 내가 [새 차를 사야 한다고 /   ] 생각하는 거지? 차가 좀 오래되긴 했지. 근데 지금은 내 결정대로 할게. 그 선택이 잘한 결정이든 아니든."
  엄마가 자신의 관점을 계속 주장하면 이렇게 말하자.
"엄마 마음도 이해해. 근데 나는 [   ] 하기로 했어."
대화의 의미   이런 대화를 시작하기로 마음먹었다면 단순한 의견 교환이 아니라, 우리 삶의 주도권을 확인하는 순간이다. 우리가 삶을 결정할 수 있는 독립된 존재임을 보여주는 중요한 선언이기도 하다. 여기서 엄마의 허락을 구하거나 승인을 받는 게 핵심이 아니다. 엄마의 조언이 옳은지 그른지 따지려는 것도 아니다. 우리가 내린 결정을 차분히 전달하는 것뿐이다.

엄마가 마음 상하는 말을 할 때

"엄마, 그런 말은 마음이 아프네."

대화의 의미   엄마의 공격적인 말에 방어하거나, 더 큰 의미를 부여하지 않는다. 그 상황의 감정적 무게를 엄마에게 돌려주는 것뿐이다. 때로는 침묵이 효과적일 수 있다. 이는 엄마가 말에 숨긴 적대성을 자연스럽게 드러낸다. 우리 의도는 자신을 보호하거나 엄마의 행동을 통제하는 데 있지 않다. 엄마가 말에 숨긴 감정을 스스로 깨닫게 하는 것이다.

엄마가 원치 않는 일을 요구할 때

"엄마 마음 충분히 이해해. 그래도 이번엔 내가 생각한 방식으로 해보고 싶어."

대화의 의미   엄마 의견을 존중해 경청하고 있음을 보여주되, 자신의 선택권을 분명히 하는 것이다.

엄마가 나와 배우자의 결정에 개입하려 할 때

"엄마, 아직 ㅇㅇ랑 이 문제를 제대로 얘기하지 못했어. 우리가 결정하고 나서 알려줄게." "엄마, ㅇㅇ랑 먼저 얘기하고 우리한테 맞는 방법을 찾아볼게. 정해지면 말할게."

대화의 의미   이 상황에서 나와 배우자만 결정할 권한이 있다는 점을 분명히 하는 것이다.

엄마와 의견이 다를 때

"우리 생각이 좀 다르네. 엄마 의견 잘 들었어. 내 생각이 바뀌면 그때 다시 얘기할게."

대화의 의미 자기 입장을 방어하거나 상대를 설득하려 하지 않는다는 점이 중요하다. 독립된 성인으로서 의견이 다를 수 있음을 인정하는 것이다. 엄마 관점을 따르라는 압박에 굴복할 필요도, 엄마 생각이 틀렸다는 것을 증명할 필요도 없다.

이런 대화 방식은 성숙한 의식 수준에서 비롯된다. 이는 독립적이고 온전한 사람으로서, 자기 삶에 결정권을 가진 존재로서 태도를 보여준다. 우리는 책임감 있는 성인으로서 자유롭게 선택할 수 있다.

자신을 억누르는 습관에서 벗어나기

불충분함의 함정에서 벗어나는 것은 단순히 엄마와 관계 개선을 넘어선다. 이는 타인과 관계, 우리를 둘러싼 세상, 삶을 대하는 관점의 근본적인 전환이며, 궁극적으로 자신을 대하는 태도를 바꾸는 것이다. 그러려면 엄마의 부정적 영향에서 자신을 보호하기 위해 오래된 방어기제를 해체해야 한다. 흔히 나타나는 두 가지 습관을 살펴보자. 이 습관은 밀접하게 연결된다.

나는 부족하다고 여기는 습관 1_ 다른 사람 앞에서 자신을 깎아내리기

타인의 평가가 두려워 자신을 깎아내리지 않는가? 자신감 넘치는 모습이 혹여 불편하게 비칠까 봐 이룬 것과 장점을 의도적으로 숨기지 않는가? 엄마가 우월함을 과시하는 태도가 얼마나 불편하게 하는지 알기에 그 반대로 달아나지 않는가?

자기 비하나 물러서기는 우리가 어린 시절에 어쩔 수 없이 선택한 생존 전략이다. 그 방식은 우리가 원치 않는 대우를 받게 만드는 습관이 됐다. 우리가 자신을 대하는 방식은 내면의 자아상이나 외부와 관계에 지대한 영향을 끼친다. 자기 비하로 타인의 마음을 누그러뜨리려고 애쓰는 동안 무의식중에 '나를 낮춰도 괜찮다'는 메시지를 보내는 것이다.

나는 부족하다고 여기는 습관 2_ 칭찬을 받아들이지 못하는 마음

누군가 외모를 칭찬하거나 성과를 인정할 때, 그 말을 슬쩍 피하거나 의미를 축소하지 않는가? 이는 엄마와 관계에서 받은 상처가 다른 관계에도 은밀하게 반복되는 모습이다.

우리는 만나는 모든 사람의 얼굴 뒤에서 엄마의 그림자를 본다. 그들도 나를 깎아내리고, 내 성취를 못마땅해하며, 자부심을 보이는 순간 나를 단숨에 낮출 거라고. 이렇게 엄마와 관계에서 익혀온 감정의 춤을 다른 관계에서도 춘다.

이런 습관은 다른 사람의 얼굴에서 엄마의 모습을 발견할 때 시작된다. 자신을 낮추기는 엄마의 행동을 무의식적으로 정상화해서 자연스럽게 받아들이려는 마음의 속삭임인지 모른다. 그래야 아픔이 덜 느껴지니까. 하지만 누가 우리의 빛나는 모습을 견디지 못할지 아무도 모른다. 모든 사람이 그렇지 않은 것은 분명하다. 우리의 성장을 품지 못하는 이들과는 적당히 거리를 두는 편이 낫다. 그들과 마주해야 할 때가 와도 이제 우리는 그 상황을 다룰 단단한 마음이 있다.

나만의 삶 만들어가기

불충분함의 함정에서 벗어나는 순간, 마음속에 커다란 해방감이 밀려온다. 드디어 마음껏 숨 쉴 자유를 얻고, 진짜 내 모습으로 살아갈 수 있게 된 것이다. 문득 이런 생각이 든다. 진짜 내 모습으로 산다는 건 뭘까?

지금까지 우리는 엄마의 안위를 살피는 데 맞춰 살았다. 그 중심이 흔들리면서 자신이 무엇을 향해 나아가야 할지 알 수 없는 공허감이 찾아온다. 방향을 잃고 표류하는 듯한 감각은 우리를 다시 익숙한 불충분함의 함정으로 이끌 수 있다.

이런 퇴행을 막으려면 마음의 변화가 생생한 지금, 이를 새로운 의식에 확실히 자리 잡게 해야 한다. 이는 우리의 몸과 일상적 습관, 장래의 꿈에 이르기까지 모든 영역에서 적극적인 변화를 만들어가는 것을 뜻한다. 바꿔 말해 이 모든 것을 현실로 만들어갈 때다.

몸으로 체득하기

인정받고 싶을 때, 우리 몸은 스스로 작아지는 법을 알고 있다. 중심이 한쪽으로 기울며 체중이 한 다리로 쏠리고, 무의식적으로 팔이 가슴 앞에서 맞닿으며 자기 몸을 감싸안는다. 고개를 숙이고 시선만 올리는 모습은 우리가 오랜 시간 배워온 순응의 언어다. 평등한 관계를 말해주는 눈 맞춤을 피하는 것도 그런 마음의 흔적이다. 이런 몸의 기억은 물러서서 미안한 듯 웅크린 자세를 만든다. 이는 자신과 타인에게 '나는 불안정하고, 순종적이며, 작은 존재'라는 메시지를 조용히 전한다.

 우리 몸에 새겨진 기억을 바꾸기 위해 기본이 되는 자세는 다음과 같다. 먼저 두 발에 체중을 고르게 싣는다. 그 자리에 흔들림 없이 서서 자신의 무게를 온전히 느낀다. 발바닥이 땅으로 뿌리내리는 상상을 한다. 팔은 몸 옆으로 자연스럽게 내리고, 자기 몸을 감싸안으려는 습관도 잠시 내려둔다. 두 팔을 최대한 넓게 벌리고 들어 올린다. 발도 넓게 벌리고 체중의 균형을 잡아 불가사리 모양을 만든다.

 심리학자 에이미 커디(Amy Cuddy)가 연구한 '불가사리 자세'는 우리 몸이 자연스럽게 취하는 움츠러든 자세를 바로잡아준다. 이는 '자신의 두 발로 온전히 서 있다'는 의미를 몸으로 표현하는 것이다. 이런 자세는 우리 뇌에 자신감과 안정감, 열린 마음을 전달한다. 아침에 하루를 시작하며, 자기 존재 가치를 다시 확인하고 싶을 때 이 자세를 떠올리면 좋다. 자신의 공간을 차지하고 그 자리에 단단히 뿌리내리기는 우리가 잃어버린 본연의 힘을 되찾는 시작이다.

나만의 공간 만들기

많은 착한 딸이 그렇듯, 옷차림과 공간에서 엄마의 취향이 어디까지고 내 취향은 어디서부터인지 구분하기 쉽지 않다. 우리의 미적 선택은 엄마의 의견에 맞췄거나, 자기 스타일을 찾아볼 기회조차 없었는지 모른다. 엄마는 의견도 묻지 않고 "네게 필요할 거야"라며 건네준 물건으로 우리 공간을 채웠다. 이 모든 것을 분명히 마주하고, 우리 취향과 선택을 찾아갈 때다. 이는 단순한 정리가 아니라, 우리 모습을 찾아가는 과정이다.

■ 나다운 것 찾기 연습

우리 내면 깊숙이 잠든 무의식의 속삭임을 듣기 위해 '나다운 것 찾기' 연습을 해보자.

- 정리는 좁은 공간에서 시작한다. 장식품을 살필 때는 방 하나를, 옷을 정리할 때는 옷장 한 구역을 정해 마음의 준비가 되는 대로 천천히 진행한다. 손끝으로 각각의 물건을 느끼며 그것이 내 마음을 담고 있는지, 엄마의 흔적을 품고 있는지 살펴본다. 깊은 고민은 잠시 내려두고 단순히 '이 물건이 나다운지, 나답지 않은지' 생각한다. 직감적으로 나답지 않다고 느껴지는 물건은 옆으로 치운다. 무거워서 옮기기 힘든 물건은 스티커로 표시한다. 이런 식으로 선택한 공간을 살펴보되, 원한다면 집 전체로 넓혀간다. 첫인상을 믿고 한 걸음씩 나가되, 마음이 무거워질 때는 잠시 쉰다. 결정이 서지 않는 물건은 잠시 그대로 두고 다음으로 넘어간다. 나중에 언제든 돌아볼 수 있다.

- 내면의 목소리가 '나답지 않다'고 한 물건을 익숙한 자리에서 빼내 새로운 공간에 모아둔다. 우리 마음은 이렇게 물리적 거리를 두기만 해도 더 선명한 눈으로 바라볼 수 있다. 며칠 뒤 그 물건을 다시 마주한다. 이제 어떤 감정이 드는지 살펴본다. 문득 손길이 가는 것은 무엇인지, 그리움이 깃든 물건은 무엇인지 느껴본다. 의무와 책임이라는 이름으로 붙잡고 있는 물건은 없는지, 지금 잠시 멀어진 물건인지 아니면 처음부터 내 삶에 어울리지 않았는지 마음의 눈으로 바라본다.

- 다음 단계로 나가기 전에 잠시 호흡을 고르며, 이 물건이 우리 마음에 일으키는 파동을 느껴본다. 물건 하나에도 수많은 감정이 켜켜이 쌓였으니, 그 의미를 읽는 시간이 필요하다. 여전히 가치 있는 물건이라면 새로운 주인을 만날 수 있도록 기부한다. 아직 마음이 흔들린다면 그 역시 자연스러운 과정이다.
- 망설임이 남은 물건은 상자에 담아 시선이 닿지 않는 곳으로 옮긴다. 한적한 방구석에 천을 덮어두는 것으로 충분하다. 물건을 일상에서 잠시 비켜두는 것은 그 물건이 마음에 드리우는 그림자에서 벗어나 새로운 공간을 경험하는 시작이 된다.
- 시간의 흐름에 맡겨둔 물건을 6개월 뒤 다시 마주하며 그 향방을 고민한다. 이 순간에도 여러 갈래 선택이 있다. 마음속 울림은 여전하나 일상의 공간까지 내주기는 망설여지는 물건은 사진으로 남긴다. 기억은 이미지로 간직하고 물건은 중고품 가게에서 새 주인을 만나게 하면 우리 삶에서 비운 공간이 누군가의 삶에 새로운 의미로 채워진다.

우리가 알아차리지 못해도 우리를 둘러싼 모든 환경 요소는 심리적 에너지 흐름에 영향을 준다. 엄마의 영향력이나 지나친 밀착 관계를 떠올리게 하는 물건에 둘러싸여 있다면, 우리 마음은 그 존재만으로 무거워진다. 반면 깨끗하고 열린 공간은 새로운 삶의 가능성을 열어준다. 다음 단계로 넘어가자.

■ 나만의 비전 만들기 연습

13세기 페르시아 신비주의 사상가이자 시인 메블라나 잘라루딘 루미가 말했다. "진정으로 사랑하는 것이 이끄는 묘한 끌림에 조용히 몸을 맡겨라. 그것은 결코 그대를 잘못된 길로 이끌지 않으리라. 그대가 찾는 것 또한 그대를 찾고 있노라." 새로운 삶에서 원치 않는 것을 분명히 알았으니, 진정 원하는 것을 찾아 나설 때다. 우리의 소망을 알지 못하면 그 빈자리를 엄마에 대한 의무감이 채울 것이다. 여행, 지리, 사진, 공예, 예술, 요리, 자연 등 주제가 마음을 끄는 잡지를 모아보자.

- 잡지를 빠르게 넘기며 마음의 문을 연다. 이성의 개입이나 자기 검열 없이 오직 내면의 끌림대로 이미지를 수집한다. 이 과정에서 자기 비교나 평가의 함정에 빠지지 않는 게 중요하다. 저 모델처럼 돼야 한다는 강박에서 벗어나기 위해 패션·뷰티 잡지는 한 권으로 제한한다. 각각의 이미지 앞에서 질문은 하나. '내 마음이 움직이는가, 움직이지 않는가?' 그 순간의 떨림에 집중한다. 끌림인지, 거부감인지, 아무런 울림도 없는지. 마음이 스르르 다가가는 이미지만 간직한다. 이성이 아니라 내면의

속삭임을, 머리가 아니라 가슴의 반응을 믿는다.
- 모은 이미지를 조용히 마주하며 그 속에 숨은 내 모습을 찾아본다. 이 순간은 판단을 내려놓고, 그 이미지가 속삭이는 진짜 내 모습과 내면의 바람에 귀 기울인다.
- 내가 그리는 삶을 담은 이미지를 자주 볼 수 있는 곳에 붙인다. 일기장이나 노트에 옮겨 적어도 좋다. 날마다 시선이 머무는 곳에서 내 안의 꿈을 조금씩 키워간다.

엄마가 마주하지 못한 것과 마주하기

불충분함의 함정은 엄마의 내면에서 시작됐다. 엄마는 자신의 공허함과 부족함을 마주하는 대신, 특별해지거나 인정받고 싶고 늘 옳아야 한다는 욕구를 우리에게 투사했다. 이제 우리는 엄마가 자신의 상처를 감추면서 우리를 아프게 했음을 안다. 지금이 엄마도 마주하지 못한 두려움과 맞설 때다. 우리는 준비됐다. 그 상처의 본질을 이해하고, 심리적 장벽을 무너뜨릴 힘도 생겼다. 이것이 진정한 내면의 힘이다. 엄마의 한계를 이해하고 우리 힘으로 바꿀 때, 우리는 더욱 성장할 수 있다.

과거의 상처를 성장의 발판으로 만들기

평생 엄마를 삶의 중심축으로 살다 보면 자신의 단단한 정체성을 발견할 기회를 놓치기 쉽다. 이런 상황은 우리 내면에 특별한 흔적을 남긴다. 상담실에서 많은 내담자가 설명하기 어려운 공허감과 깊은 외로움을 토로한다. "나를 진정으로 행복하게 하는 것이 뭔지 모르겠어요. 누군가를 돌보지 않으면 내가 누구인지도 알 수 없을 것 같아요." 오랫동안 엄마의 문제를 걱정하며 지낸 삶에서 벗어나면 그 빈자리를 메우려고 건강하지 않은 방법을 찾게 된다.

이런 순간은 치유 과정에서 자연스럽게 마주한다. 감정의 혼란은 진정한 자아를 찾아가는 여정의 시작을 알리는 신호다. 건강하지 않은 습관을 인식하고, 자기 돌봄의 새로운 길을 선택할 때다.

치유의 여정을 시작하기 위해 공허한 내면을 채우려고 무의식적으로 시도하는 익숙한 방식을 살펴보고, 건강한 대안을 찾아야 한다. 다음 실천 방법을 찬찬히 살펴보자.

1. 비교하는 마음 내려놓기 : 타인과 자신을 비교하려는 순간을 알아차리고 멈춘다. 자신을 깎아내리기는 불편한 습관일 뿐이다. 남과 비교하는 대신 자기 목표를 다시 본다.

2. 공허한 내면과 마주하기 : 명상하듯 고요히 앉아 공허한 내면을 바라본다. 불편해도 이 시간은 뜻밖의 선물이 된다. 공허함 아래 어떤 감정이 있는지 살펴본다. 때론 공허함이나 무감각이 슬픔과 분노, 실망을 가린다. 이런 감정이 드러날 때, 있는 그대로 바라본다. 감정을 인정하면 그동안 억눌린 마음을 자연스럽게 풀 수 있다.

3. 권태의 시간 견디기 : 지루함을 견디지 못하고 음식이나 술, 험담 등 건강하지 않은 방식으로 도피하고 싶을 때가 있다. 이런 순간에는 이 감정도 지나간다는 것을 기억한다. 고요히 앉아 깊은 호흡을 하며 지루함이 오가는 모습을 지켜본다. 지루함은 내면의 진정한 바람이 모습을 드러내기 전의 신호다. 이 감정을 충분히 견디면 도피 대신 자연스러운 욕구가 떠오른다. 모든 빈자리는 채워지게 마련이다.

4. 고독과 마주하기 : 홀로 있는 시간을 판단하거나 두려워하지 말고 받아들인다. 자기 돌봄을 맨 앞에 두고 삶의 의미를 외부에서 찾으려는 습관에서 벗어난다. 혼자 있는 것이 불안할 때는 이렇게 생각한다. '이 시간은 억눌린 내면의 소리를 들을 수 있는 고요한 순간이다.'

우리가 마주하는 공허함의 진정한 의미

우리 삶에서 늘 스쳐 지나갔지만, 미처 알아채지 못한 비밀 하나를 공유하고자 한다. 우리가 느끼는 공허함은 새로운 가능성을 향한 심리적 준비 상태일 수 있다. 내면에 빈 곳이 있기에 진정으로 원하는 것을 알아차릴 수 있고, 그것을 받아들일 여유도 생긴다. 반대로 모든 것을 가진 듯 가장하는 순간, 성장과 변화의 기회를 놓친다. 이는 지금까지 우리가 배워온 삶의 방식과 전혀 다른 깨달음이다. 엄마는 불충분함의 함정에서 무의식적으로 거짓된 삶의 모습을 보여줬다. 채워지지 않는 내면의 욕구를 인정하지 못한 채, 그 공허함을 숨기기 위해 특별한 사람인 척 가면을 쓴 것이다. 이제 우리는 가면이 필요없다.

내면의 결핍을 인정하기 위해서는 자신을 있는 그대로 드러내는 용기가 필요하다. 현대사회의 소비 체계는 부족함을 감추려는 본능적 욕구를 기반으로 움직인다. 우리가 입는 옷, 사는 집, 타는 차, 소셜 미디어에 올리는 게시물은 '나는 부족함이 없다'는 메시지를 전달하기 위해 세심하게 연출한 것이다.

"보세요, 저는 완벽한 삶을 살고 있어요!" 물론 충만한 삶 자체는 전혀 문제가 되지 않는다. 진짜 문제는 공허한 내면을 인정하지 못하고 가득 찬 겉모습을 보여주려 애쓰는 데 있다. 충만함과 공허함의 순환은 삶의 자연스러운 리듬이다. 우리는 새로운 경험으로 채워지고, 그것을 온전히 받아들이고, 다시 비운 뒤에 새것을 채우고 싶어 한다. 이렇게 채우고, 비우고, 다시 채우는 것이 삶의 본질적인 흐름이다.

여기서 자신의 고유한 삶의 목적을 발견하고 그것을 향해 나아감으로써, 삶을 진정 의미 있는 것으로 채우는 게 중요하다. 인간은 뭔가에 이바지하고자 하는 근원적인 욕구가 있다. 이것이 우리를 긴 시간 지탱하는 힘이 된다. 우리의 공허함을 채우고 삶의 의미를 느끼게 해주는 것은 자신보다 큰 무엇을 돌보고 그것에 이바지하는 경험이다.

초심자의 마음으로

제인 폰다(Jane Fonda)가 한 말이 깊은 울림을 준다. "흥미로운 존재보다 호기심 많은 존재가 돼라." 단순한 조언을 넘어 삶의 진실을 담은 말이다. 우리가 자신을 완벽하다고 여기는 순간, 배움과 성장은 멈춘다. 그래서 우리는 지금 이대로 충분하다고 믿으면서도 늘 배우는 자세로 살아야 한다. 겸손한 마음으로 배움의 길을 걸으며 그 과정에서 마주치는 여러 갈래 길을 열린 마음으로 받아들일 때, 삶이 더욱 풍요로워진다. 목표나 결과에 집착하지 않고 과정을 소중히 여기며 그 흐름에 푹 빠질 때, 일상의 모든 순간이 우리에게 가르침을 준다. 이는 우리가 부족해서가 아니라, 깊은 이해와 성장을 향한 자연스러운 여정이기 때문이다. 순간순간이 주는 기쁨에 마음을 열면 우리가 나아갈 길이 보인다. 새로운 가능성을 향해 마음을 열고, 지금 모습 그대로 인정하면서도 초심자의 겸손함을 잃지 않을 때, 우리는 현재에 단단히 뿌리내리며 끊임없이 성장할 수 있다.

불충분함의 함정에서 벗어난 삶

엄마는 타인의 가치를 깎아내림으로써 자신의 가치를 확인했지만, 우리는 다른 길을 선택할 수 있다. 자신을 있는 그대로 받아들일 때 흔들리지 않는 자기 가치가 생긴다. 여성의 본질은 창조적이며 확장적이다. 자녀 유무와 관계없이 우리는 뭔가를 만들고, 온전히 자랄 때까지 돌보며 함께 성장한다.

 우리가 키우는 것이 피와 살을 가진 생명이든, 소설 속 이야기든, 회사나 제품이든, 가치 있는 대의든, 우리의 공감 능력은 필요한 모든 것을 자연스럽게 이끄는 특별한 힘이 된다. 그동안 우리는 이 공감 능력을 주로 엄마의 끝없는 필요와 욕구를 충족하는 데 써왔다. 이 소중한 능력을 더 넓은 세상을 향해 펼쳐야 한다. 지금 이대로 충분한 우리가 세상에 진정으로 필요한 것이 무엇인지 살피고, 그곳에 우리다운 방식으로 이바지할 길을 찾아보자.

13

죄책감의 함정에서
벗어나기

"한 번이라도 엄마에게 '싫어'라고 말할 수 있다면.
그 한마디가 전쟁을 일으키거나 견딜 수 없는 침묵으로 이어지지 않는다면.
엄마의 실망한 표정을 마주하기가 두려워, 거절하고 싶을 때도
어느새 '그래'라는 말이 나온다. 엄마 마음에 작은 흠집이라도 날까
전전긍긍하다 보니, 내 마음은 접어둔 채 엄마 바람대로 따른다.
문득 의문이 든다. 이게 과연 내 삶인지,
엄마를 향한 죄책감의 연속인지."

죄책감의 함정에 갇혔을 때, 우리는 엄마의 필요에 휘말려 어디까지 엄마 영역이고 어디서부터 내 영역인지 그 경계마저 잃어버린다. 이제 우리는 몇 가지 중요한 사실을 알고 있다.

- 엄마의 의존적인 모습은 내면의 상처에서 비롯한 것이다. 엄마는 버림받는 것과 상실에 대한 두려움을 견디지 못해 자신만의 방어기제를 만들었다.
- 엄마는 이 방어벽이 흔들리지 않게 하면서 우리의 독립을 지지할 수 없었다. 그래서 우리가 성장해 독립하려 할 때마다 위협으로 받아들이고, 계속 불안하다는 신호를 보낸 것이다.
- 우리는 착한 딸이라는 굴레를 쓰고 엄마의 안위를 걱정하다 보니, 자신도 모르는 새 엄마의 모든 감정적 필요를 책임져야 한다는 무의식적 계약을 한다.
- 이 계약은 우리를 보이지 않는 감옥에 가둔다. 엄마에게 실망을 줄까 봐 온전히 자기 삶을 꾸려가지 못하고, 스스로 결정도 내리지 못한 채 갇혀 지낸다.

- 생존의 뇌가 엄마의 행복이 우리 책임이라고 속삭이기에, 우리는 이 함정에서 벗어나지 못했다.
- 이 굴레에서 벗어나려면 두 가지 일을 해야 한다. 엄마의 필요가 우선이라는 무의식적 계약 깨뜨리기, 자신을 먼저 생각하는 게 이기적이라는 왜곡된 핵심 신념 바로잡기다.

이 장은 '엄마에 대한 죄책감'이라는 무거운 사슬을 끊어내는 여정에 관한 이야기다.

나는 죄책감의 함정에 빠졌을까?

죄책감의 함정에 빠졌는지 확인하려면 성장기의 주요 전환점을 살펴보자. 모든 아이의 성장 과정에는 엄마에게서 자연스레 분리돼 독립해야 할 시기가 있다. 다음 각각의 시기에 지지를 받았는지, 어떤 제약이 있었는지 자신에게 물어보자.

- 학교 입학기 : 처음 학교에 갔을 때, 엄마와 헤어지는 순간 불안감이 너무 커서 학교 가기 두렵지 않았나? 혹은 특별한 원인 없이 배가 아프거나 머리가 아프다고 호소하지 않았나?

- 초등학생 시기 : 친구를 사귀기 시작한 때, 좋아하는 친구를 자유롭게 사귈 수 있었나? 아니면 엄마의 기준에 맞는 친구만 사귀어야 했나?
- 가족 관계 : 다른 가족과 관계에서 항상 엄마 편에 서야 한다는 압박감에 시달리지 않았나?
- 사춘기 이전과 청소년기 : 자신의 정체성을 찾아가기 시작한 때, 음악이나 옷, 방과 후 활동에서 취향을 자유롭게 발견하고 선택할 수 있었나? 아니면 엄마의 취향과 판단이 우선이었나?
- 성 정체성과 이성 관계 형성기 : 로맨틱한 감정이 싹트고 성 정체성을 발견한 때, 엄마가 내 성장을 지지했나? 아니면 내 변화를 불안해했나?
- 진로 선택과 독립기 : 대학 진학이나 직업을 선택할 때, 자유롭게 미래를 그려갈 수 있었나? 아니면 엄마의 바람이 내 선택을 압박했나?
- 성인기 삶의 중요한 선택 : 삶의 반려자를 선택하고, 직업 경로를 정하고, 종교적 신념을 형성하는 과정에서 내가 자유롭게 선택했나? 아니면 엄마의 가치관이 내 길을 크게 좌우했나?
- 삶의 주요 의식과 일상의 결정 : 결혼식 준비와 자녀 양육, 명절과 기념일을 보내는 방식에서 엄마가 모든 것을 주도하나? 아니면 내가 결정하나?

자신의 정체성을 찾아가는 여정에서 만나는 성장의 순간은 엄마와 딸이라는 친밀한 관계의 울타리를 넘어 더 넓은 세상으로 첫발을 내딛는 중요한 전환점이다. 이런 분리 과정은 어떤 모녀 사이에도 쉽지 않기에, 이 시기에 감도는 미묘한 긴장감은 자연스러운 것이다. 하지만 극단적인 대립이나 무조건적인 순응은 건강한 성장의 모습이라 할 수 없다. 이제 우리 내면에 자리 잡은 감정을 마주하며, 자신에게 다음 질문을 해보자.

- 지난 시간을 돌아보면 삶의 중요한 전환점마다 마음 한구석에 죄책감과 혼란스러운 감정이 올라온 적은 없나?
- 홀로서기를 시도할 때면 왠지 잘못된 선택을 하는 듯 불안감이 들지 않았나?
- 엄마의 마음을 아프지 않게 하려고 자신의 삶을 접어두거나, 엄마의 영향력에서 벗어난 모습을 감추려고 한 적은 없나?

이 질문에 하나라도 '그렇다'고 답하면 죄책감의 함정에 빠졌다는 신호다. 엄마의 행동이 직접적이든 은밀하든, 자기 삶보다 엄마의 감정을 우선시하는 패턴이 형성된 것이다.

자유를 향한 방황의 흔적

엄마의 통제에서 벗어나려고 애쓰는 동안, 우리는 마음에 쌓인 좌절감과 절망감을 각자의 방식으로 드러낸다. 어떤 행동은 의식적인 선택이었지만, 또 다른 행동은 우리도 모르는 사이 무의식에서 흘러나왔다. 모든 과목에 최고 성적을 받고 엄마 뜻을 거스른 적 없는 모범생이면서도, 일부러 불량 학생을 사귀며 엄마를 불안하게 했을지 모른다. 감당하기 힘든 마음의 상처를 덜어내려고 자해하거나, 삶의 어떤 부분이라도 스스로 통제하고 있다는 느낌을 얻고자 굶었을 수 있다. 늘 착한 아이로 살아야 한다는 부담감을 피하고자 필름이 끊길 때까지 술을 마시거나 약물에 의존했을 수 있다. 때로는 자기 의지가 완전히 사라지는 것을 느끼며, 자살이라는 위험한 생각이 스쳐 지나갔을지 모른다.

  이 모든 행동은 착한 딸이 엄마에 대한 반감과 갇힌 듯한 답답함을 표현하는 방식이었다. 말로는 아무것도 표현할 수 없기에, 우리는 억눌린 감정을 드러내려 했다. 그 후에는 나쁜 행동을 하게 된 근본적인 이유조차 알지 못한 채, 자신이 나쁜 아이라고 자책했다. 우리 시야를 넓혀 오랫동안 짓눌러온 죄책감에서 한 걸음씩 벗어날 때가 됐다.

■ 연습 : 나를 위한 이해와 공감

자유를 찾아 방황한 시간을 잠시 돌아보자. 그때의 선택이 아픈 기억으로 남았어도 더는 자신을 비난하지 말자. 깊은 이해와 따뜻한 마음으로 바라보며, 그 행동에 숨은 우리 영혼의 간절한 외침에 귀 기울이자.

- 성장기의 중요한 순간을 돌아보며, 자유와 정체성을 찾으려 한 시도를 이해의 눈으로 바라본다.
- 권위에 맞서 자기 목소리를 내려 한 순간을 있는 그대로 받아들인다. 그때의 선택을 판단하거나 숨기지 않는다.
- 지금은 미숙해 보일 수 있는 행동에서 내면의 진정한 의미를 찾는다. 그 시절 나는 무엇을 이해하고 받아들이려 했는지 살펴본다.
- 완벽하지 않아도 성장을 위해 노력한 그때의 자신을 인정하고 받아들인다.

지난 시간을 돌아보면 선명한 패턴이 드러난다. 성장을 향한 열망과 엄마를 돌보는 의무 사이에서 균형을 잡으며 살아온 시간이다. 이는 상충하는 두 가지 근원적 욕구의 끝없는 줄다리기다. 우리는 엄마의 마음을 흔들지 않으면서도 자기 삶을 꾸려가기 위해 조심스러운 선택을 해왔다. 때로는 비밀을 만들고, 거짓말로 현실을 감추기도 했다. 엄마의 마음을 지키기 위한 선택이었지만, 결국 우리 마음을 깊은 자책감으로 채웠다. 우리는 보이지 않는 울타리에 갇혀 차선의 선택을 반복하며 엄마의 행복이라는 무게를 짊어졌고, 지금도 그 책임감에서 자유롭지 못하다.

그 불가능한 과제를 안고 살던 소녀를 따뜻한 연민의 눈으로 바라보자. 떠나고 싶어도 떠날 수 없고, 머물고 싶어도 온전히 머물 수 없던 아이를. 이 치유의 여정에서 한 걸음 더 나아가기 위해 어린 시절의 나와 연민과 이해의 시간을 나누는 내면의 대화를 시작하자.

■ 연습: 어린 날의 나에게 건네는 연민의 말

우리는 이 연습을 통해 조금씩 드러나는 무의식의 영역으로 들어가, 그동안 자신을 나쁘게 여기도록 만든 잘못된 믿음을 다시 써 내려갈 수 있다.

- 독립을 향한 열망과 엄마의 통제 사이에서 균형을 찾으려고 한 순간을 돌아본다.
- 그 시기의 대처 방식을 살펴본다. 때로는 몰래 저항하고, 때로는 욕구를 억누르며 순응한 모습을 기억한다. 판단하지 말고 그때의 선택과 감정을 있는 그대로 바라본다.

- 지금의 이해와 통찰로 그때의 어린 나에게 건네고 싶은 따뜻한 말을 생각한다.
- 잠시 마음의 공간을 열어 그 위로의 말을 전한다.

우리는 성장 과정의 선택이 지닌 깊은 의미를 이해하게 됐다. 그 시간을 죄책감이 아니라 깊은 연민으로 바라볼 수 있게 된 것이다. 이런 자기 이해는 새로운 시작을 위한 토대가 된다. 오랫동안 죄책감의 함정에 머물게 한 무의식적 계약과 왜곡된 핵심 신념에서 벗어날 때다.

죄책감의 함정에서 벗어나기 위한 치유 의식

- 조용한 시간, 편안한 공간을 마련한다. 숨을 5초 동안 천천히 들이마시고, 10초 동안 내쉰다. 이 호흡을 세 번 반복하며 마음을 비운다.
- 마음을 가라앉히고 의미 있는 장소를 떠올린다. 평화로운 기도실이 될 수도 있고, 달빛이 스미는 정원이나 파도 소리가 들리는 해변이 될 수도 있다. 이 순간을 특별하게 만들어줄 곳이면 어디든 상관없다. 촛불을 밝히거나 고요한 음악으로 마음을 열어도 좋다.

자신만의 방식으로 이 시간을 준비한다.
- 고요한 마음으로 내면의 성찰이 이뤄질 자리에 선다. 그곳에는 지금껏 알아채지 못한 무의식적 계약이 놓였고, 곁에는 새로운 길을 위한 다짐이 있다.
- 이 의미 있는 자리에서 엄마와 마주한다. 엄마 뒤에는 엄마의 참된 자아가 서서 엄마를 지지한다. 내 뒤에도 나의 참된 자아가 나를 보살핀다. 두 참된 자아는 나와 엄마의 겉모습과 속마음을 알고 받아들인다. 그들은 나와 엄마 안에 있는 소녀의 마음과 성숙한 여성의 지혜를 품고 있다. 두 참된 자아는 낡은 계약을 파기하는 것이 서로의 성장에, 대대로 이어진 아픔의 고리를 끊는 데 필요한 일임을 안다.
- 엄마와 마주 앉아 이야기하듯 마음속으로 다음 말을 전한다(이는 예시일 뿐, 마음에 와닿는 말로 바꿔도 좋다).

무의식적 계약 파기 "그동안 엄마의 행복이 내 삶의 기준이었어. 이제 내 삶에 집중하려고 해. 엄마의 행복을 책임지려는 무거운 마음을 내려놓을 거야."

선언 "우리는 다른 사람이고, 각자의 길이 있어. 더는 서로에게 맞추려 애쓰지 말고, 서로의 모습을 있는 그대로 봐주자."

핵심 신념의 전환 "나를 챙기는 게 이기적인 줄 알았어. 이제는 그게 잘못이 아님을 알게 됐어."

의식적 진실의 수용 "서로 생각이나 바라는 게 달라도 괜찮아. 늘 맞춰주려 애쓰지 않아도 돼. 그저 이해하고 존중하면서, 각자의 모습대로 살아가자."

- 마지막으로 마음 깊은 곳에서 오래된 계약을 모두 풀어낸다. 그 계약을 찢어 정화의 불꽃 속에 던지고, 새로운 다짐을 마음에 새긴다.

새로워진 나, 예전 그대로인 엄마와 관계

불충분함의 함정에서 벗어날 때처럼 이번에도 새로운 진실을 마음속에 스며들게 하는 데 시간이 필요하다. 단호하게 "싫어"라고 말하기가 아직 망설여지는 건 너무나 자연스럽다.

  엄마는 예전 그대로다. 우리가 죄책감의 함정에 빠졌다는 사실을 깨달았다고 해서 엄마와 관계가 저절로 바뀌지 않는다. 우리 내면이 바뀌었어도 엄마는 "싫어"라는 말에 같은 반응을 보일 것이다. 가장 기본적인 반응은 실망일 테고, 버림받음에 대한 두려움이 클수록 실망은 강한 방어로 나타나며, 때로 감정의 폭발로 이어질 수도 있다.

  이런 반응은 충분히 예상할 수 있는 일이다. 그 순간 자녀는 엄마에게 실망을 안겨준 모든 이의 대리인이 된다. 곰곰이 생각해보라. 엄마의 이런 반응까지 우리가 짊어져야 하는가?

당연히 아니다! 엄마의 마음을 이해하고, 그 아픔에 공감하는 것은 자연스러운 일이다. 하지만 엄마의 고통이 우리 잘못은 아니며, 엄마의 감정에 휘둘릴 필요 없다. 엄마를 달래거나 자신의 행동을 설명하려 드는 것은 또 다른 허락 구하기일 뿐이다. 죄책감의 함정에서 벗어나는 것은 엄마의 감정을 떠안지 않고도 사랑할 수 있다는 깨달음이다. 흔들림 없이 자기 자리를 지키고, 엄마의 감정이 자연스럽게 흐르도록 두는 것이다. 이는 분명 지금까지 마주한 가장 어려운 과제일 것이다.

죄책감의 실체

죄책감의 함정에서 가장 고통스러운 것은 바로 죄책감이다! 어느 순간부터 죄책감은 우리 삶에 스며들어 자연스러운 일상이 됐다. 몸에 밴 습관처럼 의식하기도 전에 저절로 떠오르는 감정이 된 것이다. 이제 현실을 마주했으니 중요한 질문을 던져 볼 때다. 지금 드는 죄책감이 실제 잘못에서 비롯했는지, 단순히 습관이 된 감정인지 살펴보는 것이다.

둘은 본질적인 차이가 있다. 죄책감이 든다고 반드시 잘못한 것은 아니기 때문이다. 이런 죄책감은 오랜 시간에 걸쳐 형성된 심리적 반응이다. 엄마의 뜻을 거스를 때마다 찾아오는 이 감정은 생존의 뇌가 보내는 신호다. 자기 삶은 뒤로한 채 엄마를 향해 달려가라고 재촉하는 무의식의 속삭임이다. 이 무의식적 반응이 삶의 방향을 흔들지 못하도록 새로운 길을 찾아야 한다. 순간적으로 일어나는 본능적 감정을 그대로 받아들이되, 거기 휘둘리지 않는 균형감이 필요하다. 죄책감을 한 걸음 떨어져서 바라보는 객관적 시선도 길러야 한다.

불편하고 힘든 순간이 찾아와도 깊이 성찰해서 내린 결정을 실천하다 보면 일시적인 죄책감을 견디는 힘이 생긴다. 이런 과정을 거칠수록 내면에 자리 잡은 무거운 죄책감이 서서히 희미해진다. 변화가 일어나는 까닭은 그 무거운 죄책감이 애초에 진실이 아니었기 때문이다. 자신을 돌보는 것조차 이기심으로 여기도록 길든 심리적 패턴이 있었다.

거짓된 죄책감이 완전히 녹아내릴 때까지 시간이 필요하다. 이 과정에서 순간적으로 스치는 가벼운 죄책감과 뿌리 깊고 무거운 죄책감을 구분해서 이해하는 것이 중요한 실마리다.

습관이 만든 죄책감과 본질적 죄책감

엄마와 관계의 패턴을 바꾸려 할 때마다 오래된 계약을 흔들게 된다. 무의식적으로 지켜온 서로의 기대가 흔들리는 순간, '엄마의 기대를 저버리는 건 잘못된 일'이라는 죄책감이 든다. 이는 어둠 속에서 구불구불한 물체를 보고 순간적으로 뱀이라고 착각하는 것과 같다. 진실이 아님을 알면서도 진실처럼 느끼는 것이다. 습관처럼 해온 행동은 자연스럽게 기대를 만들기에, "이제는 다르게 하고 싶어"라고 말할 때면 작으나마 죄짓는 기분이다. 익숙한 관계의 방식을 바꾸면서 엄마에게 불편한 감정을 줬기 때문이다. 이는 피할 수 없는 현실이다.

그러나 불편의 이면에 더 깊은 의미가 있다. 지금 느끼는 불편은 비뚤어진 모녀 관계를 바로 세우는 과정이며, 엄마도 새로운 관계 맺기를 배우는 기회가 된다. 이는 성장을 위해 반드시 거쳐야 할 과정이고, 넓게 보면 잘못된 선택이 아니다. 낡은 계약을 의식적으로 깨뜨리는 것은 서로의 성장을 위해 필요한 결단이며, 이를 통해 모녀 관계는 한 걸음 더 나아갈 수 있다. 우리는 새로운 관계의 문을 여는 첫걸음을 내딛는 것이다.

자신의 공간을 온전히 채우고, 그 자리를 굳건히 지켜낼 시간이다. 착한 딸이라 불리는 이들은 늘 자기 자리를 내주며 살아왔다. 이들은 오랜 시간 자신을 최대한 작게 만들고, 다른 이에게 불편을 주지 않는 것이 미덕이라 여겼다.

이런 제한적인 사고방식에서 벗어나야 할 때다. 우리에게는 분명 자신만의 공간이 필요하며, 우리 감정 역시 존중 받아 마땅하다. 이는 단순히 머리로 이해하는 것을 넘어, 온몸으로 받아들여야 할 진실이다. 내면의 힘을 키우기 위해 몸과 마음이 하나 돼서 익힐 수 있는 연습을 알아보자.

- **연습 : 나를 일깨우는 맨발 걷기**
  - 맨발로 걸을 만한 안전한 장소를 찾아 밖으로 나간다. 신발을 벗고 대지를 온전히 느낄 수 있는 곳에 서서, 발바닥이 땅과 만나는 순간의 감각에 집중한다.
  - 우리 발에서 지구 중심을 향해 뿌리가 내리는 모습을 상상한다. 그 뿌리가 세월의 흔적이 쌓인 땅속으로 파고들어, 단단한 바위를 지나 생명의 물줄기인 지하 수맥을 따라 지구의 가장 깊은 곳까지 뻗어가는 모습을 떠올린다.
  - 대지의 기운이 발바닥을 통해 몸속으로 스며드는 상상을 한다. 발바닥으로 전해지는 기운이 온몸 구석구석 퍼지며, 우리 안에 잠든 자아를 깨운다. 우리는 저마다 온전한 사람으로서, 두 발로 당당히 설 수 있는 독립된 존재라는 근본적인 진리를 깊이 되새긴다.

엄마와 심리적 경계 그리고 죄책감

죄책감의 함정에서 벗어나기는 참으로 양면적인 과제다. 이 함정에서 벗어나려면 건강한 심리적 경계를 세우고 지켜내는 게 핵심이다. 대다수 착한 딸은 엄마와 관계에서 경계를 그어야 한다는 생각만 해도 본능적으로 불편하다. 우리는 경계를 세우는 일이 건강하고 필요한 행동임을 알면서도 왜 이를 잘못된 일처럼 받아들일까?

엄마와 관계에서 경계를 세우는 일이 어려운 까닭은 우리 내면에 모순된 감정이 일어나기 때문이다. 우리를 지켜줘야 할 존재에게서 자신을 지켜야 한다니, 이보다 아이러니한 일이 있을까. 크고 강한 존재인 엄마에게서 자신을 지키기 위해 경계를 세우는 일은 무례하게 느껴지고, 때로는 어색하고 두려운 일로 다가온다. 이는 '엄마는 절대 나를 해치지 않을 거야'라는 믿음에 의문을 던지는 일이며, '내 행복이 곧 엄마의 행복'이라는 생각도 재고하게 만든다. 그래서 경계를 세우는 일이 마음의 짐이 되는 것이다.

지금까지 우리는 엄마를 향한 무조건적인 믿음이 행복과 안전을 줄 거라고 여겼다. 하지만 이런 생각이 실제로 우리에게 얼마나 많은 건강과 평안을 줬는지 돌아볼 필요가 있다.

우리는 원점으로 돌아온다. 죄책감의 함정에서 벗어나려면 단호한 경계가 필요하다는 사실 말이다. 처음에는 불편할 테니 앞으로 마주할 상황을 준비해야 한다. 우리가 세운 경계에 엄마가 저항할 경우 구체적인 대응법을 준비하면, 실제 그런 순간이 왔을 때 흔들리지 않고 원칙을 지킬 수 있다. 다음은 경계가 필요한 대표적인 상황과 그에 맞는 대화법이다.

엄마가 속마음을 너무 많이 털어놓을 때

엄마는 때로 자신의 속 이야기를 나누지 않고는 견디지 못하는 분일 수 있다. 성생활이나 연애 관계, 재정적 고민 등 우리가 모르고 지내고 싶은 개인적인 이야기까지 말이다. 때로는 우리를 심리 상담사처럼 여기고, 매일 이어지는 대화가 상담 시간같이 느껴지기도 할 것이다. 엄마는 우리 생각이나 감정에는 별 관심을 두지 않으면서 자신의 이야기는 끝없이 들어주기를 바란다. 그저 듣고, 또 듣고, 계속 듣기를 원하면서. 이런 상황에 다음과 같은 방식으로 마음을 전할 수 있다.

대화 예시 "엄마, [   ]로 계속 힘든 거 알아. 엄마가 이렇게 고민하는 걸 보면 마음이 아프지만, 솔직히 내가 이 상황에서 뭘 어떻게 해야 할지 모르겠어. 이런 고민은 차라리 딸인 내가 아니라 전문적으로 도움을 줄 수 있는 사람한테 상담을 받아보는 게 낫지 않을까 싶어."

엄마는 종종 가족 갈등을 딸에게 털어놓으며 자신 편이 돼주길 바란다. 이는 우리를 견디기 힘든 양자택일의 상황으로 몰아넣는다. 한쪽을 선택하면 다른 쪽과 관계가 흔들리는 고통스러운 갈림길에 서는 것이다. 이런 순간에는 다음과 같이 말해볼 수 있다.

대화 예시 "엄마, [아빠 / 할머니 /   ] 때문에 힘들고 속상한 거 이해해. 하지만 그분도 내게는 소중한 가족이고, 나도 그분과 둘만의 관계를 맺고 있어. 그래서 이런 갈등 상황에 내가 어느 한쪽 편에 설 수 없어."

엄마가 내 사적인 영역에 들어올 때

엄마와 관계에서 심리적 경계가 모호해지거나 사라질 때, 엄마는 부부 관계나 자녀 양육 같은 내밀한 영역까지 자연스레 침범한다. 특히 죄책감에 얽매인 착한 딸은 엄마가 일상을 속속들이 알고 싶어 할 때, 개인의 영역을 지키는 데 어려움을 겪는다. 엄마의 이런 개입을 허용하면 패턴이 돼서 되돌리기 어렵다. 엄마의 지나친 간섭과 참견, 요청하지 않은 조언이 이어질 때, 이런 경계 침범은 관계된 모든 이에게 상처를 줄 수 있다. 엄마가 우리 배우자나 자녀에 대해 지나치게 사적인 질문을 할 때는 다음과 같이 말해보자.

대화 예시 "엄마, 이건 ○○랑 내 이야기야. ○○도 모르게 이런 얘기를 하는 나누기는 좀 조심스러워." "엄마, 그동안 ○○ 얘기를 자연스럽게 나눴는데, 당사자도 모르게 그의 이야기를 하는 게 맞지 않은 듯싶어." "그건 우리끼리 얘기인데 다른 사람한테 알려지면 곤란해. 엄마라도."

이렇게 경계를 세우고 엄마의 요청을 거절할 때, 우리는 죄책감이 들 수밖에 없다. 우리와 엄마에게 익숙한 관계의 모습을 바꾸는 일이기 때문이다. 하지만 변화의 필요성을 인정하고 우리 생각을 분명히 전달하는 것은, 엄마에게 우리가 건강한 경계의 가치를 알고 이를 지키고자 한다는 메시지를 전하는 중요한 과정이다.

내 사적인 영역을 지키고 싶을 때

지금까지 우리는 엄마에게서 심리적으로 독립하는 과정을 들여다봤다. 진정한 자아를 찾아가는 여정에서 엄마의 방어기제가 우리의 다양한 시도와 경험을 어떻게 제한했는지도 살펴봤다. 이 과정에서 우리는 중요한 깨달음을 얻었다. 엄마와 심리적 분리가 결코 엄마에 대한 존경과 감사를 부정하는 게 아니라는 사실이다. 우리는 엄마를 그대로 닮기 위해 태어나지 않았다. 우리는 더 넓은 세상으로 나아가 고유한 삶의 방식을 찾아야 할 소명이 있는 존재다.

 이런 심리적 독립 공간은 지금도 우리에게 필요하다. 여기서 말하는 경계는 단순히 누군가를 밀어내거나 나쁜 영향을 막기 위한 벽이 아니다. 오히려 이 경계는 온전히 나 자신이 될 수 있는, 누구의 간섭도 받지 않는 내밀한 감정 영역을 만들어준다. 우리 생각과 정체성이 자연스럽게 자라나고 단단해질 수 있는 자궁 같은 공간이다. 애벌레는 나비가 되기 위해 고치가 필요하듯 성장하는 우리 자아도 그런 보호막이 필요했고, 지금도 그렇다. 우리에게는 엄마의 관찰하는 눈길과 잦은 질문, 평가하는 시선에서 벗어나 충분히 생각하고, 마음껏 느끼며, 새로운 것을 시도할 시간과 공간이 필요하다. 과거와 현재를 돌아보고, 미래를 그려볼 수 있는 안전한 둥지 말이다.

하지만 우리가 독립적인 공간을 요청하면 엄마는 이를 거절당하는 것처럼 느낄 수 있다. 새로운 인연이 생기거나, 아이를 가지거나, 직장을 옮기거나, 새로운 생각이 떠오르거나, 그저 혼자만의 시간이 필요할 때조차 문제적 엄마는 자신의 해결하지 못한 욕구 때문에 우리의 필요를 이해하고 존중할 여유가 없다. 그래서 우리가 나만의 공간을 만들어야 한다.

우리는 죄책감이 들고 엄마도 이런 변화를 받아들이기 어렵겠지만, 이 불가피한 여정은 시간이 흐른다고 쉬워지지 않는다. 오히려 우리의 희생이 조용히 쌓이고 종전의 관계 패턴은 단단해져서, 변화를 시도하기가 더 어려워질 뿐이다. '언젠가 할 수 있을 것'이라는 달콤한 기만에 자신을 가두면 그 상처는 평생 우리 삶을 짓누르는 무게로 남을 것이다.

경계 설정과 우리의 미래

50대 초반 여성이 내 상담실에 왔다. 그녀의 엄마는 생의 마지막 시간을 향해 가고 있었다. 처음에 나는 그녀가 다가오는 이별의 슬픔으로 힘겨워한다고 생각했다. 하지만 엄마와 이별이 진정한 고통이 아님을 알게 됐다. 그녀는 대학 입학을 앞둔 어느 밤, 옆방에서 엄마가 흐느끼는 소리에 잠들지 못했다고 한다. 견딜 수 없는 죄책감에 사로잡힌 그녀는 대학 진학을 포기하고 집 근처에 머무는 길을 택했다. 수십 년이 흘렀다. 그녀는 결혼도 못 하고, 아이도 갖지 못한 채 엄마의 뜻에 따라 살았다. 그녀의 눈빛은 깊은 고독과 원망, 빼앗긴 삶에 대한 상실감으로 가득했다. 이제 엄마마저 떠나려 하고, 그녀는 홀로 남을 자신의 차가운 미래와 마주하고 있었다.

상담 과정에서 드러난 심리적 역동의 세세한 결을 모두 풀어내진 않을 것이다. 이 이야기를 하는 이유는 시간이라는 강물이 너무 멀리 흘러가기 전에 지금 필요한 심리적 작업을 시작하라는 깨달음을 전하기 위해서다. 우리는 삶을 옭아매는 죄책감의 함정에서 벗어나야 한다. 모든 사람이 반드시 대학에 가고, 결혼하고, 부모가 돼야 하는 것은 아니다. 하지만 엄마가 받아들이지 못한다는 이유로 고유한 삶의 여정을 포기하도록 강요받아서는 안 된다. 이것은 각자에게 한 번 주어진 소중한 생이기 때문이다.

더구나 엄마가 노년기에 들어 돌봄이 필요할 때, 내담자와 같은 상황에 놓이고 싶지는 않을 것이다. 수십 년을 오로지 엄마를 위해 살다가 마음에 쌓인 원망과 허전함 때문에, 정작 엄마를 보살펴야 할 때 그럴 마음의 여유조차 없어지는 고통스러운 상황 말이다. 나는 평생 엄마의 욕구를 채우는 데 자신을 바치다가 한계에 부딪혀, 엄마에게 돌봄이 가장 필요한 순간에 아무 돌봄도 끌어내지 못한 여성들을 만났다. 우리가 죄책감의 함정에서 벗어나려 하는 것은 자신과 엄마를 위해 가장 건강한 선택이다. 지금까지 다른 방식으로 살도록 배웠겠지만, 때로는 홀로 서는 법을 배우는 게 더 자연스럽고 건강한 삶의 모습일 수 있다. 이 사실을 받아들여야 할 때다.

죄책감의 함정에서 벗어나는 길

엄마와 관계를 새롭게 써 내려가고 싶지만, 끊임없이 마음을 흔드는 죄책감 속에 결심을 지키기란 쉽지 않다. 많은 사람이 이와 같은 내면의 갈등 속에 길을 잃고 표류한다.

　이런 혼란에서 벗어나려면 죄책감이 우리를 속인다는 사실을 알아야 한다. 죄책감은 우리가 엄마의 모든 불행을 해결할 수 있는 존재라고 착각하게 만든다. 그래서 우리는 엄마의 행복까지 책임져야 한다고 믿게 된다. 이는 이룰 수 없는 꿈이다. 우리가 아무리 삶을 포기하고 엄마의 필요만 충족한다 해도 그 마음을 채울 수 없다. 그것이 정말 가능했다면, 우리가 그토록 오랫동안 자신을 희생한 만큼 엄마는 이미 충만한 행복을 누려야 하지 않을까? 우리가 계속 자신을 지우며 살아간다 해도 엄마의 상처를 치유할 순 없다. 그런데도 헛된 노력을 반복하는 이유는 죄책감 때문이다. 생존의 뇌가 죄책감을 이용해 우리를 엄마의 행복 지킴이로 잡아둔다.

우리의 진정한 목표는 죄책감이 들어도 자신의 길을 걷는 것이다. 이때 '잠시 멈춤'이 도움이 된다. 잠시 멈춰 깊은숨을 쉬고 자신을 바라보자. 때로는 이 순간의 자각으로 충분하다. 엄마에게 실망을 준다고 해서 영원한 관계 단절이 아님을 알아차리는 데 필요한 시간은 잠깐이다. 순간적으로 드는 죄책감이 딸로서 존재 가치를 부정하는 게 아니라는 사실도 마찬가지다. 계속 연습하면 자신의 필요와 욕구도 소중하다는 걸 떠올릴 수 있다. 생존의 뇌가 시키는 대로 따르고 싶은 마음이 들 때마다 잠시 멈추고, 엄마와 관계에서 거리를 두고 마음을 가다듬자. 구체적인 방법은 다음과 같다.

- 먼저 죄책감이 우리 몸 어느 부위에서 느껴지는지 살펴본다. 배가 묵직한가? 숨이 가쁜가? 속이 답답한가? 이렇게 죄책감이 우리 몸에 남긴 흔적을 하나씩 찾아본다.
- 가장 불편한 부위에 손을 얹고 깊은숨을 세 번 쉬고, 부드럽게 풀릴 때까지 호흡한다. 우리 몸에 쌓인 긴장이 자연스럽게 녹아내릴 것이다.
- 그 자리에서 가슴으로 의식을 옮겨 같은 방식으로 호흡하고, 목으로 부드럽게 이동해 호흡한다.

- '우리에겐 선택할 힘이 있다. 때로 거절할 수 있다. 나를 돌보는 일이 결코 엄마에 대한 배신이 아니다' 라는 사실을 마음에 새긴다.
- 마지막으로 우리가 지금 하는 일의 의미를 되새긴다. 잠시 멈춰 들여다보는 이 작은 실천이 우리 안에 오랫동안 자리 잡은 패턴을 바꾸는 변화의 시작이다. 우리는 더 깨어 있는 삶을 택했다.
- 지금 우리가 하는 일은 중요하다. 잠시 멈춰 살피는 것만으로 오랜 시간 무의식에 자리 잡은 패턴을 바꾼다. 우리는 지금 의식적으로 변하기로 했다.

이런 방법이 실생활에서 어떻게 적용되는지 구체적인 예를 들어보자. 엄마가 병원에 같이 가자고 한 상황을 가정하자. 우리는 죄책감을 피하려는 마음에 "응, 알겠어"라고 답한다. 자연스레 '그래도 병원에는 모시고 가야지'라는 생각이 든다. 조금 지나면 회사에 휴가를 내야 하는 현실적인 문제가 떠오른다. 이때 바로 대답하지 않고 잠시 생각할 시간을 가지면 새로운 가능성이 보인다. 택시나 의료 이동 서비스를 이용할 수도 있고, 간병인이나 다른 가족에게 부탁할 수도 있다. 원치 않는 일에 무의식적으로 동의하지 말고, 앞서 배운 대로 잠시 멈춰 생각할 필요가 있다. 그리고 다음과 같이 말한다.

대화 예시 "엄마, 내가 제대로 알아들었는지 모르겠네. 수요일에 병원 예약했는데, 내가 회사 빠지고 같이 가달라는 거지? 죄송한데 당장 답은 못 해. 가능할지 알아보고 다시 연락할게."

이제 우리가 한 일의 의미를 살펴보자.

- 엄마와 나는 각자 독립된 존재며, 상황과 이해관계가 항상 같을 수 없다는 점을 분명히 했다.
- 엄마가 한 말을 확인함으로써 엄마의 요청을 충분히 이해하고 있음을 보였다.
- 즉각 수락 대신 신중히 생각하겠다는 의사를 전했다.
- 엄마의 요청이 가져올 영향을 곰곰이 살펴볼 시간을 확보해, 다른 대안을 모색할 여유가 생겼다.
- 엄마의 요청을 진지하게 고려한 뒤, 다음과 같이 의견을 전달할 수 있다. "엄마, 회사에 휴가 내기 어려우니까 간병인 선생님 일정이 어떤지 알아볼까?" "엄마, 평일에는 내가 힘든데 다른 방법 없을까?" "엄마, 죄송한데 평일에는 내가 같이 못 가."

다른 상황을 살펴보자. 엄마가 발레 공연에 가자고 제안했는데, 그 시간에는 아이들과 공원에 가기로 했다. 무조건 엄마 요청을 수락하는 대신 다음과 같이 말한다.

대화 예시 "엄마, 섭섭할 것 같은데('이해하지?' 식의 표현은 피할 것), 이번 일요일 오후 발레 공연은 못 가."
덧붙일 수 있는 말 "애들이랑 공원에 가기로 했는데, 엄마도 같이 가요."

이런 방식이 효과적인 까닭은 뭘까?

- 엄마의 실망감을 먼저 인정해서, 엄마의 감정을 있는 그대로 받아들이고 존중하는 첫걸음을 뗀다.
- 엄마의 감정을 이해하면서도 그에 따라 휘둘리지 않는 균형점을 찾을 수 있다. 엄마와 관계를 소중히 여기되, 자신의 결정권은 지켜내는 미묘한 균형을 이해한 것이다.
- 대화의 새로운 가능성도 발견할 수 있다. 엄마를 자신의 계획으로 자연스럽게 초대해, 서로의 필요를 동시에 충족할 해결책을 찾아가는 것이다.

이는 상대방을 이해하면서도 자신을 지키는 성숙한 대화법이다. 엄마의 감정을 충분히 이해하고 있음을 보여주면서도 우리의 선택을 제한하지 않게 한 것이다. 이는 누군가의 일방적인 희생 없이도 해결책을 찾을 수 있음을 보여준다.

엄마가 피해자 역할을 할 때

엄마와 경계를 정하려고 하면 이런 말을 듣게 될지 모른다. "이제는 자식이나 손주 얼굴 보기도 힘드네." "우리 딸이 왜 이렇게 엄마한테 날카로울까?" "내가 하는 말은 뭐든 맘에 안 드는 모양이구나."

착한 딸로 살아온 우리는 이런 순간 갑자기 멈춰버린다. 엄마와 마주 앉아 진심을 전하려 할 때, 엄마의 상처 받은 표정을 보면 할 말이 사라진다. 평등한 어른으로서 대화하려 하면 엄마는 한숨을 쉬며 고개를 돌리거나, 서운함을 숨기지 못한 채 자리를 피하며 딸의 매정함을 토로한다. 이때 우리는 다음 중 한 반응을 택한다.

1. 방어적으로 맞선다.
"엄마는 왜 항상 돌려서 말하는데? 내가 뭘 잘못했다고 이런 식으로 은근히 죄책감 주려고 해? 이건 좀 아니지 않아?" "엄마, 우리 날마다 같이 밥도 먹고 애들이랑 놀고 하잖아. 그런데 왜 이렇게 서운하게 말해?"
2. 죄책감에 휩싸여 엄마를 달래는 데 급급하다.
"엄마, 내가 미안해. 손주도 보고 싶을 텐데 내가 생각이 짧았지?"

두 반응은 오랫동안 반복한 낡은 습관이다. 우리가 이런 반응을 보일 때마다 결국 엄마 의도대로 움직이는 것이다. 이제 다른 선택을 할 수 있다.

잠시 멈춰서 자기 마음을 들여다보는 순간의 힘을 기억하자. 방어적으로 반응하거나 일축하는 행동은 엄마의 감정적 안녕에 대한 책임이 자신에게 있다는 무의식적 계약에서 비롯된다. 이런 불공정함에 대한 분노는 엄마를 향해 폭발하거나 마음 깊이 억눌린다. 우리가 맺은 무의식적인 계약을 다시 보자. 오늘부터 다르게 행동할 수 있다. 우리에게 분명 다른 선택지가 있다.

대화 예시 엄마의 감정을 알아주되, 온전히 내 몫으로 떠안지 않는 방법
"엄마 말 들어보니까 나랑 애들 더 자주 보고 싶었나 보네."
"아, 명절에 시댁 간다니까 서운했구나."
"내가 자주 못 와서 그동안 섭섭했다는 말로 들리네."

이런 대화 방식이 효과적인 이유는 다음과 같다.

- 엄마의 마음을 이해하면서도 그 감정을 전부 떠안지 않을 수 있다.
- 자기 마음을 돌보면서 엄마의 감정도 받아들일 수 있음을 자신과 엄마에게 보여준 것이다.

- 자신을 돌보는 데 엄마의 동의를 구할 필요가 없다.
- 우리에 대한 엄마의 생각은 엄마 몫으로 둔다.
- 엄마의 말에 자신을 방어하고 설명할 필요가 없다.

이렇게 대화하다 보면 뭔가 부족하다는 느낌이 들 수 있다. 우리 안에 자리 잡은 무의식적 계약과 마주치는 순간이다. 이제 그 순간을 알아차리고 다르게 선택할 수 있다. 굳이 이유를 설명하거나 자신을 변호하지 않아도 된다. 그동안 우리를 옭아맨 낡은 패턴에서 벗어나면 대화의 흐름과 관계의 모습이 달라진다. 이 변화는 미묘하지만 강력하다. 우리가 엄마를 통제하려 들지 않아도 되고, 엄마도 우리를 통제할 수 없다.

엄마가 원치 않는 조언을 할 때

엄마가 우리에게 요청하지 않은 조언과 간섭, 제안을 하는 것은 불충분함의 함정에 갇혔을 때만 겪는 일이 아니다. 죄책감의 함정에 빠졌을 때도 비슷한 상황에 놓이지만, 그 영향력은 전혀 다른 모습으로 나타난다. 불충분함의 함정이 우리를 무가치한 존재로 만든다면, 죄책감의 함정은 말 그대로 끝없는 죄책감에 시달리게 한다. 특히 엄마의 뜻과 다른 선택을 원할 때, 죄책감이 커진다. 용기 내서 "엄마, 나는 생각이 좀 다른데"라고 하면, 엄마는 강력한 죄책감 유발 무기를 꺼낸다. "그래, 내가 못난 엄마지. 다 너 잘되라고 한 소리인데."

착한 딸이라면 누구나 한번쯤 들어봤을 말이다. 이런 상황에 슬그머니 물러서거나 엄마를 달래려고 하지 말자. 소리 지르며 도망쳐도 해결되지 않는다. 대신 다음 방법을 시도하자.

대화 예시 "내가 다르게 생각한다고 해서 엄마 생각이 틀렸다는 말은 아니야. 그냥 서로 생각이 다를 수 있잖아."

이런 대화 방식이 효과적인 까닭은 다음과 같다.

- 엄마가 던지는 감정의 덫에 휘말리지 않을 수 있다.
- 엄마를 이해하면서도 자기 선택을 할 수 있다.
- 성인으로서 우리에게 진정 필요한 것이 무엇인지 판단할 수 있다.

이렇게 말할 수도 있다.

대화 예시 "엄마, 늘 신경 써줘서 고마워. 근데 지금은 [   ]에 도움이 필요한 상황이라, 이 부분을 도와주면 좋겠어."

이렇게 대화를 이어가면 엄마의 관심에 감사를 표현하면서도 우리에게 실질적인 도움이 되는 방향을 제시할 수 있다. 어쩌면 엄마가 이런 제안에 긍정적으로 반응할지도 모른다!

내가 원하는 것과 해야 하는 것 사이에서

죄책감의 함정에 빠지면 자신이 진심으로 바라는 걸 보지 못한다. 엄마를 돌봐야 한다는 본능이 강하게 자리 잡아, 내 마음속 욕구는 살필 겨를이 없다. 선택할 순간마다 '이게 내가 해야 할 일일까?' 하는 고민이 맴돌 뿐이다. 엄마 뜻을 거스르면 드는 죄책감이 두려워 의무처럼 행동할 수밖에 없고, 이런 패턴이 반복되면 엄마 말에 따르는 게 당연하다고 여긴다.

이런 죄책감은 내게도, 엄마에게도 아무런 도움이 되지 않는다. 죄책감으로 유지되는 관계에서 진정한 교감이 자랄 자리는 찾을 수 없다.

이렇게 생각할 수도 있다. '엄마가 날 낳고 키워주셨으니, 나도 엄마한테 뭔가 해드려야 하지 않을까?' 좋은 질문이다. 곰곰이 생각해보자. 우리가 엄마에게 해드려야 할 게 뭘까?

이 답은 스스로 찾아야 한다. 엄마가 우리를 키워주셨다는 이유만으로 모든 시간과 마음, 꿈과 희망을 포기할 필요가 없다는 점은 분명하다. 오히려 우리가 엄마에게 보답할 수 있는 길은 솔직함이다. 이 솔직함은 우리가 자신에게 줄 소중한 선물이기도 하다. 우리는 솔직함에서 자신이 진정 원하는 것을 있는 그대로 마주하고 표현할 힘을 얻는다.

■ 연습: 내가 원하는 것과 원치 않는 것

내가 진정으로 원하는 게 뭘까? 우리는 이 질문에 쉽게 답을 내놓지 못한다. 오랜 세월 의무라는 무게에 짓눌려 자신이 바라는 것을 알아차리지 못하게 됐다. 하루하루가 '해야 할 일'로 가득 차, 우리 삶에서 '하고 싶은 일'이 자취를 감췄다.

물론 우리 삶에는 피할 수 없는 책임이 있다. 여기서 말하는 책임은 출근하거나 아이들 저녁밥을 챙기는 일상적인 일이 아니다. 진정한 기쁨은 찾아볼 수 없이 해야 할 일의 목록을 하나씩 지워가는 삶을 말한다. 이는 우리가 꿈꾸는 삶이 아니다.

이런 고민이 자기 이야기인지 확인하려면 평소 우리가 자주 사용하는 말을 살펴보자. "해야 해" "반드시 해야 해" "할 수밖에 없지"라는 말이 입에 배지 않았는가? "이건 정말 하고 싶어" "이건 하고 싶지 않아"라는 말을 얼마나 자주 하는가? 자신이 원치 않는 것을 분명히 표현하는 능력은 원하는 것을 말하기보다 중요할 수 있다. 하지만 착한 딸이라 불리는 우리에게 "하고 싶지 않아"는 "안 돼" 다음으로 하기 어려운 말이다.

구체적인 상황을 떠올려보자. 엄마가 함께 이모네 가자고 하거나, 방금 만든 과일 케이크를 맛보자고 하거나, 오래 기다린 오페라 공연에 가자고 하는 순간 말이다. 우리 이야기를 위해 나는 이 모든 것에 별 관심이 없다고 하자. 이 예시는 내 경험에서 가져왔지만, 당신도 비슷한 경험이 있을 것이다.

이제 가장 어려운 순간, 엄마에게 "아니, 나는 그렇게 하고 싶지 않아"라고 말하는 순간을 상상해보자. 얼마나 단순한 말인가. 이 짧은 거절이 우리를 옭아맨 무언의 굴레에서 놀라울 만큼 자유롭게 해준다.

일상으로 눈을 돌려보자. 엄마와 나누는 대화에서 "하고 싶어" "하고 싶지 않아"라는 말이 얼마나 자주 오갈까? 아마도 한 달에 손가락으로 꼽을 만큼 드물 것이다. 이제 엄마의 마음을 새롭게 열고 우리 관계에 의미 있는 변화를 만들어보면 어떨까? 진심을 나누는 건강한 대화에 그 시작이 있다. 생각보다 쉽다. 마음속 바람을 있는 그대로 표현하면 된다.

함께 연습해보자. 아래 나오는 문장은 예시일 뿐이니, 각자 삶에 맞는 문장으로 바꾸면 된다. 원하는 것을 떠올리기 어려우면 "커피 한 잔 마시고 싶네" "거품 목욕하고 싶어"와 같이 일상적인 바람으로 시작한다. 그러다가 자연스럽게 "다른 지역으로 이사하고 싶어"처럼 더 큰 결정으로 나간다. 미안해하지 않고 자기 마음을 표현하는 일은 근육을 키우는 것과 같아, 단련할수록 강해진다. '하고 싶어'와 '하고 싶지 않아'라는 표현 사용하기가 그 훈련의 완벽한 시작점이 될 수 있다.

- 이번 주말엔 교회 대신 콘서트에 가고 싶어.
- 나는 칼과 결혼하고 싶어.

- 칼과는 결혼하고 싶지 않아.
- 내 꿈은 요가 강사가 되는 거야.
- 우리 아이들은 내가 자란 방식과 다르게 키우고 싶어.
- 아이들을 나처럼 신앙 안에서 키우고 싶어.
- 파이 한 조각 더 먹고 싶네.
- 파이는 그만 먹을래.

이 모든 표현이 자연스럽고 당연해 보일지 모른다. 진실이 대개 그만큼 단순하다. 하지만 오랫동안 자기 목소리를 잃어버린 사람, 특히 많은 여성은 자신의 바람이 가치 있다고 믿고 표현하기 어려워한다. 원하는 것을 말하는 순간은 그 자체로 강력한 자기 선언이 된다. 우리 마음이 들려주는 소리에 귀 기울이고, 그 소리가 우리를 새로운 길로 이끌게 해보자.

긴 안목으로 바라보기

죄책감의 함정에서 벗어나려면 눈앞의 순간이 아니라 멀리 내다봐야 한다. 엄마에게 실망을 안긴 순간의 아픔을 견디고 진심을 말할 때, 변화의 첫걸음을 내디딜 수 있다. 그러니 엄마의 방어적인 태도에 반사적으로 반응하기보다 내가 궁극적으로 원하는 게 뭔지 깊이 생각하고, 그 방향을 잃지 말아야 한다.

우리가 멀리 내다볼수록 엄마와 관계에서 건강한 거리를 설정하고 지키는 힘도 자연스레 커진다. 이렇게 적절한 거리를 유지하면 우리가 진정으로 바라는 것도 분명해진다.

이 지점에서 경계의 의미를 다시 생각하게 된다. 엄마의 부탁에 마음이 흔들리고 답하기 어려운 때야말로 가장 중요한 순간이다. 내가 원하는 게 뭔지 돌아보고, 엄마와 관계에서 건강한 경계를 만들 때라는 신호다.

죄책감 없는 경계 세우기

우리가 엄마와 관계에서 경계를 만들어갈 때, 엄마가 이를 환영할 거라고 기대하면 안 된다. 경계가 필요한 순간일수록 엄마의 저항은 클 수 있다. 당연하다. 지금까지 이런 경계 없이도 엄마 뜻대로 모든 일이 잘 흘러갔으니까.

우리가 만드는 경계가 완벽할 필요는 없다. 경계가 있다는 것으로 충분하다. 경계가 생기면 서로를 또렷이 보게 되고, 내가 누구인지도 분명해진다. 시간이 지나면서 이 경계는 자연스레 모습을 바꿀 수 있다. 그러니 한번 정한 경계를 두고 계속 불안해하거나 미안해할 필요는 없다.

엄마가 처음에 이를 거부하는 건 자연스러운 일이다. 이런 변화는 우리가 바라는 것과 관계없이 엄마의 상처를 건드릴 수 있기 때문이다. 이때 우리가 죄책감에 물러선다면 건강하지 않은 이전의 관계로 돌아간다. 하지만 천천히, 조금씩 새로운 관계를 쌓아가면 엄마도 변화를 받아들일 수 있다. 지금 내가 무엇을 원하고, 무엇이 필요한지 잊지 않는 게 중요하다.

두려움과 마주하기

착한 딸의 마음에는 공통된 두려움이 있다. 엄마와 관계에서 조금이라도 변화를 시도하려 할 때면 이 두려움이 모습을 드러낸다. 자기 의견을 말하려 할 때도, 잠시 거리를 두려 할 때도, 엄마가 불편해할 이야기를 꺼내야 할 때도 마찬가지다.

'내가 이렇게 하다가 엄마가 돌아가시면 어떡하지?' 나를 찾아온 내담자들이 엄마 앞에서 주저하는 가장 큰 이유다. 이 두려움이 비합리적이라는 걸 알면서 말이다. 크리스마스 저녁 식사에 못 간다고 엄마가 돌아가시지 않을 텐데, 우리는 왜 이토록 두려워할까? 생존의 뇌가 몰래 작동하기 때문이다.

질문을 바꿔보자. '평생 내 목소리를 못 내고 엄마가 원하는 대로 사는 건 아닐까?' '엄마의 통제에서 벗어나지 못한 채 내 삶이 끝나면 어떡하지?' 내담자는 엄마의 마지막 순간에야 자기 삶이 헛되이 흘러갔음을 깨달았다. 이런 깨달음이 늦기 전에 우리 자신에게 근본적인 질문을 해볼 필요가 있다.

'엄마가 돌아가시면 어쩌지?'라는 두려움이 우리 마음을 흔드는 힘은 강력하다. 이 두려움을 좀 더 들여다보자. 이 질문은 우리 모두 유한한 존재라는 진실과 마주하게 한다. 엄마도, 우리도 언젠가 이별할 수밖에 없다. 자연의 순리에 따르면 엄마가 먼저 떠나신다고 생각하는 게 당연하다. 하지만 진정한 내 삶을 시작하기 위해 그 순간을 기다리는 건 올바른 선택이 아니다. 엄마도 우리가 태어나기 전에 자신만의 삶이 있었고, 우리가 새로운 관계를 만든다 해도 엄마는 또 다른 삶의 방식을 찾아갈 수 있다. 우리는 엄마와 함께하는 삶만 알았기에 독립적으로 사는 데 확신을 갖지 못할 뿐이다.

이런 심리는 우리가 비합리적이라고 여기는 지점으로 이어진다. 엄마의 안녕을 지키기가 오랫동안 관계의 중심이었기에, 우리 무의식은 엄마의 생존까지 자신의 책임으로 받아들인다. 비합리적으로 들리지만, 생존의 뇌는 논리나 미묘한 차이가 아니라 생존이라는 절대적 가치를 좇는다는 점을 기억하자.

엄마의 뜻에 거스르는 생각이 떠오르는 순간, 무의식은 엄마의 죽음을 떠올리고 생존의 뇌가 강하게 작동하기 시작한다. 그래서 우리는 고통스러운 현실을 감내할지언정 엄마와 경계를 정하거나 지키는 것을 피하려 한다.

그러니 자신을 안심시키자. 엄마도, 나도 이런 변화를 충분히 견뎌낼 수 있다. 정말로 그럴 수 있다.

■ 연습 : 죄책감의 무게를 내려놓는 법

에크하르트 톨레(Eckhart Tolle)는 죄책감에 대한 오해를 짚어낸다. 우리는 죄책감이 삶에 필요한 감정이라 믿지만, 그는 이것이 진실이 아니라고 말한다. 죄책감이 드는 것은 오랜 시간 그렇게 배워왔기 때문이지, 우리에게 잘못이 있어서가 아니다. 이것이 톨레가 전하는 깊은 통찰이다. 죄책감이라는 그림자와 마주할 때, 시도할 수 있는 또 다른 내면 작업을 소개한다.

- 엄마의 요청이 내키지 않을 때, 즉각 행동하거나 반발하지 말고 잠시 멈춘다. "엄마, 내가 지금 갈게!"라며 바로 달려가거나 "이제 엄마 뜻대로 하지 않을 거야!"라고 거부하는 대신 잠깐 숨을 고른다.
- 몸속 어디에서 죄책감이 드는지 찾아본다.
- 발견한 죄책감과 잠시 머무른다. 밀어내려 하면 오히려 죄책감이 강해지므로, 물러나서 관찰하듯 바라본다.
- 자신에게 물어본다. '이 죄책감은 습관이나 무의식적 반응이 아닐까? 이 순간 드는 죄책감이 정말 필요한 것일까, 습관적으로 떠오른 감정일까? 죄책감이 든다고 내가 정말 잘못한 건 아닐 수도 있지 않을까?'

이렇게 죄책감을 바라보고 마주하는 작은 순간이 쌓이면서 훨씬 큰 변화가 시작될 수 있다.

엄마가 직면하지 못한 것과 마주하기

죄책감의 함정에 빠진 근본적인 원인은 상실을 받아들이지 못하는 엄마의 심리에 있다. 거절과 버림받음에 대한 압도적인 두려움이 자녀를 붙잡게 한다. 하지만 상실은 피할 수 없다. 살아가는 건 상실과 마주하는 일이며, 상실은 삶의 자연스러운 부분이다. 인생의 이런 고통스러운 진실을 받아들일 때, 엄마의 한계를 넘어서는 진정한 성장이 시작된다.

- **연습 : 끝맺음에서 새로운 시작으로**

우리 삶에는 끝과 시작이 함께 있다. 새로운 시작을 위해서는 뭔가의 끝이 필요하다. 모든 변화의 순간에는 하나를 내려놓고 다른 하나를 받아들이는 과정이 있다. 이는 자연의 순환처럼 당연한 일이다. 이런 이해를 바탕으로 다음 작업을 해보자.

- 삶에서 경험한 주요 끝맺음의 순간을 종이에 적는다(관계의 단절, 이직과 퇴사, 이사, 졸업, 반려동물의 죽음, 가까운 사람과 사별 등을 포함한다).
- 각 경험 옆에 그때의 감정을 솔직하게 기록한다. 슬픔, 절망, 무력감, 상실감, 거절당한 느낌 등 당시 마음을 채운 감정을 있는 그대로 적는다.
- 시간이 흐른 지금의 관점에서 다음을 성찰한다.
  - 각각의 상실이 내게 가르쳐준 것은 무엇인가?
  - 그 상실 후 내 삶에서 무엇이 달라졌는가?

마음의 짐을 내려놓는 데 도움이 될 또 다른 연습을 해보자.

■ 연습: 불필요한 것과 작별하기
- 삶의 사건이 기록된 달력이나 일기장을 준비한다.
- 기록을 보며 직관적으로 표시한다. 생명력을 주는 일, 설렘과 성장을 가져다준 경험과 사람은 초록색이나 노란색으로 표시한다.
- 무겁고 우울한 일, 하기 싫지만 의무적으로 한 일은 검은색이나 회색으로 표시한다(반복되는 실망과 불편한 경험도 포함한다).
- 분석하지 말고 첫 느낌대로 빠르게 표시한다. 직관이 가장 정확한 안내자다.

- 표시한 내용을 검토하고 정리한다. 어두운색으로 표시한 건 정리가 필요한 부분이고, 밝은색으로 표시한 건 더 투자할 가치가 있는 부분이다. 이를 바탕으로 구체적인 변화 계획을 수립한다.

혹시 나도 상실을 마주하지 못하는 걸까?

문제적 엄마는 평생 뭔가를 놔주지 못했다. 그래서 우리에게 상실을 받아들이고 그 안에서 성장하는 법을 알려주지 못했을 뿐더러, 이는 자연스레 우리가 삶에서 마주하는 상실을 대하는 방식에도 깊은 흔적을 남겼다.

어떤 착한 딸은 자신도 모르게 엄마의 모습을 닮아, 제 딸이 성장하면서 겪어야 할 작은 아픔조차 지켜보기 힘들어한다. 막연한 불안을 안고 살며, 자신을 갉아먹는 관계를 놓지 못하는 이도 있다. 인정받고 싶은 마음에 불편한 직장을 참는 착한 딸도 있다. '언젠가 쓸 일이 있겠지'라는 사소한 불안으로, 쓰지도 않는 물건을 몇 년째 곁에 두고 사는 이도 있다.

이처럼 상실을 마주하고 놔주기란 쉽지 않다. 하지만 상실을 있는 그대로 받아들일 때, 새로운 기회와 경험을 만나고 삶의 활력을 되찾는다. 두려움을 넘어서야 새로운 길이 열린다.

엄마는 평생 상실을 부정하며 살았다. 통제할 수 없는 것을 통제하려고 애쓰다가 삶의 자연스러운 흐름을 잃었다. 우리는 다른 선택을 할 수 있다. 삶이 주는 상실을 있는 그대로 받아들이고 그 안에 담긴 가르침을 배울 때, 엄마의 그림자에서 벗어날 수 있다. 이 과정에 삶을 온전히 받아들이는 성숙함이 생긴다. 모든 시작에는 끝이 있다는 자연스러운 흐름을 이해하면 남을 탓하거나 자책할 필요가 없다. 이렇게 삶이 주는 모든 가능성을 향해 한 걸음씩 나아갈 수 있다.

우리는 이 여정을 통해 죄책감에서 벗어날 수 있다.

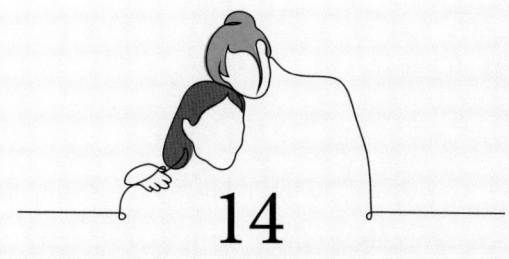

14

자기 의심의
함정에서 벗어나기

"엄마를 볼 때마다 똑같은 말이 돌아온다.
'그런 옷을 입고 나가게?' '그런 걸 사게?' '그런 걸 먹으려고?'
'그 사람하고 결혼할 생각이라고?' '그런 공부를 하겠다고?'
'그런 말을 하고 다닌다고?' 내가 무슨 결정을 하든 틀린 답이다.
오랜 세월 의심의 눈초리를 받았고, 늘 뭔가 고쳐야 할 듯 여겨졌으며
'나중에 후회할 텐데'라는 말도 수없이 들었다.
이제 '이건 내가 할 수 있어!'라고 말하면서 나조차 믿지 못한다.
하나둘 쌓인 의심이 결정할 순간마다 나를 옭아매고,
결국 한 걸음도 내딛지 못하게 만든다."

　착한 딸이 자기 의심에 빠지는 이유는 여러 가지가 있다. 엄마는 혼자 남을까 봐 두려워하고, 딸의 삶에서 자신의 존재감이 약해질까 불안해한다. 때로는 지나친 걱정으로, 때로는 질투로, 혹은 이 감정이 뒤섞여 표출된다. 이유가 뭐든 결과는 비슷하다. 엄마는 자녀를 지켜보며 응원하는 것으로 부족해 의견을 보태고 질문한다.

　이는 자녀를 온전히 신뢰하지 못하는 마음에서 비롯된다. 자녀가 선택한 것을 있는 그대로 받아들이고 자유를 인정하기가 엄마에게는 참 어려운 일이다.

　자기 의심의 함정에 빠진 딸의 머릿속에는 자신의 목소리와 엄마의 목소리가 공존한다. 오랜 시간 겪어온 엄마의 비판과 통제, 간섭과 불안이 내면의 목소리가 돼서 모든 결정을 흔든다. 그러다 보면 한 발도 떼지 못하고 제자리에 머문다. 자신감은 점점 희미해지고, 늘 불안에 싸여 닥칠 일을 걱정한다.

　어쩌다 이 지경에 이르렀을까? 지금까지 우리가 다룬 자기 의심의 함정을 간단히 정리하면 다음과 같다.

- 엄마는 내면에 있는 불안을 억누르고 살아간다.
- 엄마는 불안을 자녀에게 투사한다.
- 착한 딸은 엄마를 불안에서 구해야 한다는 사명감으로 모든 결정에 엄마 의견부터 고려한다.
- 자녀는 무의식적 계약을 한다. '엄마가 제일 중요해. 엄마가 힘들어하는 건 내가 다 가져갈게.' '엄마 허락 없이 중요한 결정을 하지 않을 거야.'
- 생존의 뇌는 엄마의 불안을 받아들이는 게 서로를 지키는 길이라 믿는다. 그래서 이 함정은 오래간다.
- 이 함정에서 벗어나려면 엄마의 불안을 대신 짊어지겠다는 무의식적 계약을 깨고, 자신을 믿을 수 없다는 왜곡된 핵심 신념을 바로잡아야 한다.

엄마가 절대적인 권위자로 군림하든, 끊임없이 불안을 주는 존재로 남든, 한 가지 깨달음이 변화의 시작점이다. 그 깨달음은 우리 내면에 자리 잡은 엄마의 목소리가 의도적이든 아니든 삶을 서서히 잠식하는 힘이라는 사실이다. 이 장은 자기 의심이라는 심리적 함정에서 벗어나는 방법을 다룬다. 엄마와 맺은 무의식적 계약을 깨고, 자신을 믿는 법을 배우며, 왜곡된 핵심 신념을 새로운 진실로 바꾸는 과정에서 진정한 자기 결정의 힘을 되찾게 될 것이다.

투사로 비롯되는 문제

13장에서 우리는 중요한 현상을 발견했다. 엄마가 자신의 내면에서 마주하기 힘든 감정을 우리에게 투사한다는 것이다. 자기의심의 함정에 빠졌을 때, 이런 투사는 '나는 나를 믿을 수 없어'라는 내면의 목소리로 귀결된다.

완벽한 사람은 없다. 이는 부정할 수 없는 진실이다. 그러나 엄마가 같은 지적을 반복하고 자신의 두려움을 우리에게 투사할 때마다, 우리는 자신에게 뭔가 근본적인 문제가 있다고 믿기 시작한다. 이 결함이 우리 존재의 본질이며, 영원히 벗어날 수 없는 숙명처럼 느껴지는 것이다.

앞서 살펴봤듯이 엄마의 지나친 비판은 자신을 돌아보지 않고 우리에게 시선을 고정할 때 시작된다. 엄마는 우리를 비판하거나 고치려 들면서 자신의 내면에 있는 그림자와 마주하지 않으려 한다. 여기에 엄마가 현대사회를 살아가는 여성으로서 마주한 두려움까지 우리에게 덧씌운다. 의도가 어떻든 엄마가 삶에 개입하고 간섭할 때마다 우리의 성장은 멈춘다. 진정한 내면의 자신감은 실수를 통해 배우고, 성공했을 때 그 기쁨을 온전히 자기 것으로 받아들이는 과정에 생긴다. 이것이야말로 우리 마음에 끝없이 맴도는 자기 의심의 굴레와 차원이 다른 경험이다.

나는 자기 의심의 함정에 빠졌을까?

우리는 엄마와 관계에서 자신의 부족함과 자주 맞닥뜨린다. 엄마는 우리를 도움과 조언, 보살핌이 절실한 존재라 여기고, 이런 간섭 없이는 삶의 어려움을 이겨내지 못할 거라 확신한다. 우리는 엄마의 판단이 옳다는 생각과 함께, 엄마의 조언 없이는 제대로 선택할 수 없을 듯한 불안감에 그저 순응한다.

잠시 멈춰 내면을 들여다보자. 우리는 엄마의 어떤 두려움을 자기 것으로 받아들이고 있을까?

연습 : 빈칸 채우기

우리 마음속을 들여다보며 다음 질문을 하나씩 완성하자.

- 내 선택이나 행동에 엄마가 특히 강하게 반응하는 순간을 떠올리자. 가장 기억에 남는 일은 무엇인가?
  "최근 6개월 동안 내가 _____ 했을 때 엄마가 가장 많이 속상해했다."
- 엄마가 주변 사람을 보며 경계하거나 우려하는 모습 중, 내게 자주 언급하는 사람은 누구인가?
  "엄마는 내가 _____ 같은 사람이 될까 봐 몹시

걱정한다."
- 엄마가 일상에서 "혼자 하긴 위험하다" "네가 하기엔 이르다"며 특별히 걱정하는 부분은 무엇인가?
"요즘 엄마의 가장 큰 걱정은 내가 혼자서 _____ 하는 것이다."
- 내 삶에서 중요한 선택의 순간을 떠올려보자. 어떤 결정 앞에서 엄마의 승인이 필요했는가?
"지난 1년간 나는 _____ 에 대해 엄마와 상의하지 않고는 결정을 못 했다."
- 내가 어떤 어려움을 겪을 때 엄마가 가장 민감하게 반응하고 적극적으로 개입하는가?
"엄마는 최근 내가 _____ 문제로 힘들어할 때 가장 많이 걱정했다."

방금 빈칸을 채운 답을 보면 중요한 사실을 발견한다. 엄마의 지나친 걱정과 관심 뒤에는 두려움이 있다는 점이다. 이 두려움이 우리를 통제하려는 행동의 뿌리다. 두려움은 엄마의 마음속에서 불안으로 자라났고, 엄마는 이 불안을 잠재우기 위해 우리 삶을 통제하려 했다. 엄마가 두려웠기에 우리를 통제했고, 우리는 그 통제 속에 자신을 의심했다. 자기 의심의 함정이 유발하는 악순환이다.

엄마의 행동 이면에 이런 두려움이 있음을 이해했다고 엄마가 우리를 통제하는 게 정당화될 수 없다. 이제 우리는 엄마의 비판과 간섭이 어디서 시작됐는지 알았다. 이 이해는 우리가 엄마의 말에 지나친 무게를 두지 않도록 도와줄 것이다.

대화 예시　엄마의 걱정을 인정하는 말로 대화를 시작한다.
"엄마, [내 체중 / 남자 친구 / 직장 문제 /　　　]로 걱정하는 걸 알아."

대화는 우리와 엄마의 현재 관계, 앞으로 함께 그려가고 싶은 관계의 모습에 따라 방향이 자연스럽게 달라질 수 있다. 어떤 방향이든 우리가 자신의 선택을 설명하거나 정당화하려고 애쓰지 않는 게 중요하다. 이 선택으로 행복해야 할 사람은 바로 나라는 점을 담담하게 이야기한다.

- "엄마가 걱정하는 거 알아. 난 괜찮을 거야."
- "내가 잘되길 바라는 엄마 마음은 알지. 그래도 나한테 무엇이 최선인지 스스로 판단하고 싶어."
- "나를 위하는 마음 알아. 지금은 엄마가 나를 믿어주는 게 더 필요해."
- "엄마, 내가 올바른 결정을 내리길 바라는 거 알아. 나한테 중요한 문제니까. 지금은 내 감정과 상황에 따라 스스로 결정하는 게 낫다 싶어."

이 대화에 공통점이 있다. 서로 독립된 개인으로 인정하고 존중하는 태도다. 이런 대화에서는 두 사람이 각자 생각과 감정이 있는 존재로 대한다. 이는 우리가 개인으로 존중받고 싶은 기본적인 욕구를 보여준다. 건강한 관계에서는 일상의 대화에도 각자 다른 방식을 인정하며 소통한다.

하지만 현실은 이상과 다르다. 엄마가 이런 시도에 싫다고 선을 그을 때, 우리는 개인으로서 어떻게 자기 자리를 지킬 수 있을까? 다른 심리적 함정처럼 먼저 우리를 제약하는 무의식적 계약과 왜곡된 핵심 신념을 들여다봐야 한다.

자기 의심의 함정에서 벗어나기 위한 치유 의식

- 조용한 시간, 편안한 공간을 마련한다. 숨을 5초 동안 천천히 들이마시고, 10초 동안 내쉰다. 이 호흡을 세 번 반복하며 마음을 비운다.
- 마음을 가라앉히고 의미 있는 장소를 떠올린다. 평화로운 기도실이 될 수도 있고, 달빛이 스미는 정원이나 파도 소리가 들리는 해변이 될 수도 있다. 이 순간을 특별하게 만들어줄 곳이면 어디든 상관없다. 촛불을 밝히거나 고요한 음악으로 마음을 열어도 좋다. 자신만의 방식으로 이 시간을 준비한다.

- 고요한 마음으로 내면의 성찰이 이뤄질 자리에 선다. 그곳에는 지금껏 알아채지 못한 무의식적 계약이 놓였고, 곁에는 새로운 길을 위한 다짐이 있다.
- 이 의미 있는 자리에서 엄마와 마주한다. 엄마 뒤에는 엄마의 참된 자아가 서서 엄마를 지지한다. 내 뒤에도 나의 참된 자아가 나를 보살핀다. 두 참된 자아는 나와 엄마의 겉모습과 속마음을 알고 받아들인다. 그들은 나와 엄마 안에 있는 소녀의 마음과 성숙한 여성의 지혜를 품고 있다. 두 참된 자아는 낡은 계약을 파기하는 것이 서로의 성장에, 대대로 이어진 아픔의 고리를 끊는 데 필요한 일임을 안다.
- 엄마와 마주 앉아 이야기하듯 마음속으로 다음 말을 전한다(이는 예시일 뿐, 마음에 와닿는 말로 바꿔도 좋다).

  무의식적 계약 파기 "늘 엄마의 기준에 맞춰 살았는데, 이제 내 기준을 따라갈래. 엄마의 걱정이나 비판에서 벗어나고 싶어. 나를 믿을래."

  선언 "건강한 삶은 자율성에서 시작돼. 내가 나만의 길을 걸어가는 건 엄마를 부정하는 게 아니라, 온전한 나를 찾아가는 여정이야."

  핵심 신념의 전환 "내 마음속 욕구에 따라 판단하는 건 위험하지 않아. 나로 살아가고 싶은 자연스러운 갈망이야."

<u>의식적 진실의 수용</u> "완벽한 선택이란 없어. 내가 책임 지는 선택이 있을 뿐이야. 실수든 성공이든 내 경험이지. 이제 두려움 없이 희망을 품고 살래."

- 마지막으로 마음 깊은 곳에서 오래된 계약을 모두 풀어낸다. 그 계약을 찢어 정화의 불꽃 속에 던지고, 새로운 다짐을 마음에 새긴다.

이인삼각

13장에서 살펴봤듯이, 우리 의식적인 마음은 엄마가 삶을 통제하지 않아도 된다는 것을 이해한다('그래, 이제 때가 됐다!'). 하지만 생존의 뇌는 이에 저항한다('엄마가 이걸 받아들일까?'). 생존의 뇌는 여전히 우리와 엄마가 모든 면에서 일치하기를 바란다. 그래서 우리는 대부분 엄마에게 순응한다.

심리학에서는 이런 상태를 '밀착된 관계(enmeshed)'라고 부른다. 이는 운동회 때 이인삼각처럼 서로 묶여 독립적인 움직임이 불가능한 상태를 만든다. 밀착된 관계에 심리적 경계선을 세우려는 모습을 떠올려보자. "자꾸 밀지 마!" "이렇게 끌고 가지 말라고!" "나는 내 속도대로 가고 싶어!" "왜 항상 엄마 방식대로 해야 해?" "내 길을 방해하지 마!"

엄마와 우리가 하나로 얽힌 상황에 경계선을 세우기는 이인삼각에서 각자 보폭으로 걸으려고 하는 것과 같다. 잘되면 우스꽝스러운 상황이고, 최악의 경우 통제권을 두고 벌이는 처참한 싸움이 된다. 어떤 경우든 두 사람이 각자 영역에서 독립적으로 자기 일을 할 공간은 전혀 없다.

모든 사람을 늘 만족시킬 순 없는 법

자기 의심의 함정에 빠진 착한 딸의 모습처럼, 우리는 타인의 실망을 견디기 어려워한다. 이는 성장 과정이 남긴 심리적 흔적이다. 어릴 때부터 엄마에게 실망을 주는 일은 큰 잘못으로 여겼고, 그 무게가 지금도 마음에 있다. 우리는 조용히 엄마의 뜻을 따랐고, 삶의 크고 작은 결정에서 엄마의 목소리를 우선했다. 그러다 보니 어느새 자신을 믿지 못하게 됐다.

나이가 들수록 엄마의 허락 없이 앞으로 나아가지 못하게 만드는 내면의 속삭임이 더욱 교묘해졌다. 홀로 뭔가 시도하려 할 때마다 정체 모를 불안이 따라온다. 불안은 우리를 끝없는 자기 의심으로 이끌고, 내면의 선명한 목소리를 들리지 않게 만든다. 겉으로 우유부단하고 나약해 보이지만, 그 속에 더 복잡한 감정의 실타래가 엉켰다. 우리는 끊임없는 내적 갈등 속에 살아간다.

이런 갈등은 일상의 작은 선택에서도 드러난다. 휴가 때 친구들과 스키 타러 가고 싶지만, 한편으로 엄마와 시간을 보내며 기쁨을 드리고 싶다. 이런 마음의 충돌은 우리를 움직이지 못하게 만든다. 이성적으로 두 마음을 조화시키려 해도 쉽지 않다. 여기에는 더 큰 이유가 있다. 우리가 진정 원하는 것(친구들과 스키 여행)과 마음에 자리 잡은 믿음(엄마의 행복이 나의 안전)이 정면으로 부딪히기 때문이다. 내면의 싸움은 불안과 혼란으로 이어져, 우리를 망설임과 자기 파괴의 늪에 빠뜨린다. 때로는 이 두려움이 너무 커서 한 걸음도 내딛지 못한다.

자기 의심과 자기 파괴

엄마의 기대에 부응하며 살지, 자기 길을 걸을지 갈등하는 순간이 있다. 이 어려운 선택의 순간을 피하는 가장 쉬운 방법은 삶의 방향타를 잡은 채 그대로 멈추거나 아예 길에서 벗어나는 것이다. 이는 단순한 비유가 아니라 자기 파괴적 행동의 한 형태다. 많은 착한 딸이 이런 방식으로 자기 성장을 막아선다. 그 영향은 때로는 일상의 작은 걸림돌로, 때로는 돌이킬 수 없는 상처로 나타난다.

   나는 이렇게 깊은 상처로 고민하는 내담자들을 만나왔다. 엄마와 관련된 감정적 진실이 너무 고통스러워 자해라는 극단적인 선택을 한 이도 있다. 덜 극단적이지만 똑같이 깊은 상처를 안고 사는 이도 많다. 이들은 자기 꿈을 향해 한 발도 내딛지 못한다. 자기 의심의 함정에 빠진 이들은 왜 그러는지 모른 채 자기를 파괴하는 행동을 반복한다. 경험상 자기 파괴적인 모습은 대개 두 가지 양상으로 나타난다.

첫째, 완벽한 준비 끝에 멈추는 경우다. 이들은 변화를 위해 모든 준비를 마친다. 상담에서 충분히 이야기 나누고 세세한 계획도 세운다. 하지만 새로운 직장에 지원하거나, 잘못된 관계를 정리하거나, 낯선 곳으로 떠나야 할 순간이 오면 한 발도 내딛지 못한다. 도약할 준비가 됐다고 생각하는 순간, 알 수 없는 불안이 밀려와 무너진다. 앞으로 나아가기 위해서 엄마의 허락이, 실패했을 때는 엄마의 위로가 필요하다.

둘째, 끊임없는 위기 속에 사는 경우다. 한 문제가 끝나기 전에 또 다른 문제가 생기는 삶의 굴레에서 이들은 진정한 성장을 위한 시간을 갖지 못한다. 불운이 특별히 자신을 찾아오는 듯 느낀다. 날마다 뜻대로 되지 않는 현실을 한탄하고, 주변에 부당한 대우를 토로한다. 모든 사람이 자기 선의를 이용한다고 여긴다. 상담실에서도 이런 모습이 그대로 드러난다. 늘 숨을 몰아쉬며 뒤늦게 도착해서 교통 체증이나 예상치 못한 일에 대한 불만을 쏟아낸다. 시간 내내 삶의 불공정함을 이야기하거나, 다른 이의 위기를 해결해야 한다며 마지막 순간에 상담을 취소한다. 결국 타인의 위기가 자신의 치유보다 우선이 된다.

엄마를 놓치지 않으려는 자기 파괴의 심리

겉보기에 서로 다른 길을 걷는 두 유형의 착한 딸이지만, 이들은 내면에 공통된 마음이 있다. 엄마를 잃지 않으려는 절실한 바람이다. 이 무의식적인 갈망이 두 유형의 딸을 자기 파괴의 길로 이끈다. 한쪽은 지나치게 수동적인 모습으로 자기 마음에서도 엄마와 갈등을 피하려고 뒷걸음친다. 다른 한쪽은 끊임없이 도움이 필요한 상황을 만들며 현실에서든 마음에서든 엄마를 붙잡으려 한다. 때로는 누군가에게 없어서는 안 될 사람이 되고자 끈끈한 의존 관계를 맺기도 한다. 이들 모두 자신의 이런 모습을 전혀 알아차리지 못한다는 점이 안타깝다.

   자기 파괴적인 태도는 이들의 삶을 반쪽짜리로 만든다. 무한한 가능성을 가지고 시작한 삶은 어느새 좁은 틀에 갇힌다. 마음에 품은 소설은 첫 장을 넘기지 못하고, 관계는 시작과 끝 사이에서 표류하며, 꿈꾸던 경력은 싹이 트기도 전에 시들어간다. 모든 잠재력이 자기 파괴라는 심연으로 사라진다. 이것이 자기 의심이 만드는 보이지 않는 상처다. 이 굴레에서 벗어나는 길은 역설적으로 우리를 괴롭히는 불안과 마주하고, 불안이 전하는 메시지에 귀 기울이는 데서 찾을 수 있다.

불안은 우리에게 어떤 메시지를 전하려는 걸까?

자기 의심의 함정에 빠진 착한 딸에게 불안은 늘 따라다니는 그림자다. 심리학적으로 불안은 미지의 것을 두려워하거나 감당하기 힘든 일에 맞닥뜨릴 때 나타나는 자연스러운 반응이다. 착한 딸에게 불안과 의심은 익숙한 감정이다. 온몸을 휘감는 불안은 가능하면 영원히 피하고 싶어, 이를 지우거나 덮어버리거나 무시하려고 안간힘을 쓴다. 하지만 불안은 우리가 밀어내려 할수록 더 큰 힘으로 돌아온다.

불안은 그 뿌리를 이해하려고 노력할 때, 우리의 든든한 조력자가 될 수 있다. 친구라고 하기는 어색하지만, 적어도 앞길을 비추는 등대 역할을 할 수 있다. 불안은 결코 허공에서 생겨나지 않기 때문이다. 겉으로 드러나는 불안은 빙산의 일각일 뿐, 우리에게 전하고자 하는 중요한 메시지는 그 밑에 있다. 때로는 불안이 과거의 기억이 보내는 신호일 수 있다. 이는 특정한 상황에서 자동으로 일어나는 반응이지만, 대부분 실제 위험과는 거리가 멀다. 2장에서 이야기했듯이, 어둠 속에서 뱀으로 착각했으나 평범한 나뭇가지인 것과 같다.

때로는 불안이 현실을 비추는 거울이 된다. 서로 다른 방향을 향하는 두 마음이 충돌할 때처럼. 예를 들어 이런 경우를 보자. 착한 딸이라면 당연히 해야 할 일이라고 믿으며 엄마를 찾아가려 한다. 마음 한구석에서는 이 만남이 순탄치 않을 거라는 예감이 자꾸 고개를 든다. 그래도 발걸음을 옮기지만, 불안이 계속 이 만남의 결과를 상기시킨다. 표면적으로는 불안이 문제인 듯 보인다. 사실 불안은 앞으로 닥칠 어려움을 알려주고 우리를 지키려는 심리일 수 있다. 이때 불안이 전하는 메시지를 차분히 들여다보면 그 상황을 현명하게 헤쳐 나갈 길을 찾을 수 있다.

또 다른 내면의 갈등 상황을 보자. 오랫동안 꿈꾼 승진 기회가 왔다. 이 기회는 엄마와 떨어져 살아야 한다는 조건을 동반한다. 엄마에게 승진 소식을 전하려는 순간, 가슴 한곳에서 불안이 스며든다. 한쪽에서는 자기 삶을 꾸리고 싶은 갈망이, 다른 한쪽에서는 엄마와 관계를 유지하고 싶은 애착이 맞선다. 충돌하는 내면의 목소리를 제대로 듣지 않으면 혼란스러운 감정의 소용돌이는 잦아들기 어렵다.

그러다 보면 불안의 진짜 의미를 깨닫지 못한 채, 승진이라는 선택을 의심하기 시작한다. 새로운 자리가 요구하는 책임이 버거울 것 같고, 낯선 데서 적응하느라 고생하다가 실패할까 봐 주저한다. 이런 걱정이 현실적인 고민 같지만, 엄마와 분리를 막으려는 무의식적 방어기제가 작동한 것이다.

분리 과정에서 느끼는 불안은 엄마를 삶의 중심축으로 삼은 오래된 습관을 바꾸려 할 때도 자연스럽게 찾아온다. 하지만 불안의 뿌리를 이해하면 본능적인 두려움을 달래면서도 의식적인 성인 자아가 삶의 방향을 결정하게 할 수 있다. 그래서 불안이 우리에게 전하는 메시지의 진정한 의미를 살펴보는 시간이 필요하다.

막연히 '두려움을 참고 전진하라'는 식의 해결책은 오히려 문제를 키울 수 있다. 잠시 걸음을 멈추고 마음의 소리에 귀 기울이자. 그곳에서 들리는 두려움의 메시지를 깊이 이해하고 받아들일 때, 성장과 선택이 가능하다.

■ 연습 : 자신을 안정하기(그라운딩)

다음은 잠시 멈춰서 불안의 근원을 찾고 해소하는 방법이다.

- 집이나 사무실 벽을 찾는다.
- 벽에 등을 기대고 무릎을 구부린 채, 등이 벽에 완전히 닿도록 미끄러지듯 내려간다.
- 벽에 등을 밀착해 벽이 몸무게를 받치도록 한다.
- 벽을 따라 내려가며 엉덩이, 복부, 허벅지에 힘을 주고 자세를 유지한다.
- 발바닥으로 바닥을 단단히 디디고, 온몸을 짓누르는 불안감이 발끝을 통해 대지로 흘러내리게 한다.

불안으로 마음이 혼란스럽고 압도되는 느낌이 들 때, 이 연습을 하면 도움이 될 것이다.

질문할 용기

문제적 엄마는 자녀가 질문하는 것을 용납하지 않는다. 질문은 오직 엄마의 몫이라는 것이다. 아무리 조심스럽게 물어도 엄마가 쏘아붙이거나, 화내며 자리를 피하거나, 무거운 침묵으로 대하거나, 갑자기 화제를 바꾼다면, 우리는 자연스레 질문하지 않는 법을 배운다. 전체 상황을 이해하기 위해 반드시 알아야 할 게 있을 때도 말이다. 우리는 타인을 불편하게 하지 않으려고 직접적인 질문을 피하며 살아가는 방식을 택한다.

 그 결과 우리는 불완전한 정보를 바탕으로 판단하고, 상황을 제대로 파악하지 못한 채 결정한다. 모든 상황을 미리 알았다면 절대 하지 않았을 약속도 쉽게 한다. 실제 상황을 이해하기도 전에 선뜻 나서는 것이 몸에 밴 것이다. 사람을 지나치게 믿는 성향이다 보니 자꾸 상처를 받고, 그때마다 자신을 더 미워한다. 또 다른 악순환이다.

 이런 패턴에서 벗어날 방법이 있다. 처음에는 어색하고 낯설겠지만, 약속하기 전에 필요한 정보를 얻는 방법이다. 이는 비단 엄마와 관계뿐 아니라 모든 관계에 적용할 수 있다. 상황을 제대로 파악하기도 전에 동의하려는 자신을 발견했다면, 잠시 멈춰 생각하자. 내게도 모든 정보를 알 권리가 있음을 자신에게 일깨우자. 질문하는 것은 잘못이 아니라고 자신에게 용기를 주자. 다음은 이를 위한 세 가지 대화법이다.

대화 예시

"우리 서로 기대하는 게 무엇인지 확실히 해둬요. 제가 뭘 하길 바라는지, 제가 어떤 도움을 받을지 알려줄 수 있나요?"
"바로 답을 드리기 어렵네요. 제가 정확히 어떤 일을 해야 할지 조금 더 설명해주시겠어요?"
"처음부터 너무 많은 걸 결정하지 말고, 한 달 정도 같이 해보면 어때요? 그 뒤에 다시 만나 서로에게 맞는지 이야기 나누면 좋겠어요. 그때쯤이면 우리가 잘 맞는 사이인지 아닌지 잘 알 수 있을 거예요."

이처럼 상황에 맞는 대화법을 활용하면 우리와 상대의 품격을 지키면서 필요한 정보를 얻을 수 있다. 성급한 약속보다 신중한 결정을 선택하자. 많은 정보를 바탕으로 한 결정일수록 후회가 적고, 자신을 의심하는 순간도 줄어들 것이다.

자기 의심을 강화하는 두 가지 말버릇

자기 의심의 함정에 빠진 착한 딸은 자존감을 조금씩 갉아먹는 두 가지 말버릇이 있다. "죄송해요"와 "괜찮아요". 자기 의심에 시달리는 사람은 갈등 상황을 본능적으로 회피하려 든다. 그러다 보니 감정은 억누르고, 불편한 순간에서 빨리 벗어나는 데 집중한다.

　회피성 말이 상황을 어렵게 만든다. 물론 이런 말이 언제나 부적절하진 않다. 진심 어린 사과는 실수를 바로잡는 데 가장 효과적인 방법이다. 서로 이해하고 배려하는 관계에서 "죄송해요"라는 말은 흔들린 관계를 회복하는 힘이 있다. 진정으로 수용할 수 있는 상황에서 "괜찮아요"라는 말도 관계를 단단하게 만든다.

　실제로 괜찮지 않은데 "괜찮아요"라고 하거나, 사과할 이유가 없는데 "죄송해요"라고 하는 경우가 문제다. 이는 예의 바르고 배려심 있게 보일 수 있지만, 진정성 없는 말이 오히려 우리의 진실한 목소리를 지우고 자기 의심을 깊게 한다.

　이런 말버릇이 자리 잡으면 점차 진정성을 잃어간다. 특히 사과할 이유가 없는 상황에서 "죄송해요"라는 말은 우리를 불필요하게 약자의 위치에 놓거나, 우리 잘못이 아닌 일까지 책임지게 만든다. 이는 건강한 자존감 형성을 방해하고, 부적절한 관계의 패턴을 형성하는 원인이 된다.

　무의식적으로 내뱉는 "죄송해요"가 전하는 메시지는 "제가 이 자리에 존재하는 자체를 사과드립니다" 혹은 "제가 당신의 모든 불만을 받아들일 쓰레기통이 되겠습니다"와 다름없다. 마찬가지로 괜찮지 않은 상황에서 내뱉는 "괜찮아요"가 전하는 메시지는 "저는 좋은 대우를 받을 자격이 없는 사람이니 당신이 제게 어떤 행동을 해도 괜찮습니다"라는 무언의 동의다.

우리가 습관적으로 "죄송해요"라고 말하려 하거나 불편한 상황을 피하고 싶을 때, 어떻게 해야 진정성 있는 대화를 이어갈 수 있을까? 자기 가치를 지키면서도 타인에게 진정한 배려를 표현할 방법이 있다.

첫 단계는 우리의 언어 습관이 타인의 태도를 무의식적으로 이끈다는 사실을 인지하는 것이다. 관계에서 자신을 지우는 행동은 상대의 존재를 부정하는 것만큼이나 건강한 관계 형성을 방해한다. 이는 모녀 관계에서든, 위계가 작동하는 직장에서든, 일상의 짧은 만남에서든 마찬가지다. 건강한 관계는 서로의 존재를 온전히 인정할 때 비로소 시작된다. 그러므로 말하기 전에 자신의 마음을 들여다보자.

물론 사과해야 할 때가 있을 것이다. 올바른 방식으로 사과하는 게 핵심이다. 자동으로, 무심하게 혹은 복종적으로 "죄송해요"라고 말하는 대신, 진정 그렇게 느낄 때를 위해 아껴두자. 이런 접근 방식이 양측의 존엄성을 지켜준다.

대화 예시

"죄송해요"라고 말해야 할 때는 정확히 무엇이 미안한지 구체적으로 표현하는 게 중요하다. 원래 자기 의도가 무엇인지, 그 의도에 얼마나 미치지 못했는지 명확히 설명한다. 예를 들면 다음과 같다.

"죄송합니다, 약속 시간에 늦었네요. 제가 시간 약속을 지키지 못했어요. 귀한 시간 내주셨는데 기다리게 해서 정말 죄송합니다. 앞으로는 알람을 더 일찍 맞추고, 교통 체증도 감안해서 넉넉하게 출발하겠습니다."

이런 사과에는 네 가지 핵심 요소가 있다.

- 자기 잘못을 구체적으로 인정한다.
- 상대방 입장과 감정을 이해하고 있음을 보여준다.
- 약속을 소중히 여기는 마음을 전한다.
- 같은 실수를 반복하지 않기 위한 방안을 제시한다.

"괜찮아요"라는 표현은 다루기 조금 더 까다롭다. 이 말을 해야 할 것 같은 압박감이 들 때는, 다른 대응 방식을 떠올리지 못해 막막한 경우가 대부분이다. 상대방을 나무라거나 죄책감을 주고 싶지 않은 마음, 그 불편한 감정을 잘 알기에 진심이 담기기도 전에 상대를 안심시키려 한다. 여성, 특히 착한 딸은 늘 타인의 감정을 먼저 살피도록 배웠다. 그러다 보니 자신의 진짜 목소리는 잃기 쉽다. 여기 자신의 진심을 지키면서도 관계를 해치지 않도록 도와줄 몇 가지 표현이 있다.

대화 예시

누군가 답장이 늦었다고 사과하는 상황을 가정하자. 이때는 상대방의 사과를 인정하는 말로 시작한다. "그렇게 말해줘서 고마워요." "사과해줘서 고마워." 그러고 나서 그 상황이 내게 어떤 영향을 줬는지 솔직히 표현한다. "왜 답장이 없는지 궁금했어요." 여기까지 해도 충분하다. 짧고 담백하게 마무리한 뒤 다른 이야기로 넘어간다.

사과의 가치를 깎아내리려는 게 아니다. 진심 어린 사과와 그 사과를 받아들이는 과정은 관계를 단단하게 만든다. 진정한 관계는 상대를 있는 그대로 인정하고 회복하는 것이다. 이는 완벽한 사람 사이가 아니라, 따뜻한 마음으로 의지하고자 하는 이들 사이에서 만들어진다. 한쪽이 자신을 지나치게 낮추고 다른 쪽을 높이는 사과는 관계 회복에 도움이 되지 않는다.

진정한 내 마음을 말하는 용기

자기 삶에 명확한 의식을 가지고 온전히 집중할 때, 우리 행동은 번개처럼 강한 힘을 발휘한다. 달라진 우리 모습에 누군가는 실망하고, 누군가는 불편할 수 있다. 그게 중요할까? 모두의 기대에 부응하려 애쓴 시간이 우리에게 진정한 행복을 가져다준 적이 있던가? 그렇지 않다는 걸 알고 있다. 우리의 소중한 에너지를 갉아먹는 일과 관계에서 우아하게 벗어나는 방법을 알아보자.

대화 예시

"엄마, 그동안 내가 제과 판매도 도와주고, 바구니 공예도 같이 다니고, 세탁물도 대신 받아주고 그랬는데… 앞으로는 어려울 것 같아. 엄마가 다른 방법을 찾아볼 수 있게 미리 얘기하는 거야." 진심이 담긴 말, 그 말을 실천하는 진정성은 모든 관계와 선택에 생기를 불어넣는다. 분명한 의사 표현은 생각보다 훨씬 힘이 강하다. 이런 태도야말로 자신감 있게 살아가는 여성과 늘 누군가에게 휘둘리며 불리한 상황만 반복하는 여성의 결정적인 차이다.

새로운 변화를 시작하려 할 때, 엄마를 비롯해 평생 우리의 헌신을 당연히 여겨온 사람들은 꽤 힘들어할 것이다. 하지만 걱정하지 말자. 우리 결심을 시험하는 시간을 견디고 나면, 그들도 서서히 변화를 받아들일 테니까. 그때가 되면 자신에게 말할 것이다. "왜 이제야 내 목소리를 냈을까?"

내면에 새겨진 엄마의 목소리와 마주하기

'지금까지 한 말이 다 맞는데, 머릿속에 있는 엄마 목소리가 계속 나를 깎아내리고 발목을 잡아. 이 목소리를 어떻게 잠재울 수 있을까?' 이런 생각과 싸우거나 무시하지 말고, 다음 방법으로 내면의 부정적인 감정을 해소하자.

■ 연습 : 엄마의 의심에서 벗어나기

1. 조용한 곳에서 마음을 가라앉히고 편안한 상태가 된다.
2. 숨을 5초 동안 천천히 들이마시고, 10초 동안 내쉰다.
3. 이 호흡을 세 번 반복한다.
4. 엄마와 마주 앉은 모습을 떠올린다.
5. 마음속의 엄마가 하고 싶은 말을 마음껏 하도록 둔다.
6. 몸이 굳고 긴장되는 것을 느낀다.
7. 엄마의 이런 날 선 말을 방어하기 위해 지금까지 쌓아온 마음의 벽이 어떤 느낌인지 천천히 알아차린다. 그 단단함과 무거움을 있는 그대로 느껴본다.
8. 이 벽을 더 단단하게 만들지 말고, 서서히 녹아내리는 모습을 상상한다.
9. 깊은 호흡을 이어가며, 자기 존재가 점점 커지고 확장돼서 공기처럼 가볍고 물처럼 자유롭게 흐르는 상태가 된 것을 느낀다.
10. 내면의 엄마가 하는 부정적인 말이 홀로그램을 통과하는 바람처럼 스쳐 지나가게 한다.
11. 그 말에 맞서거나 붙잡힐 필요가 없다. 그저 아무 흔적도 남기지 않고 지나가는 공기처럼 여긴다.
12. 깊은 호흡으로 몸과 마음이 편안해지고, 엄마 때문에

내면화된 자기 의심이 허공으로 흩어지는 것을 가만히 지켜본다.

이런 심리적 작업은 일상에도 적용할 수 있다. 엄마가 무의식적으로 혹은 별생각 없이 던진 의심의 말이 떠오를 때도 이 방법이 도움이 된다. 이런 순간은 현실에서든 마음속에서든 커다란 돌덩이처럼 떨어져 어린 시절 우리 생존의 뇌에 달라붙곤 한다. 이를 밀어내거나 맞서 싸우고, 더 단단한 방어벽을 세우려 할수록 그 영향력은 더 강해진다.

 반대로 부정적인 순간을 바람이 지나가듯 무심히 흘려보내면 그 힘은 연기가 흩어지는 것처럼 자연스레 사라진다. 후, 하고 불어버리듯 말이다.

엄마가 마주하지 못하는 것과 마주하기

문제적 엄마는 늘 두려움에 사로잡혀서 방어기제로 모든 걸 통제하려 든다. 오직 자신의 방식이 옳다고 믿으며 새로운 가능성이 찾아올 때마다 고개를 돌리고, 마음 깊은 곳에서 들리는 작은 신호조차 무시한다. 삶의 흐름을 있는 그대로 받아들이는 대신, 최악의 상황을 상상하며 싸우느라 모든 걸 소진한다. 이런 삶은 엄마를 지치게 하고, 좋지 않은 결과를 가져올 수밖에 없다. 우리에겐 다른 선택이 있다.

　삶을 있는 그대로 받아들이면서 자신을 믿는 법을 조금씩 배우는 것이다. 인생에는 당연히 크고 작은 어려움이 찾아온다. 우리는 그 어려움을 견디고, 그 속에서 성장하며, 새로운 눈으로 세상을 바라보는 법을 터득할 수 있다.

　아무도 모든 것을 완벽하게 통제할 수 없다. 우리는 소중히 여기는 가치와 꿈을 향해 한 걸음씩 나아갈 수 있다. 순간순간 자신이 옳다고 믿는 길을 걷고 있는지 살피면 된다. 결과가 어떻게 될지 조바심 내며 기다릴 필요가 없다. 행복과 만족은 이 순간 우리의 선택에 있기 때문이다. 이를 실천하는 두 가지 방법을 알아보자.

■ 연습 : 가치와 나를 일치시키기

1. 나에게 중요한 가치를 적어본다. 친절, 정직, 활력, 강인함, 추진력, 정의로움 등 떠오르는 대로 써 내려간다.
2. 나에게 가장 소중한 가치를 골라 동그라미를 친다.
3. 지금 내가 고민하는 선택이 있다면 아주 작은 것이라도 떠올려본다.
4. 내가 선택할 수 있는 여러 방안 중에서 어느 것이 내가

정한 가치관과 가장 잘 맞는지 살펴본다.
5. 가치는 삶의 여정에서 발견하고 다듬어가는 나침반이다. 지금 내가 선택한 가치대로 결정했다면 그 선택을 온전히 신뢰한다.

침묵의 힘 다스리기

엄마의 날카로운 말에 마음이 흔들릴 때, 한 걸음 물러서서 말을 아끼는 일은 생각보다 큰 용기가 필요하다. 나를 방어하고, 설명하고, 맞서다 보면 엄마와 감정싸움을 되풀이할 뿐임을 알면서도 그 순간의 충동을 이기기 쉽지 않다. '엄마가 저렇게 말하는데 가만있을 수 없어'라는 마음이 들게 마련이다. 이 감정의 소용돌이에 휘말리지 않기를 바란다. 한 걸음 물러서서 넓은 마음으로 바라보면 자신을 더 믿고, 엄마의 말과 생각에 얽매이지 않아도 된다는 걸 깨닫는다.

때로는 침묵이 가장 깊은 대화다. 뭔가 해명하거나, 사과하거나, 달래거나, 변명하고 싶은 마음이 들 때, 잠시 멈춰서 침묵을 택하자. 그 자리에 고요가 머물게 하자. 우리 마음에도 여유를 주자.

이렇게 하기는 쉽지 않다. 하지만 침묵을 지켜낼 수 있다는 믿음이 우리에게 새로운 힘이 된다. 이런 순간을 견디는 작은 비결을 알려주고 싶다. 마음이 불편해지기 시작할 때, 천천히 다섯을 세며 그 순간에 잠시 머무르자. 침묵이 우리 관계를 해치지는 않는다는 걸 기억하자.

내게서 시작되는 변화

엄마의 불안한 마음은 늘 다른 사람의 인정과 관심, 안전이라는 울타리를 찾아 헤맨다. 주어진 기준에 도달하지 못할까 봐 불안해하며 살아온 엄마는 자신을 믿는 법을 잃어버렸다. 그 깊은 두려움이 자연스레 우리 마음에 스며들었다. 하지만 우리가 무기력한 두려움의 굴레에서 벗어나 자기 걸음을 찾아갈 때, 삶은 든든한 친구가 된다. 불확실이라는 거친 물살에 맞서 싸우기보다 그 흐름을 받아들이며 자연스럽게 흘러가는 법을 배우는 것이다.

우리 앞에 펼쳐진 알 수 없는 내일을 새로운 꿈이 자라는 기름진 땅으로 바라보자. 이 순간 삶을 있는 그대로 마주하고, 그 길에서 예상치 못한 기쁨을 누리자. 설레는 변화가 자연스레 우리 곁에 다가올 것이다.

- 연습: 꿈이 말해주는 것

1. 침대 머리맡에 작은 일기장을 하나 둔다.
2. 오랫동안 마음속에 품어온 고민을 질문 형태로 일기장에 적는다.
3. 그 질문이 적힌 페이지에 펜을 살며시 올려둔다.
4. 잠들기 전, 그 질문에 답을 얻었을 때의 느낌을 떠올린다. 꿈에서 답을 얻을 수 있다고 생각한다.
5. 아침에 깨면 꿈에서 기억나는 모든 것을 기록한다.
6. 처음에는 의미를 분석하지 않고 있는 그대로 적는다.

꿈이 우리 질문에 명확하고 직접적인 답을 줄까? 그렇지 않을 것이다. 하지만 우리 무의식이 전하는 꿈의 메시지를 읽어내는 방법은 분명히 있다.

7. 꿈에서 본 이미지를 차분히 떠올린다.
8. 각각의 이미지와 이야기가 불러일으키는 생각을 자유롭게 적어본다. 가장 먼저 떠오르는 것, 그다음에 떠오르는 것을 순서대로 적어 내려간다.
9. 꿈이 당신의 질문에 들려주는 답을 찾아본다. 작은 단서도 놓치지 않는다.

10. 모든 이미지는 당신의 상징적 의미를 담고 있다. 그 의미가 드러날 때까지 기다린다.

우리 마음에는 두 얼굴의 무의식이 있다. 때론 우리 앞을 가로막고 성장을 방해하지만, 제대로 마주하고 받아들이면 무한한 자기 이해의 길로 이어진다. 꿈은 이런 무의식을 들여다보는 창문이다. 평소엔 미처 알아차리지 못한 두려움과 소망, 온갖 생각이 저마다 다른 모습으로 나타난다. 이런 내면의 속삭임에 귀 기울이면 우리는 점점 더 자신을 믿고, 쓸데없는 걱정에서 벗어날 수 있다.

  착한 딸의 섬세함과 공감 능력은 마치 칼 같다. 어떻게 쓰느냐에 따라 우리를 힘들게 할 수도, 특별한 재능이 될 수도 있다. 엄마의 요구 사항에 발이 묶여 움직이지 못할 수 있지만, 우리의 직관을 믿고 새로운 길을 찾아갈 수도 있다. 지금까지 엄마의 말이 삶의 기준이었다면, 이제 자기 안의 목소리에 귀 기울일 때다. 그래야 진짜 우리가 원하는 대로 살아갈 수 있다. 불안해서 이것저것 통제하려 애쓰기보다 때로는 마음 가는 대로 자연스럽게 두는 게 나은 결과를 가져온다. 이렇게 한 걸음씩 나아가다 보면 자기 의심의 함정에서 벗어나 새로운 가능성을 만날 수 있다.

15

이중 메시지의
함정에서 벗어나기

"엄마한테 다이어트 한다고 말씀드리면 처음에
'우리 딸, 드디어 살을 빼기로 했구나. 정말 자랑스럽다!' 하시다가,
바로 다음에는 '이 파이 한 조각 더 먹어. 네 생각하면서
특별히 만든 거란다!' 하세요. 도대체 어떻게 해야 할지 모르겠어요.
파이를 먹으면 살찐 딸이 되고, 안 먹으면 엄마 마음도 모르는 딸이 되니…
어떤 선택을 해도 저만 괴로워요."

우리는 이중 메시지의 함정에 빠지면서 자연스럽게 특별한 능력을 키우게 된다. 다른 사람의 마음을 읽고, 겉과 속이 다른 말을 해석하는 능력이다. 엄마가 한 말의 진짜 의미를 찾아내려 애쓴다. "너 살 좀 빼야겠다"라면서도 "이거 하나 더 먹어" 하고, 마음에 상처가 되는 말도 "다 너를 위해서" 한다. 우리는 엄마의 작은 몸짓과 자세, 말투와 표정까지 살펴 그 의도를 찾으려 한다. 마음을 읽는 능력이 뛰어나도 때로 해석에 실수가 생긴다. 그때마다 차가운 침묵이나 냉담한 태도, 은근히 비꼬는 말이 돌아온다. 우아한 말투 뒤에 숨긴 감정이 분노인지 경멸인지 모른다는 점이 더 괴롭다. 착한 딸은 고민하기 시작한다. 엄마가 숨긴 적대감을 지적하면 엄마의 지지를 잃고, 엄마 뜻을 따르면 우리 마음의 상처가 깊어진다.

이중 메시지에서는 아무도 진심을 알 수 없다. 엄마가 정성스레 권하는 달콤한 디저트에 얼마나 많은 기대와 추측, 감정을 감췄는지 누가 온전히 이해할 수 있을까? 하지만 다행히 이런 복잡한 상황에도 우리가 분명히 알 수 있는 것이 있다.

이중 메시지 함정의 핵심

- 우리가 생각 없이 한 말이나 행동이 오래된 상처를 건드리면 엄마는 두 겹의 방어기제를 보인다. 우리 마음에 상처 주는 행동을 하면서, 속으로는 그 행동이 상처가 될 수 있다는 사실을 부인한다. 종종 자신이 그런 행동을 한다는 사실조차 인정하지 않는다.
- 엄마는 이런 방어적 태도로 자신의 분노를 자연스럽게 만든다. '모든 엄마는 이럴 수 있고, 이런 반응은 지극히 정상적'이라고 말하듯, 자신의 행동을 무의식적으로 정당화한다.
- 동시에 자신과 다른 사람에게 좋은 엄마로 보이고 싶어 한다. 그래서 부정적 감정을 드러내는 대신, 우회적이고 은밀한 방식으로 표현한다.
- 이런 메시지는 교묘하고 간접적으로 전달된다. 수치심도 미묘한 암시로 스며든다. 말투와 몸짓, 날카로운 농담, 의미심장한 침묵, 현실 부정, 의도가 뻔한 질문으로 비난의 메시지를 전한다.
- 착한 딸은 엄마와 유대를 지키려는 무의식적 압박 속에 이중 메시지를 받아들인다. 그 과정에서 자신도 모르게 무의식적 동의를 한다. '엄마가 나를 비난한다면 내가 부족하기 때문일 거야.'

- 이중 메시지의 함정에서 벗어나려면 엄마의 비난을 당연하게 받아들이는 무의식적 동의를 깨뜨리고, 자신의 어떤 부분이 나쁘거나 부끄럽다는 왜곡된 핵심 신념에 도전해야 한다.

이중 메시지의 함정은 엄마의 이중적인 마음에서 시작된다. 엄마는 우리를 지지하는 말을 하면서도, 그 속에는 전혀 다른 의미를 담는다. 이 함정의 위력은 우리 마음에 자리 잡는 수치심에 있다. 앞서 봤듯 죄책감이 "네가 잘못했어"라고 말한다면, 수치심은 더 깊은 곳을 건드리며 "너라는 존재가 잘못됐어" 혹은 "네게는 근본적인 문제가 있어"라고 말한다.

이중 메시지의 함정이 교묘한 점은 그 심리적 구조가 이중으로 얽혀 있다는 것이다. 처음에 엄마는 따뜻하고 친절한 말투로 우리를 비하한다. 이런 모순된 상황에 불편한 기색을 보이면, 엄마는 되레 자신의 의도를 왜곡한다고 수치심을 준다. 우리는 엄마와 관계를 유지하고 싶은 마음에 맞춰야 한다는 압박을 느끼고, 자신을 수치스럽게 만드는 일에 동참한다. 무의식적 계약을 깼다는 수치심이 들 때, 우리가 그 감정을 의심하지 못하고 움츠러든다는 게 더 큰 문제다. 이런 반응은 '나는 이런 대우를 받을 만해'라는 잘못된 믿음을 강화한다.

하지만 다른 모든 심리적 함정처럼 이 상황에서도 빠져나올 방법은 있다. 수치심이 보내는 거짓된 신호를 맹목적으로 받아들이지 않고, 그 진실성을 의심할 수 있다. 이렇게 자신의 감정을 살피는 것이 심리적 속박에서 벗어나는 첫 단계다. 수치심이 올라오는 순간을 알아차리면 새로운 사실이 보이기 시작한다. 이 수치심이 내가 잘못한 증거가 아니라, 오래 학습된 반응일 수 있다는 것이다. 이 장에서는 이런 깨달음을 얻고 회복으로 나아가도록 다음과 같이 구체적인 방법을 살펴보려 한다.

1. 수치심이 주는 감각과 영향을 알아차리면서 그 진정한 의미를 살펴보는 방법
2. 내면의 진실과 만나 온전한 자신으로 사는 방법
3. 우리가 두려워한 감정을 받아들이고 품는 방법

수치심의 감옥

수치심은 이중 메시지의 함정을 가장 교활한 심리적 함정으로 만드는 핵심 감정이다. 수치심은 우리 의식에 잠복해서 과거의 상처를 붙들고, 언제든 표면으로 떠오를 준비를 한다. 특히 어린 시절 마음에 뿌리내린 수치심은 세 가지 심리적 함정을 견고하게 만든다. "넌 부족해"라는 속삭임은 우리 가치를 의심하게 하고, "넌 잘못했어"라는 메시지는 죄책감을 더하며, "넌 확신할 수 없어"라는 말은 자기 의심의 벽을 높이 쌓는다. 이렇

게 수치심은 우리가 빠진 불충분함, 죄책감, 자기 의심이라는 세 가지 함정을 파고든다.

수치심의 목소리는 엄마와 관계에서 강하게 드러난다. 용기 내서 엄마에게 맞서려고 할 때마다 수치심이 고개를 들어 우리를 순종의 자리로 되돌린다. 착한 딸은 본능적으로 엄마를 거역하거나, 서운하게 하거나, 능가하거나, 반박하기를 피한다.

수치심이 우리 몸과 마음에 마비를 일으킨다는 점에 주목해야 한다. 이는 단순한 감정을 넘어 원초적인 생리 반응으로, 우리를 순간적으로 얼어붙게 만든다. 이런 상태에서는 말하거나 생각하거나 행동하는 것조차 불가능하다. 심리학자들이 관찰한 바에 따르면, 사람은 수치심이 들 때 몸이 자연스럽게 움츠러들고 혈액이 말단으로 쏠린다. 이는 흔히 말하는 '수치심에 따른 안면 홍조' 현상의 생리학적 원인으로, 몸이 '지금은 안전하지 않으니 사라지고 싶다. 여기서 벗어나야 한다'라고 보내는 절박한 신호다. 수치심은 다음 세 단계 반응을 일으킨다.

1. 위축 : 우리 몸은 자기 보호를 위해 서서히 혹은 급격하게 안쪽으로 말려 'C 자형'이 된다. 어깨는 처지며, 고개는 저절로 숙어진다.
2. 부동화 : 모든 움직임이 멈추고, 세상에서 사라지고 싶다. 주변 사람들과 정서적 연결이 순간적으로 단절되는 깊은 고립감을 경험한다.

3. 부정적 자기 인식 : '내게 뭔가 근본적으로 잘못된 것
   이 있다'는 생각이 마음을 지배한다.

수치심에서 벗어나려면 우리 몸과 마음이 얼어붙는 순간을 알아차려야 한다. 경직된 상태를 하나씩 풀어가며, 자기 경험을 조심스럽게 말로 표현하고, 타인의 따뜻한 공감과 지지를 받는 과정이 필요하다. 다음 작업은 이런 치유의 시작에 실질적인 도움이 될 것이다.

■ 연습 : 몸으로 풀어내는 수치심

우리 몸은 본래 모든 감정이 자연스레 흐르게 돼 있다. 그러나 수치심은 주의가 필요한 감정이다. 수치심을 다루기 위해서는 몸이 보내는 신호에 관심을 기울여야 한다. 수치심이 몸을 움츠러들게 하는 순간을 의식적으로 마주한 뒤, 점차 몸을 여는 과정을 통해 이 감정을 부드럽게 흘려보낼 수 있다. 몸의 움직임을 따라가다 보면 굳은 마음도 풀리기 시작한다.

1. 최근에 수치심이 든 순간을 떠올린다.
2. 몸이 위축되는 것을 느껴본다. 수치심이 주는 복부의 충격을 느끼며 자연스럽게 몸이 'C 자형'이 되게 둔다.

3. 움츠러든 자세에서 상체를 부드럽게 들어 어깨를 펴고, 팔을 열고, 허리를 세우고, 고개를 든다.
4. 이 과정을 필요한 만큼 반복한다.

수치심의 개방

AA 모델과 같은 12단계 프로그램이 놀라운 성과를 거두는 핵심적인 원인은 참여자들이 자신의 가장 어둡고 깊은 비밀을 낯선 이와 공유하도록 이끌기 때문이다. 이는 문제적 엄마가 평생 우리에게 가르쳐온 것과 상반된다. 모임에 참석한 모든 이는 자신을 단순히 소개한다. "제 이름은 X입니다. 저는 알코올의존자입니다." 다른 사람의 시선이나 판단을 걱정할 필요 없이, 모든 이와 신 앞에 자신을 있는 그대로 드러내는 것이다.

이런 솔직함이 AA 모델의 핵심 원칙이 된 것은 당연하다. 수치심은 비밀 속에서 커지지만, 드러낼 때 치유된다. 비밀을 없애면 수치심도 사라진다. 같은 문제로 고민하는 사람들을 만나면서 자기 고민이 특별하지 않다는 것을 알고, 그 낙인의 무게에서 조금씩 자유로워진다. 수치심은 다른 사람의 이해와 인정, 공감을 받으면 버텨낼 힘을 잃는다. 이런 이해를 바탕으로 다음 연습을 시작하자.

- 연습:미러링

1. 내 수치심을 털어놓아도 될, 믿을 만한 사람을 찾는다. 시작하기 전에 이 과정을 설명하는데, 상대방은 듣고 공감하는 역할만 한다는 점을 분명히 한다. 판단이나 조언 없이 내가 표현하는 감정을 있는 그대로 받아들이고 반영하는 게 핵심이다. 서로 동의하면 나중에 역할을 바꿔 진행할 수 있다.
2. 내가 수치심에 시달린 경험을 이야기한다.
3. 상대방은 내 이야기를 자기 말로 다시 표현하되, 해석이나 의견을 더하지 않는다.
4. 상대방이 내 이야기를 다시 표현한 뒤에는 "제가 제대로 이해했나요?"라고 확인한다.
5. 이해가 정확하면 "네", 부족하거나 다르면 "아니오"라고 답한다. 필요한 경우 빠진 부분을 채우거나 잘못된 부분을 고친다.
6. 내용을 수정하거나 보충했다면 상대방은 다시 이야기를 정리한다. "네, 맞아요"라고 할 때까지 계속한다.
7. 역할을 바꾸고 상대방을 위해 같은 과정을 처음부터 다시 진행한다.

이 책의 다른 연습처럼 이 방법도 처음에는 어색할 수 있다. 하지만 누군가 자기 이야기를 온전히 듣고 깊이 공감하는 경험은 생각보다 큰 위로가 된다. 실제로 이 방법은 무척 효과적이어서 부부 상담의 핵심 기법으로 활용되기도 한다.

내 마음 들여다보기 : 우리 가족은
어떤 감정을 허락하고, 어떤 감정을 금기했을까?

수치심을 안고 살아가는 착한 딸은 대부분 감정 표현이 허락되지 않는 가정에서 자랐다. 자신의 감정이 받아들여지지 않을 때마다 존재 자체를 부정하게 된다. 잠시 어린 시절을 돌아보자.

    기쁨, 질투, 열정, 실망, 분노, 슬픔

이런 감정이 들 때 우리에게 무슨 일이 있었나? 이런 감정을 표현할 때 주변의 반응은 어땠는지 돌아보자. 이 감정은 인정받고 격려받았을까, 숨기라는 압박을 받았을까? 놀랍게도 긍정적인 감정조차 수치심으로 억눌릴 수 있다. "너무 잘난 척하지 마라. 그렇게 자신만만해하지 마라. 너무 좋아하지 마라!" 착한 딸은 사소한 감정 표현에도 늘 이렇게 '과하다'는 말을 들고 자란다. 그러면 자연스러운 감정 표현조차 수치스러운 일이 되고, 이런 환경에서 자란 이는 감정을 의식적으로 억누르는 방식을 택한다.

어린 시절, 우리가 분노를 표출할 때마다 엄마 얼굴에 드러나던 혐오감을 떠올려보자. 우리는 그런 순간을 겪으며 점차 분노를 억누르고, 그 자리를 지나치게 공손하고 순응적인 태도로 채우는 법을 배웠다. 이처럼 받아들이지 못한 감정을 정반대 행동으로 바꾸는 방어기제를 '반동형성(reaction formation)'이라고 한다. 이런 방어기제는 엄마와 직장 상사, 친구, 심지어 연인도 속일 수 있다. 결국 자기 자신마저 속이게 된다는 점이 가장 큰 문제다. 이 지점에서 더 깊은 심리적 문제가 시작된다.

반동형성이 작동하는 방식과 그 영향

누군가를 미워하고 싶은 강렬한 감정이 마음속에서 올라오지만, 의식적으로 도저히 받아들일 수 없는 상황이라고 해보자. 이때 우리는 그 불편한 감정을 무의식적으로 취소(undo)하려 한다. 그 감정을 지우고 싶은 것이다. 그런 무의식적 추동은 우리를 정반대 모습으로 이끈다. 미운 대상을 오히려 열렬히 사랑하고 존경하며, 때로는 맹목적으로 숭배하는 듯한 태도를 보이면서 점차 미움이라는 원래 감정과 단절되는 것이다.

감정을 지우려는 시도는 큰 대가를 치른다. 애써 감추려 한 본래의 감정이 사라지지 않고 마음 깊은 곳에 존재하기 때문이다. 겉으로 아무렇지 않은 듯 보여도 내면에서는 갈등이 이어진다. 이런 식으로 자신을 방어하는 일이 쌓이면 진정한 내면과 만날 수 없게 된다.

본연의 충동을 계속 억누르다 보면 삶은 점차 생기를 잃는다. 그래서 착한 딸은 종종 인형이 된 것 같다고 한다. 우리가 진정 살아 있음을 느끼려면 바람직해 보이는 감정뿐만 아니라 내면의 모든 감정을 있는 그대로 받아들여야 한다.

■ 연습 : 내가 회피하려 애쓰는 것 발견하기

우리 마음에 있는 수치심을 꺼내 마주하자.

1. 어버이날 엄마와 하는 점심 식사를 상상한다. 지금 엄마와 관계가 단절됐다면 과거 기억을 되살려 그 만남의 순간을 그리며 생각한다. 평소 우리가 슬며시 피한 이야기, 엄마의 따가운 눈총을 받을 만한 주제는 무엇인지. 다음은 가장 깊은 수치심이 들었을 세 영역이다.

    외모 단정하지 못한 모습, 너무 야한 옷차림, 뚱뚱한 몸매, 과시하는 듯한 스타일

태도 지나친 자기주장, 주의가 산만함, 큰 목소리, 저속한 행동, 인색, 무례

피해야 할 주제 성(性), 돈, 종교, 정치, 엄마가 싫어하는 사람들

2. 자신에게 해당하는 것에 표시하거나 새로운 항목을 더한다. 여기에 표시한 것은 우리가 인정하기 힘들고, 마주하기 어려우며, 가장 드러내기 두려운 감정이나 행동이 대부분이다.
3. 잠시 마음을 가라앉히고 돌아본다. 수치심을 피하려고 얼마나 힘써왔는지, 안전한 테두리를 벗어나지 않으려고 얼마나 애써왔는지.
4. 이제 가장 어려운 순간이다. 엄마가 받아들이지 못할 감정이나 행동을 의식 위로 천천히 떠올린다. 그 감정이나 행동을 판단하거나 밀어내지 말고 있는 그대로 바라본다. 그동안 숨기려 한 모든 것과 잠시 머물면서, 숨기려 한 감정이나 행동 역시 우리의 한 부분임을 인정한다.

이중 메시지의 함정에서 벗어나려면 우리의 모든 감정을 있는 그대로 받아들이고 경험할 수 있어야 한다. 두려움이나 수치심 없이. 이런 내면 작업을 통해 오랫동안 의식 밑에 눌러둔 강력한 감정을 마침내 빛 속으로 끌어올려 마주하게 된다.

다른 모든 심리적 함정이 그렇듯, 이중 메시지의 함정에서

벗어나는 방법도 건강한 심리적 경계선을 세우고 지키는 일과 관련이 있다. 여기서 우리는 한 가지 중요한 질문을 해야 한다. 수치심은 어떤 방식으로 우리가 애써 세운 경계선을 흐리게 만들고, 결국 무너뜨릴까?

경계선과 이중 메시지의 함정

이중 메시지의 함정에 갇혔을 때, 우리는 엄마가 경계를 존중해주길 간절히 바란다. 사생활을 침범하는 질문, 적대감을 숨긴 불필요한 조언이 멈추기를 소망한다. 이런 간절한 바람과 달리 우리 무의식은 오히려 엄마에게 경계를 넘어와도 좋다는 미묘한 신호를 보내고 있을지 모른다.

  많은 착한 딸은 내면의 경계를 세우고 지키는 일이 절실한 상황에도 이 지점에서 혼란을 겪는다. 이는 이중 메시지의 함정에 빠진 딸에게 뚜렷한 현상이다. 이들은 엄마의 마음을 달래고 수치심을 피하려는 무의식적 시도로, 오히려 더 많은 정보를 털어놓고 모든 질문에 답하려 한다. 하지만 이는 역효과를 낳는다. 엄마의 개입을 받아들이다 보면 일상이 되고, 엄마는 그런 행동을 강화한다. 늘 원하는 것을 얻는 상황에서 엄마가 굳이 자신을 바꿀 이유가 없지 않은가.

우리는 엄마의 방어기제를 자극하지 않으려고 종종 먼저 약점을 드러낸다. 상처 받기 전에 자신을 내어주듯, 모든 것을 서둘러 보고하거나 때로는 죄책감을 안은 채 일부를 숨긴다. 이 과정에서 독립된 삶을 누릴 권리마저 잊힌다. 생존의 뇌가 무의식적 계약과 왜곡된 핵심 신념을 만든 결과다. 아이러니하게도 수치심을 피하려는 이런 시도가 더 큰 수치심을 불러오는 빌미가 된다.

이런 무의식적 패턴에서 벗어나기 위해서는 내면의 작업이 필요하다. 우리는 그동안 여러 차례 치유 의식을 통해 이 패턴을 들여다보고 이해하려고 노력했다. 마지막 치유 의식으로 이 무의식적 패턴에서 벗어나는 여정을 시작하자.

이중 메시지의 함정에서 벗어나기 위한 치유 의식

앞선 여러 장처럼 치유 의식을 함께한다. 우리를 이중 메시지의 함정에 가둔 무의식적 계약과 핵심 신념을 마주하기 위해서다. 인류의 역사만큼이나 오래된 이 함정은 시대를 초월해 수많은 여성의 삶에 깊은 그림자를 드리웠다. 마지막 의식에서 세대를 거쳐 이어온 아픔의 고리를 끊고, 진정한 해방과 자유를 충분히 경험하길 바란다.

- 조용한 시간, 편안한 공간을 마련한다. 숨을 5초 동안 천천히 들이마시고, 10초 동안 내쉰다. 이 호흡을 세 번 반복하며 마음을 비운다.
- 마음을 가라앉히고 의미 있는 장소를 떠올린다. 평화로운 기도실이 될 수도 있고, 달빛이 스미는 정원이나 파도 소리가 들리는 해변이 될 수도 있다. 이 순간을 특별하게 만들어줄 곳이면 어디든 상관없다. 촛불을 밝히거나 고요한 음악으로 마음을 열어도 좋다. 자신만의 방식으로 이 시간을 준비한다.
- 고요한 마음으로 내면의 성찰이 이뤄질 자리에 선다. 그곳에는 지금껏 알아채지 못한 무의식적 계약이 놓였고, 곁에는 새로운 길을 위한 다짐이 있다.
- 이 의미 있는 자리에서 엄마와 마주한다. 엄마 뒤에는 엄마의 참된 자아가 서서 엄마를 지지한다. 내 뒤에도 나의 참된 자아가 나를 보살핀다. 두 참된 자아는 나와 엄마의 겉모습과 속마음을 알고 받아들인다. 그들은 나와 엄마 안에 있는 소녀의 마음과 성숙한 여성의 지혜를 품고 있다. 두 참된 자아는 낡은 계약을 파기하는 것이 서로의 성장에, 대대로 이어진 아픔의 고리를 끊는 데 필요한 일임을 안다.
- 엄마와 마주 앉아 이야기하듯 마음속으로 다음 말을 전한다(이는 예시일 뿐, 마음에 와닿는 말로 바꿔도 좋다).

무의식적 계약 파기 "더는 나를 작아지게 하지 않을 거야. 엄마와 대화도 있는 그대로 바라보고, 불편한 점은 분명히 알아차리려고 해. 엄마 눈치를 보며 내 모습을 감출 필요 없어."

선언 "내 안의 복잡한 감정을 있는 그대로 인정하고, 수치심에 휘둘리지 않을 거야."

핵심 신념의 전환 "나는 나쁜 사람이 아니야."

의식적 진실의 수용 "이제 돌려 말하거나 숨기지 말고 있는 그대로 표현하자. 서로 존중하면서 솔직하게 감정을 나누고, 각자 자유롭게 사는 게 모두에게 좋을 거야."

- 마지막으로 마음 깊은 곳에서 오래된 계약을 모두 풀어낸다. 그 계약을 찢어 정화의 불꽃 속에 던지고, 새로운 다짐을 마음에 새긴다.

지금쯤 치유의 시간이 처음보다 편안하게 느껴질 것이다. 아직 어색할 수도 있지만, 그 역시 자연스러운 과정이다. 내면의 변화는 수치심의 굴레에서 벗어나기로 결심하는 순간부터 시작된다. 우리는 이 과정을 반복할 때마다 새로운 진실과 마주하고, 그동안 우리를 옭아맨 왜곡된 신념이 서서히 흔들린다. 이렇게 쌓아가는 작은 용기가 진정한 자유로 이어진다.

■ 연습 : 내면의 순응 패턴 끊어내기

이중 메시지의 함정이나 다른 심리적 함정에서 벗어나기 위해서는 우리 내면에 자리 잡은 습관과 마주하고 이를 바꾸는 과정이 필요하다. 우리는 무의식중에 자신의 내면세계 출입을 허락하고, 엄마가 그곳을 마음대로 좌지우지하게 내버려둔다. 이런 순응적인 태도는 단순히 허약한 경계선의 문제를 넘어선다. 이는 우리를 온전한 개인으로 지켜주는 심리적 방어벽을 스스로 허물어버리는 무의식적 동의와 같다. 이런 습관을 바꾸지 않는 한, 엄마의 지배는 계속될 수밖에 없다. 일단 엄마가 경계선을 넘어오면 '너를 위해서'라는 그럴듯한 명분으로 얼마든지 파괴적인 행동을 자행할 수 있다.

이런 악순환을 끊어내려면 성숙한 독립적 존재로 엄마와 마주하고, 대등한 관계에서 소통하는 법을 배워야 한다. 구체적인 방법은 다음과 같다.

엄마가 질문하거나 조언하려 들고 부정적인 말을 할 때, 잠시 멈춰서 자신에게 물어보자. '지금 나는 순종적인 어린아이처럼 반응하려 하나, 아니면 성숙한 여성으로서 대답하려 하나?' 잊지 말자. 모든 대화는 우리 선택이다. 이런 마음가짐의 전환이 상황을 바꿀 수 있다. 이제 실제로 도움이 될 만한 대화 예시를 살펴보자.

대화 예시 엄마가 답하기 힘들거나 준비되지 않은 이야기를 꺼낼 때
"지금은 그 얘기 나눌 준비가 안 됐어."
"중요한 질문인데 아직 내 마음을 모르겠어."
"그 문제는 천천히 생각하고 싶어."
"나 혼자 곰곰이 생각할 시간이 필요해."
"엄마 마음 이해하는데, 나도 시간이 필요해."

부드러우면서 분명한 태도로 경계를 지키는 데 효과적인 표현이다. 정면으로 부딪치지 않고도 작은 신호로 자기 입장을 전할 수 있다. 엄마 말에 무조건 따르던 습관에서 벗어나, 서로를 한 사람으로 인정하고 존중하는 관계로 나아가는 시작이다.

대화 예시 무난한 대화 중에 툭 던지는 날카로운 말이나 '너를 위해서'라는 핑계로 감춘 비난과 마주할 때
"엄마가 어떤 마음으로 그런 말을 하는지 모르겠어."
"그런 말 들으니까 속상하다."
"엄마가 지금 한 말… [   ]라고 한 거 맞아?"
침묵으로 대응하며 거리를 두는 방법도 있다.

이런 대응은 상처 주는 말을 받아들이거나 엄마의 태도를 고치려 하지 않고, 분명한 반응을 보이면서 그 말의 영향력에서 벗

어나기 때문에 효과적이다. 쉬운 예를 보자. 누군가 대화 중에 갑자기 뱀을 던진다면 어떨까? 없는 척 지나칠 수도, 고양이라고 생각하며 쓰다듬을 수도 없다. 당연히 우리는 즉시 몸을 피하고 자신을 지키려 할 것이다. 그 뱀이 얼마나 위험한지 본능적으로 알기 때문이다.

엄마가 하는 날카로운 말도 이와 다르지 않다. 그 말이 우리에게 얼마나 해로운지 깨닫는다면 더 망설이거나 혼란스러워할 필요가 없다. 그 말을 마음에 담아둘 필요도, 곱씹을 필요도 없다. 오직 자신을 지키는 데 집중하면 된다.

무의식적 공명의 자석 같은 힘

이중 메시지의 함정에 빠진 마음에는 수치심이 늘 쫓아다닌다. 부끄러움을 느낄 만한 상황이 조금이라도 감지되면 실제로 아무 잘못이 없는데도 자신을 계속 의심하고 추궁한다. 죄책감에 사로잡혀 자신이 부적절한 사람이라 여기고, 순수하지 못하다고 자책하면서 끊임없이 뭔가 증명하려 한다. 이런 감정의 굴레에는 '무의식적 공명(unconscious resonance)'이라는 심리 현상이 작용한다.

엄마가 준 수치심의 메시지를 받아들이거나 알아차리지 못할 때, 그 메시지는 우리 마음에 뿌리내린다. 처음의 날카로운 상처는 시간이 지남에 따라 희미해질지 모르지만, 아픔은 무의식에서 여전히 살아 숨 쉰다. 한번 자리 잡은 해결하지 못한 감정은 자석처럼 비슷한 수치심을 끌어들인다. 우리가 어느새 그 감정을 진실이라 받아들였기에 계속 우리를 붙잡는다.

이는 새로 산 자동차를 볼 때 경험과 비슷하다. 차를 사면 어디를 가나 같은 차가 눈에 들어온다. 그 차에 대한 인식이 마음에 자리 잡았기에, 전에는 무심코 지나쳤으나 이제 눈에 잘 띄는 것이다. 실제로 그 차가 수적으로 늘어나지 않았지만, 우리 관심 때문에 그 차를 자주 발견한다.

우리 내면에 자리 잡은 무의식적이고 미처 다루지 못한 수치심도 이와 같은 방식으로 작동한다. 수치심이 생존의 뇌에 뿌리내리면 일상의 모든 순간이 수치심에 빠질 잠재적 순간이 된다. 게다가 해결하지 못한 감정은 억누르거나 해소하려는 시도에서 많은 심리적 에너지를 소진하며, 이는 수치심이 일상적 경험에 뿌리내리게 한다. 하지만 2장에서 살펴봤듯, 인간은 내면에 묻어둔 아픔을 치유하고자 하는 본능이 있다. 이중 메시지의 함정에 빠진 착한 딸은 나방이 불빛을 향해 날아가듯, 해결하지 못한 감정의 덫으로 끊임없이 돌아간다.

그러다 보니 엄마와 비슷한 이중 메시지를 던지는 사람에게 자연스레 끌린다. 그들의 매력적이고 재치 있는 모습에 끌리지만, 이는 분명한 위험 신호다. 이들은 엄마처럼 "이리 와"라고 했다가 돌연 "저리 가"라고 하며, "넌 충분히 좋은 사람이야. 이것만 바꾸면 더 완벽할 텐데" 식의 말로 우리를 혼란에 빠뜨린다. 한순간에 칭찬하다가 다음 순간 날카로운 비판을 던지며, 여봐란듯이 다른 사람들에게 애교 섞인 말을 건네며 우리 마음을 흔든다. 이런 교묘한 심리 조종은 우리를 그들에게 더 의존하게 만든다.

우리는 이런 관계가 건강하지 않다는 것을 알면서도 무의식적으로 이렇게 대하는 사람을 계속 찾는다. 그들과 관계를 극복해야 할 과제처럼 여기면서. 평범하고 안정적인 관계는 왠지 심심하고, 불안정한 관계에 설렌다. 엄마와 관계에서 학습된 패턴이 불안과 사랑을 구별하지 못하게 만든 것이다.

이 무의식적 패턴을 이해하는 것이 치유의 첫걸음이다. 우리가 반복하는 관계의 굴레는 단순한 습관이 아니라, 내면의 상처가 만든 자기 보호 형태이기 때문이다. 마음에 깊이 새겨진 이중 메시지를 찾아내고 치유하는 방법을 알아보자.

■ 연습: 관계 패턴 들여다보기

1. 좋지 않게 끝난 관계를 세 가지 이상 떠올린다(연인, 친구, 직장 상사, 멘토와 같은 개인적 관계나 회사, 종교 단체, 학교, 소속 집단 같은 기관과 관계 포함). 처음에는 매력적이었으나

결국 상처만 남긴 관계를 살펴본다.
2. 종이나 일기장을 준비하고 페이지 중앙에 세로선을 긋는다.
3. 왼쪽에는 그 사람이나 기관에 끌린 점을 적는다.
4. 오른쪽에는 관계가 끝났을 때 감정을 적는다.
5. 양쪽 내용을 비교한다. 처음의 기대와 실망한 과정을 살펴본다. 성급한 약속은 없었는지, 예측할 수 없는 행동으로 혼란스럽지 않았는지, 조종이나 강요, 지나친 의존은 없었는지 점검한다. 자신이 너무 주기만 하지 않았는지 돌아본다.
6. 이런 관계에서 반복되는 양상을 찾아본다.

이 관계가 엄마와 자신의 관계와 닮지 않았는지, 관계 초기에 자신을 지나치게 내주지 않았는지 생각한다.

서두른 마음, 서두른 상처

착한 딸은 늘 순응하려 하고, 상대방의 좋은 면만 보려 한다. 자신이 보여준 순종과 충성에 언젠가 보답이 올 거라 굳게 믿는다. 이런 희망은 좀처럼 사라지지 않는다. 하지만 이런 관계는 대부분 한쪽으로 기울어진 채 흘러가다가, 시간이 지난 뒤에야 너무 이상적이어서 오히려 진실하지 못했음을 알게 된다. 이렇듯 착한 딸은 관계의 본질을 꼼꼼히 살피지 않고 성급하게 **빠져든다**. 이런 패턴을 고치는 단순한 방법이 있다. 관계에서 한 걸음 물러서 천천히 나가는 것이다.

내면의 힘, 절제하는 용기

영업 분야에는 '먼저 말하는 사람이 주도권을 잃는다'는 오래된 통찰이 있다. 엄마와 관계에서도 마찬가지다. 늘 하던 대로 서둘러 달려가 기쁘게 하려는 행동을 멈추는 데는 큰 힘이 필요하다. 오랫동안 굳어진 무의식적 계약은 여전히 우리 마음을 실타래처럼 휘감아 당기려 할 것이다. 하지만 예상된 반응을 보이지 않는 것이야말로 낡은 관계의 틀을 깨고 새로운 관계의 기준을 세우는 일이다. 쉽지 않겠지만, 엄마의 이중 메시지 앞에서 절제력을 발휘하기가 어떤 말이나 행동보다 중요하다. 엄마나 다른 사람에게 마음이 흔들리는 전화나 메일을 받으면 다음과 같이 대응하자.

1. 잠시 멈춘다. 당장 답을 달라고 재촉해도 휘둘리지 않는다.

2. 메시지를 확인했다는 것만 알린다.
3. 최소 네 시간, 가능하면 하루쯤 시간을 두고 답한다.
4. 답할 때는 상황을 자세히 알아보는 질문을 한다.

이런 식으로 대응하면 즉각적인 반응이라는 익숙한 패턴에서 벗어날 수 있다. 엄마는 물론 누구에게든 자신을 소중히 여기면서 상대방을 진지하게 대한다는 뜻도 전할 수 있다. 이 방법이 효과적인 까닭은 두 가지다.

1. 기다렸다가 답하면서 습관적으로 따르던 자리에서 한 걸음 물러설 수 있다.
2. 기다리는 동안 앞으로 대화를 어떻게 이어갈지 생각할 수 있다. 잠시 멈추는 것만으로 자신을 들여다볼 시간이 생긴다. 상황을 더 알아봐야 하는지, 마음을 정리할 시간이 필요한지 살필 수 있다.

절제하는 힘은 소중한 내면의 공간을 만들어준다. 엄마나 다른 사람의 요구에 곧바로 반발하거나 따르는 대신, 자신이 원하는 것과 필요한 것을 중심으로 행동할 여유가 생긴다. 이로써 그저 반응하는 처지에서 벗어나 상황을 능동적으로 이끌어갈 수 있다. 평소에 "좀 더 자기주장을 하라"는 말을 듣는데 자기주장이 남을 공격하는 듯 느껴진다면, 이런 방식이 큰 도움이 될 것이다. 뭔가를 요구하거나 강요하지 않으면서도 필요한 것을 불편 없이 챙길 수 있기 때문이다.

이때 중립을 지키는 일이 가장 중요하다. 순간적으로 감정이 폭발하거나, 지나치게 예의를 차리다가 자신을 완전히 잃어버리는 일을 피해야 한다. 대신 불편한 감정을 잘 다스리며 차분함을 유지하고, 상황을 잘 파악하는 데 그 에너지를 써야 단단한 기반에서 자신을 제대로 표현할 수 있다.

관계적 공격성

스톡홀름 증후군이라는 말을 들어본 적이 있을 것이다. 인질이 시간이 흐르면서 자신을 잡아둔 사람에게 오히려 긍정적인 감정을 느끼는 현상을 뜻한다. 이중 메시지의 함정 역시 우리에게 이와 비슷한 심리적 영향을 끼친다. 안나 프로이트(Anna Freud)가 발견한 '가해자와 동일시(identification with the aggressor)'가 이것이다. 우리는 자신에게 상처 주는 사람의 영향력에 무의식중에 사로잡히고 만다. 우리 삶에서 이런 영향력을 행사하는 사람은 엄마다.

어린 시절, 우리는 연약한 존재였다. 자아가 제대로 자리 잡히지 않은 채 엄마에게 전적으로 기댈 수밖에 없었다. 엄마가 화낼 때마다 우리는 참기 힘든 현실을 피해 자신을 탓하는 쪽을 택했다. 나를 지켜줘야 할 사람이 오히려 아프게 한다는 사실이 견디기 힘들었기 때문이다. 우리는 그 버거운 갈등 속에서 어린아이다운 결론을 내렸다. '나는 부족하고 결함 있는 아이야. 그러니까 나를 바로잡고 고쳐야 해'라고 자신을 설득한 것이다. 이렇게 생각해야 '엄마는 날 바르게 키우려고 그러는 거야'라며 마음을 달랠 수 있었다.

이런 심리적 상처는 성인이 된 지금까지 우리 삶에 영향을 끼친다. 우리는 그때의 어린아이처럼 자신을 의심하고 엄마의 부당한 행동을 합리화한다. 이처럼 무방비 상태로 있다 보니, 엄마는 더 교묘한 방식으로 우리를 통제한다. '관계적 공격성(relational aggression)'이라는 무기를 이용해서. 문제적 엄마가 주로 사용하는 관계적 공격성의 대표적인 방식은 다음과 같다.

- 사람들 앞에서 자녀를 이야기나 농담 소재로 삼아 웃음거리를 만든다.
- 마음에 들지 않으면 무시하거나 냉담한 침묵으로 대한다.
- 부당한 대우를 지적하면 "네가 너무 예민해" 혹은 "그냥 넘어가"라고 일축한다.
- 자녀와 직접 대화하지 않고 다른 가족에게 얘기한다. 자녀는 자신을 방어할 기회조차 없다. 심리학에서는 이를 '삼각관계(triangulation)'라고 한다.

이중 메시지의 함정에서 겪는 굴욕감과 당혹감, 무력감은 스톡홀름 증후군만큼 직접적이거나 극적이지 않을 수 있지만, 그 깊이는 얕지 않다. 자신을 해치는 사람 앞에서 아무것도 할 수 없을 때, 우리 마음에는 수치심이 자리한다. 누군가 우리를 간접적으로 무시하고 깎아내릴 때면 제대로 방어조차 못 한 채 그 자리에 굳어버린다. 이런 순간이 쌓일수록 점점 더 입을 다물다가, 자신의 어떤 모습이 나쁘다고 여기며 숨기는 것 말고 방법이 없다고 믿게 된다. 이렇게 자신의 일부를 부정할 때마다 진정한 자아를 조금씩 잃어간다. 다음 연습이 이런 수치심에서 벗어나 잃어버린 자아를 되찾는 여정이 될 것이다.

- **연습 : 내면의 버려진 자아를 찾아서**

    1. 눈을 감고 숨을 깊이 들이마신다. 5초 동안 천천히 들이마시고 10초에 걸쳐 부드럽게 내쉰다.
    2. 이 호흡을 세 번 반복한다. 이렇게 하면 미주신경이 활성화돼서 내면으로 여행을 시작할 수 있다.
    3. 마음속 지하실로 내려가는 상상을 한다. 엘리베이터를 타고 다섯 층을 내려가면 우리가 억누르고 버린 기억과 일부 자아가 있다.
    4. 지하실의 차가운 공기와 퀴퀴한 냄새를 느낀다.

5. 어둠 속 구석에서 낡고 더러운 옷을 입고 웅크린 어린 날의 우리가 보인다. 엄마가 받아들이지 않은, 그래서 우리도 버려야 했던 자기 모습이다.
6. 그 아이에게 손잡고 이야기한다. "널 잊지 않았어."
7. 모든 것이 나아질 수 있다고 말해준다. 누구나 실수할 수 있고, 있는 그대로 충분히 가치 있으며 바른 존재라고 아이를 안심시킨다.
8. 함께 엘리베이터를 타고 올라온다. 우리 삶으로 다시 맞아들이고, 마음에 품은 뒤 내보내지 않기로 약속한다.

우리 안의 잃어버린 부분은 저마다 이야기가 있다. 그 이야기가 우리 삶을 더 풍성하게 한다. 이런 부분을 의식하고 받아들이면 안전하게 보호받고, 다른 이의 평가나 시선이 주는 수치심에서 자유로워진다.

엄마가 직면하지 못하는 것과 마주하기

우리는 불충분함의 함정에서 엄마의 투사 현상을 봤다. 엄마가 자신도 받아들이지 못하는 내면의 모습을 무의식적으로 딸에게 전가하는 과정을 이해하게 됐다. 이중 메시지의 함정까지 살펴보면서 착한 딸이 빠지기 쉬운 모든 심리적 방어기제를 파악했다. 이제 엄마와 다른 선택을 할 때다. 우리 안의 부정적 감정을 직면해야 그 감정을 다른 사람에게 투사하지 않을 수 있다. '그림자 작업(shadow work)'이다.

착한 딸의 함정은 우리 안의 자연스러운 감정까지 부정하게 만든다. 하지만 그림자 작업은 이런 불편한 감정을 지우려 하지 않고, 우리의 한 부분으로 받아들이며 온전한 자신이 되도록 이끈다.

누구나 내면에 마주하고 싶지 않은 생각과 감정이 있다. 이런 감정을 단순히 느끼는 것과 그에 따라 행동하는 것은 다른 차원의 문제다. 이런 감정을 의식 밖으로 밀어내 다른 사람에게 투사하지 않고, 내면에서 잘 다루는 것이 중요하다. 자신을 있는 그대로 받아들일수록 불편한 감정을 남에게 투사할 필요도 줄어든다.

자기 그림자를 받아들이기는 쉽지 않다. 오랫동안 엄마의 투사 대상이 됐고 완벽해야 한다는 압박 속에 살아온 이들에게는 더욱 그렇다. 착한 딸, 특히 이중 메시지의 함정에 빠진 이는 수치심을 피하려고 지나친 보상행동을 하며 완벽해지려 한다. 흔히 말하는 가면 증후군도 같은 맥락에서 생긴다. 이런 시도는 도움이 되지 않는다. 완벽한 사람은 없으며, 완벽해야 할 이유도 없다. 완벽을 추구할수록 더 큰 수치심이 쌓일 뿐이다. 그 수치심을 자신에게 숨기려 할 때도 마찬가지다.

착한 딸의 그림자는 대부분 겉으로 드러나지 않고, 심리적 방어벽 뒤에 숨어 무의식에 잠재해 있다. 이런 감정이 억눌리면 섭식 장애, 중독, 자해, 우울증으로 표출될 수 있다는 점이 문제다. 이런 감정을 제대로 다루지 못하면 자녀에게 똑같은 상처를 물려준다는 점이 심각하다. 이제 아픔의 대물림을 끊으려 한다. 이를 위해 도움이 되는 연습을 시작하자.

- **연습: 그림자 작업**

1. 가장 편하고 안전한 공간을 떠올린다. 아무에게도 방해받지 않고, 모든 것이 내 치유를 돕는 공간이다. 이곳에서는 상처 받지 않고, 나를 증명할 필요도 없다.
2. 지금까지 엄마에게 들은 비판적인 말을 적어본다.
3. 엄마가 이기적이거나 교활하다고 할 때, 우리는 보통 그렇지 않다고 필사적으로 변명하거나 엄마 말이 옳다며 자책한다. 이제는 달리 접근하자. 실제로 우리가 이기적이거나 교활하게 행동한 순간을 떠올린다. 그런 모습도 자신의 한 부분임을 있는 그대로 인정한다.

거짓말을 생각하자. 누구나 한두 번쯤 거짓말한다. 바르게 살려고 노력하는 사람도 때로 잘못을 저지른다. 그런데 이게 큰 문제일까? 우리가 인간이라는 증거일 뿐이다. 우리는 그동안 작은 실수조차 큰 잘못처럼 느끼도록 배웠다.

 이런 생각이 아직 낯설다면 내가 먼저 시작하겠다. 나도 때로는 남을 조종하려 들고, 독선적이며, 인색하고, 과시하길 좋아한다. 교활하고, 남을 지배하려 들며, 독실한 척하고, 위선적이며, 이기적이다… 그래, 이 모든 게 내 모습이다!

 그림자 작업이 두려울 수 있다. 하지만 내면 가장 깊은 곳에서 우리 그림자를 마주하고 받아들이는 일은 나만의 여정이다. 엄마를 비롯해 아무도 이 내밀한 작업에 개입할 수 없다. 엄마의 비난도, 그에 따른 상처도 우리에게 닿지 않는다. 우리는 홀로 자기 그림자와 마주하며 그 모든 면면을 알았다. 내 안의 그림자를 있는 그대로 인정할 때, 엄마의 우회적인 비난은 상처가 되지 않는다.

은밀한 저항과 새로운 시작

우리가 자신을 지키고 더 넓은 세상으로 걸음을 내디디며 건강한 경계선을 세우면, 저항이 따르게 마련이다. 이 저항은 이중 메시지라는 함정에서 정면으로 나타나지 않겠지만, 반드시 모습을 드러낼 것이다. 오랫동안 지켜온 규칙을 깨기 시작할 때,

엄마는 우리가 확실히 알 수 있게 할 것이다.

　엄마가 누려온 우월한 위치가 흔들리고, 버림받을 것 같은 두려움이 커지며, 우리 삶에 대한 영향력이 약해지면 이런 변화를 절대 받아들이지 못할 것이다. 관계 속에서 할 수 있는 모든 방법을 동원해 저항할 것이다. 과장된 표정을 짓거나, "난 정말 괜찮아!"라며 마음과 다른 말을 하거나, 아예 입을 다물어버리는 등 갖은 수를 쓸 것이다. 변화를 받아들일 수 없다는 마음을 우회적으로 전하기 위해 안간힘을 쓸 것이다. 이런 반응은 오랜 세월 엄마가 자신을 지켜온 유일한 방식이다. 이 변화의 순간에 엄마가 순순히 자신의 방어막을 내려놓으리라는 기대는 순진한 생각인지도 모른다.

　엄마는 평생에 걸쳐 완성한 심리적 방어체계, 그 모든 통제와 숨은 의도, 이중 메시지가 효과를 발휘하지 못할 때 혼란에 빠질 것이다. 그 불안과 혼란은 때로는 감정의 폭발로, 때로는 얼어붙은 침묵으로, 때로는 깊은 한숨과 함께 슬쩍 외면하는 눈길로 표현될 것이다. 우리는 이 모든 순간을 조용히 지켜보면 된다. 엄마의 혼란스러운 반응에 가장 강력한 대응은, 그것이 엄마의 오랜 생존 방식임을 이해하면서 아무 반응을 보이지 않는 것이다. 대물림된 낡은 관계의 패턴을 끊어내는 것이 모든 걸 바꾸는 힘이다.

　이 변화는 생각보다 단순하다. 지금까지 우리를 지배해온 엄마와 심리 게임에 말려들지 않겠다는 결심으로 충분하다. 자기 자리를 지키고 서 있으면 중요한 사실을 깨닫는다. 엄마의 변화는 오직 엄마 스스로 걸어가야 할 길이라는 점이다. 엄마가 변하든 변하지 않든 우리 삶이 거기에 매일 필요는 없다. 내면의 단단함과 겸손함을 지니고 모든 상황을 있는 그대로 보며 한 걸음씩 나아갈 때, 진정한 자유를 찾을 것이다.

16

함정에서 벗어나
진정한 삶으로 나아가기

"무의식을 의식화하지 않는 한,
무의식이 삶을 지배하고 당신은 무의식을 운명이라 부를 것이다."

카를 융(Carl Jung)

이 책에서 착한 딸과 문제적 엄마, 그들 사이의 보이지 않는 심리적 함정에 대해 내가 아는 모든 것을 나눴다. 우리는 현재 모습을 만든 사회적·생물학적·심리적 요인을 함께 살펴보고, 마땅히 누려야 할 자유로운 삶을 향한 길을 찾아왔다. 이 책에서 할 수 있는 이야기는 거의 다 했다.

이는 끝이 아니라 시작이다. 착한 딸의 여정은 지금부터다. 이 여정에는 새로운 동행이 있다. 우리 안의 진정한 자아다. 이 자아는 늘 곁에 있었고, 우리가 깨닫기를 오랫동안 기다려왔다. 생존을 위해 착한 아이가 돼야 했던 내면의 몸부림, 자신과 맺은 불공정한 계약을 지켜봤다. 이 모든 것이 진실이 아니라고 말하고 싶었지만, 그러기에는 너무나 위험했다. 알아선 안 될 것을 보고 느꼈기에, 침묵 속에 모든 것을 감추려 했다.

이제 우리는 깨어났다. 솔직히 말하면 예전으로 돌아갈 수 없다. 한번 의식으로 떠오른 것은 무의식에 완벽하게 묻을 수 없다. 어린 시절에 겪은 일의 진실도, 성인이 돼서 마주한 현실도 우리 의식에 새겨졌다. 우리는 이 진실을 모른 척할 수 없다. 너무 많은 것을 알아버렸기 때문이다.

모든 것을 깨달은 지금, 엄마를 위해 살아가기는 거의 불가능하다. 깨달은 것을 무의식에 다시 묻어두고 예전처럼 살아가려면 엄청난 에너지가 필요하다. 정말 원한다면 그럴 수도 있지만, 굳이 그래야 할까? 이 깨달음을 새로운 출발점으로 삼는 게 자연스럽고 의미 있는 선택이다.

우리는 정서적으로 독립해 온전히 자신을 위한 삶을 시작할 수 있다. 이 과정은 고통스럽겠지만, 우리가 얻은 깨달음이 결국 우리를 자유롭게 할 것이다. 우리는 무의식에 묻어둔 감정을 의식의 빛 아래 끌어내서 진정한 자아의 목소리를 회복했다. 그 자아는 마음 깊은 곳에서 알던 진실과 마주하게 됐다. 우리에게는 아무런 결함이 없다. 그저 있는 그대로 온전하다.

이 장의 핵심 질문으로 들어가자. 우리는 이 모든 깨달음을 안고 앞으로 어떤 길을 걸어갈까? 20년, 30년, 40년 뒤 우리가 어떤 모습이길 바라는가? 한 60대 할머니가 전하는 말처럼, '언젠가'라는 시간은 순식간에 찾아온다. 지금 우리가 하는 선택이 그때의 삶을 정한다.

이 책의 치유 과정이 보여주듯 순간적인 반응 대신 의식적으로 행동하기 위해서는 꾸준한 훈련과 시간, 각고의 노력이 필요하다. 살아 있는 관계로서 엄마를 마주해야 할 수도 있고, 우리 내면에 자리 잡은 두려움과 자기 의심의 목소리와 마주해야 할 수도 있다. 하지만 더는 다른 이에게 길을 묻지 않아도 된다. 이것은 온전히 우리 몫이다.

우리는 깊은 상처를 견뎌왔지만, 이제 엄마의 한계에 갇힌 희생자로 머물 필요가 없다. 우리가 피하려 애쓰는 것이 결국 우리의 감옥이 된다는 것은 우리와 엄마에게 모두 해당하는 진실이다. 엄마는 두려움, 평범함, 공허함, 외로움을 피하려고 자신만의 벽을 쌓았다. 하지만 고통스러운 감정을 막으려고 쌓은 벽이 결국 엄마를 고립 상태에 빠뜨렸다. 이 방어벽은 한편으로 보호막이지만, 다른 한편으로 삶의 한계가 돼서 깊은 관계 맺기를 어렵게 만들었다.

　우리는 어린 시절에 엄마의 실체를 못 봤다. 엄마가 자신의 복잡한 심리에 갇혀서 우리에게 온전한 사랑을 줄 수 없는 존재임을 몰랐다. 우리는 끊임없이 엄마에게 다가가려 했다. 엄마와 유대를 갈구했고, 사랑을 얻기 위해 엄마를 기쁘게 하려 애썼다. 진정한 엄마의 모습에 닿으려 할 때마다 보이지 않는 벽에 부딪히고 때로 깊은 상처를 받았지만, 우리는 충실했다.

　엄마를 위해 우리 욕구를 지우고, 점점 더 작은 존재가 됐다. "엄마, 나는 아무것도 바라지 않아"라고 말할 수 있을 때까지. 우리는 이 모든 노력이 헛일이 될 것임을 모른 채 엄마와 관계를 유지하고, 엄마의 불안을 달래고, 엄마의 안녕을 살피는 데 매진했다. 무의식적 계약으로 권리를 포기하고, 우리를 무력하게 만드는 핵심 신념이라는 죄수복을 입었다. 그렇게 우리는 착한 딸이라는 새 감옥을 지었다. 이는 엄마에게 위안이었을지 몰라도 우리에게는 또 다른 구속이었다.

우리가 갇혀 있던 감옥은 결국 스스로 지은 것이다. 가치 없는 존재가 된 느낌, 죄책감, 자기 의심, 수치심… 이런 제약 속에 사는 게 우리가 아는 유일한 삶이었다. 어느새 이 억압된 삶이 일상이 됐다.

하지만 그때는 그때고, 지금은 지금이다. 이제 우리는 새로운 선택을 했다. 우리를 속박하던 굴레를 벗어던지고, 한계의 벽을 허물고, 닫혀 있던 가능성의 문을 열어 진정한 자유를 향해 나아가기로 했다. 자유로운 존재가 된 우리는 지난날의 상처마저 성장의 밑거름으로 바꿀 수 있다.

거창한 말처럼 들릴 수 있지만, 잠시 생각해보자. 우리는 위험한 상황을 먼저 감지하는 탄광 속 카나리아 같은 존재다. 예민한 감수성과 깊은 공감 능력으로 엄마가, 나아가 이 가부장적 문화 속의 모든 여성이 잃어버린 진정한 힘과 본질적 가치를 정확히 찾아낼 수 있다. 많은 여성이 이 힘을 찾는 대신 타인을 조종하는 길을 택했다. 우리는 선택의 순간에 있다. 이전 세대처럼 결핍의 희생자가 돼서 진정한 힘을 포기할지, 이 깊은 통찰을 거쳐 새로운 변화의 시작점이 될지.

우리가 그 변화의 주체가 된다면 어떨까? 엄마가 준 상처와 예민한 우리 영혼이 겪은 고통은 우연이 아닐 수 있다. 지금이야말로 진정한 사랑의 의미를 다시 찾아야 할 때다.

의식의 성장이 필요한 시대다. 여성의 목소리가 절실한 지금, 우리는 반드시 변화해야 한다. 그 시작점으로 모녀 관계만큼 적절한 게 있을까? 이는 우리 정체성과 애착의 근원이다. 우리는 가족의 상처를 가까이에서 경험했다. 이는 개인의 상처를 넘어 인류의 상처이자, 우리의 진화를 위해 반드시 치유해야 할 과제다.

우리는 자신의 영웅이 되고, 자신의 엄마가 될 수 있다. 성숙한 어른이 돼서 내면의 아이를 보살필 수 있다. 다른 사람 손에 우리 운명을 맡기지 않아도 된다. 이것이 대물림된 상처의 고리를 끊고, 성숙한 의식으로 나아가는 길이다. 각각의 함정에서 벗어날 때 어떤 변화가 찾아오는지 구체적으로 살펴보자.

- 불충분함의 함정 : 엄마나 타인의 인정을 갈구하며 자신을 소진하는 대신, 자기 내면에 있는 공간과 마주한다. 그동안 우리를 두렵게 한 이 공간이 적절한 도움을 받으며 천천히 들여다보면 평화로운 성찰의 장소가 된다. 이곳에서 진정한 자아와 삶의 방향을 찾아갈 자유를 얻는다. 더는 타인의 반응에 휘둘리지 않고, 자기 삶을 만들어가기 시작한다. 그렇게 우리는 삶의 진정한 주도권을 되찾는다.
- 죄책감의 함정 : 죄책감을 안내자로 받아들이면 새로운 관점이 열린다. 그 관점은 엄마와 타인에 대한 지나친 책임감이 어디 있는지 정확히 알려준다. '평온을 구하는 기도'가 일러주듯, 바꿀 수 없는 것을 받아

들이면 진정한 변화가 가능한 곳에 힘을 쏟을 수 있다. 상실을 삶의 자연스러운 과정으로 받아들이면 죄책감은 절로 그 의미를 잃는다. 우리는 점차 자신의 분명한 기준을 세우고, 우리 영역이 어디까지인지 명확히 알게 된다. 통제할 수 없는 것을 놓아주는 과정에서 삶의 우아함을 배워간다.

- 자기 의심의 함정 : 엄마의 두려움과 의심을 우리 것으로 받아들이지 않을 때, 비로소 내면세계가 자유로워진다. 삶이 불확실성과 통제의 균형임을 받아들이면 과거에 대한 후회나 미래에 대한 두려움 없이 살아가는 법을 배운다. 자신을 신뢰하는 힘이 자라날수록 자신감도 커진다.

- 이중 메시지의 함정 : 엄마가 말에 감춘 비하와 은근한 모욕으로 주는 수치심을 받아들이지 않을 때, 우리는 자신을 배신하는 일을 멈출 수 있다. 우리는 진정한 자신으로 살아가면서 타인을 무너뜨리는 대신 그들을 북돋우는 직접적인 메시지를 보낸다. 부정적인 감정도 인간다움의 한 부분으로 받아들이면 그 감정이 우리를 지배하지 못한다. 타인에게서 자신을 발견하고 우리 안에서 타인을 발견할 때, 우리는 모두 연결돼 있음을 깨닫고 더 깊은 이해와 연민을 키워간다.

우리가 얻은 새로운 힘으로 이룰 수 있는 가장 큰 변화는 엄마가 못 한 일을 해내는 것이다. 엄마가 마주하지 못했고, 지금도 마주하지 못하는 진실과 마주할 수 있다. 엄마와 우리 자신을 있는 그대로 바라보는 순간, 오래된 방어벽이 마침내 힘을 잃는다. 우리가 엄마의 한계가 멈춘 지점을 넘어설 때, 비로소 그 영향력에서 벗어나 온전히 우리 삶을 시작할 수 있다. 이런 내면의 작업이 우리를 단단하게 만든다. 이제 엄마는 우리 마음을 흔들거나, 건드리거나, 불안하게 만들 수 없다. 마음의 빈틈이 존재하지 않기 때문이다.

우리가 마주한 진실

- 불충분함의 함정은 엄마 내면의 공허함과 무가치감에서 비롯된다.
- 죄책감의 함정은 엄마가 상실과 버림받음에 대한 두려움을 우리에게 전이한 결과다.
- 자기 의심의 함정은 엄마가 안고 있는 불확실성과 두려움을 우리에게 투사한 것이다.
- 이중 메시지의 함정은 엄마가 자신의 적대감이나 시기심 같은 부정적 감정을 처리하는 방식에서 비롯된다.

이런 감정을 피하지 않고 정면으로 마주할 때, 우리 삶은 엄마가 상상하는 이상으로 나아갈 수 있다. 더 수준 높은 의식을 가지고 모든 일에 열린 마음으로 임하면, 더 나은 선택을 하고 더 좋은 결과를 얻는다. 삶의 도전 앞에 새로운 행동과 태도로 대응할 때, 기회가 찾아온다. 이것이 진정한 변화의 시작이다. 우리가 오랫동안 바라온 그 변화 말이다.

상처를 그대로 받아들이는 순간, 우리는 더 나은 삶으로 한 걸음 나아갈 수 있다. 살아남기 위해 움츠러든 삶에서 벗어나, 새로운 삶을 꾸려갈 힘이 솟구친다. 전에는 상상도 못 한 일을 해낼 에너지가 솟아나고, 더 나은 미래를 그려볼 여유도 생긴다. 엄마의 방어기제에 휘둘리던 삶에서 벗어나 스스로 삶을 이끌어가는 주체가 된다. 이렇게 우리는 주도적으로 살아가며 계속 성장한다. 엄마가 준 상처는 우리를 단단하게 만드는 자양분이 된다.

경계 설정에 관한 마지막 이야기

우리가 흔히 경계의 문제라고 생각한 것은 드러난 현상일 뿐이다. 그 이면에는 순종과 밀착된 관계라는 더 깊은 문제가 있다. 이는 단순한 행동의 문제가 아니라, 우리 내면과 엄마와 관계에서 비롯된 심리적 문제다. 오랫동안 우리 안에 자리 잡은 무의식적 계약과 왜곡된 핵심 신념을 마주하지 않고는 제대로 경계를 세울 수 없다. 경계를 세우려 하기 전에 자기 내면을 들여다보고 다음 질문을 해보자.

- 엄마가 날 깎아내릴 때, 나도 모르게 순응하지 않는가?
- 엄마가 죄책감을 줄 때마다 오히려 엄마 기분을 살피지 않는가?
- 자신을 의심하는 목소리가 혹시 엄마의 목소리를 빌린 것은 아닌가?
- 엄마가 상처 주는 말을 할 때, 나조차 내 편이 되지 못하지 않는가?

내면의 변화, 관계의 성장

1. 엄마의 욕구가 우리의 심리적 건강과 충돌할 때마다 반복되는 패턴이 있다. 엄마는 자신의 우월함을 확인받고 싶어 하고, 자신이 중요한 존재임을 인정받고 싶어 하며, 끊임없이 확신과 인정을 갈구한다. 때로는 은근히, 때로는 노골적으로 수치심을 전가하면서 우리가 엄마의 욕구를 최우선으로 삼기를 바란다. 우

리는 이런 패턴이 낯설지 않다.

2. 이런 상황에서 우리는 분노와 답답함, 원망과 막막함을 느낀다.

3. 하지만 이런 반응에서 나오는 에너지를 반격하거나 패배감에 빠져 무감각해지는 데 쓰지 않고, 무의식적 계약과 핵심 신념이 존재하는 무의식의 영역으로 들어가는 힘으로 바꾼다.

4. 이 오랜 패턴과 반응이 우리에게서 무엇을 가져갔는지, 지금도 무엇을 빼앗고 있는지, 언제까지 이렇게 살지 자문한다.

5. 변화의 대가를 기꺼이 치를 준비가 됐는지 자문한다. 우리가 안고 있는 문제는 어린 시절부터 지금까지 성장 과정과 주변 환경 속에 복잡하게 얽혔다. 책에서 우리 상황과 가장 맞닿은 함정을 찾아보고, 그곳에 제시된 연습을 해본다.

6. 변화를 시도할지 말지 마음을 정한다. 작은 변화 하나가 엄마와 관계에 큰 파동을 일으킬 수 있다. 불안하지만 피할 수 없는 과정이다.

7. 변화를 결심했다면 주변 사람들에게 지지를 구하고 다가올 반응에 준비한다. 이는 긴 시간이 드는 과정이다. 필요한 말과 행동만 하되, 간결할수록 강력하다는 점을 기억한다.

8. 첫 행동을 취하고 잠시 멈춰서 마음을 살핀다. 운동으로 긴장을 풀고 명상으로 마음을 가라앉힌다. 이 과정이 우리 몸과 마음에 새 균형을 준다. 격한 감정이 가라앉으면서 상황을 차분히 볼 수 있다. 어떤 감정이 올라와도 지나가는 것을 기억한다.
9. 엄마가 감춘 감정을 이해하려 한다. 이 감정을 알아가는 과정에서 우리도 성장한다.

진정한 자아를 마주하고 받아들일 때, 자기 인생을 이끄는 주인공이 되고 한 사람으로 온전히 설 수 있다. 마침내 삶을 주도적으로 이끌어갈 수 있는 것이다.

이 과정에서 우리는 엄마가 이루지 못한 꿈을 이루고, 엄마가 외면한 진실과 마주하며, 엄마와 우리 자신을 있는 그대로 바라보게 된다. 그리고 지금까지 우리를 옭아맨 방어기제가 영향력을 행사하지 못하게 된다.

엄마의 그늘에서 벗어날 때, 진정한 우리 삶이 시작된다. 더 차원 높은 의식으로 깨어나 세상을 열린 마음으로 바라볼 때, 더 현명한 선택을 하고 더 나은 결과를 얻을 수 있다. 진정한 변화의 시작이다. 우리가 그토록 기다려온 변화가 지금 여기에 있다.

나는 두 딸을 어엿한 성인으로 키워낸 지금, 엄마의 마지막 시기에 치매가 그분의 정신을 어떻게 앗아 갔는지 곱씹어본다.

치매는 엄마의 정신을 조금씩 깎아내렸다. 살아남기 위해 엄마가 쌓아 올린 방어기제, 내게 깊은 상처를 준 방어기제가 하나둘 녹아내렸다. 그 자리에 단순하고도 순수한 사랑이 나타났다. 그 사랑이 내 마음을 따뜻하게 하고 나를 놀라게 했다. 내게 정말 엄마가 필요하던 그때는 왜 이런 모습이 아니었을까?

모든 게 다르게 흘러갈 순 없었을까? 엄마와 나를 아프게 한 그 무의미한 갈등 대신, 진정한 이해와 교감으로 더 많은 시간을 채울 순 없었을까? 영원히 알 수 없는 일이 됐다.

우리에게 주어진 시간이 유한하다는 건 분명하다. 누구나 마찬가지다. 엄마를 위해서든, 누구를 위해서든 자기 삶을 내주는 건 옳지 않다.

우리는 이 아픈 굴레를 끊을 수 있다. 더 나은 미래를 꿈꿀 수 있다. 새로운 눈으로 세상을 바라보며 한 걸음 더 나아갈 수 있다. 지금 이 자리에서 시작하자! 이곳에서 진정한 삶을 마주할 것이다.

옮긴이의 글

착한 딸의 마음,
그 보이지 않는 실타래를 찾아가는 여정

착하다. 한때 저는 이 말을 꽤 좋아했습니다. '성격이 좋다' '착하다'가 최고 칭찬으로 느껴졌고, 이 말을 듣기 위해 노력하기도 했습니다. 저를 아는 사람이 이 글을 보면 실소를 금치 못할지 모릅니다. 다른 사람 눈에는 제가 썩 착하지 않았을 수 있으니까요. 하지만 적어도 제 안에서는 그랬습니다. 착함이라는 가치가 저를 지탱하는 기둥이었죠. 누군가를 배려하고, 양보하고, 상대방의 기분을 살피는 것이 제가 생각하는 좋은 사람의 모습이고, 그렇게 살아야 한다고 믿었습니다.

상담 공부를 시작하면서 변화가 찾아왔습니다. 착하다는 말이 그저 좋게 들리지 않았습니다. 상담 공부의 매력은 나를 탐구하는 과정이 공부라는 데 있습니다. 대가들이 남긴 인간 정신에 대한 통찰, 내담자를 만나며 발견하는 마음의 패턴이 결국 질문 하나로 수렴됩니다. '나는 어떤가?' 수업을 듣고, 책을 읽고, 동료와 토론하면서도 이 질문이 맴돌았습니다. 이 질문과 오래 씨름하고 나니, 착하다는 말이 조금 다르게 들립니다. 어쩌면 착하다는 것은 다른 사람의 욕구와 감정을 자신의 것보다 우선하는 태도인지 모른다고. 때로는 자신을 잃어버리는 일일 수도 있다고 말입니다.

갓난아기는 오로지 자신의 감정과 욕구에 충실합니다. 배고프면 울고, 졸리면 칭얼대고, 불편하면 온몸으로 신호를 보냅니다. 우리는 그런 아기를 이기적이라고 비난하지 않습니다. 당연한 일이니까요. 생존을 위한 본능이고, 성장에 필수적인 과정입니다. 하지만 아이가 자라서도 자기 것만 챙긴다면 어떨까요? 반대로 자신의 것은 전혀 챙기지 못하고 남의 눈치만 본다면요? 균형이 중요합니다. 내 감정과 욕구를 돌보면서도 타인을 존중하는 것. 이 둘이 조화를 이룰 때, 우리는 그를 성숙한 사람이라 부릅니다. 생각보다 어려운 일입니다. 평생 배워가는 과제이기도 하죠.

《착한 딸 증후군》은 그 균형이 한쪽으로 기운 사람들의 이야기입니다. 특히 자기애성, 경계성, 히스테리성 성격 구조를 띠는 엄마의 영향으로 자신보다 타인을 우선시하게 된 딸의 마음을 다룹니다. 성격장애라는 진단명이 주는 무게감 때문에 '우리 엄마가 그 정도는 아닌데…' 하고 거리를 둘 수 있습니다. 잠시만요. 우리 모두 특정한 성격 구조가 있습니다. 넓은 운동장을 여러 구역으로 나누고 그 어딘가에 서 있는 것처럼, 누구나 어떤 성향에 더 가깝게 위치합니다. 어떤 이는 자기애성 구역의 중심에, 어떤 이는 경계성과 히스테리성 구역의 경계선에 서 있을 수 있죠. 이것이 극단적일 때 장애가 됩니다. 그러니 이 책은 성격장애가 있는 엄마뿐만 아니라, 어느 정도 그런 성향이 드러나는 엄마를 둔 딸에게도 의미 있을 거예요.

왜 하필 딸일까요? 아들도 '착한 아들'이 될 수 있지 않을까요? 물론 문제적 엄마는 아들에게도 영향을 끼칩니다. 다만 일반적으로 여성이 남성보다 감정을 내면화하는 경향이 강합니다. 엄마에게 혼날 때 '내가 잘못했구나' 하는 죄책감을 안으로 들이고, 원망스러워도 '착한 딸은 이런 감정을 가지면 안 돼' 하며 억누릅니다. 세상이 나를 부당하게 대하면 '내가 뭔가 부족해서겠지' 자책합니다. 이렇게 모든 걸 안으로 들일 때 '착한 딸'의 모습이 만들어집니다. 밖으로 분출하기보다 안으로 삼키는 것이 많은 딸이 선택하는 생존 전략이 됩니다. 이 책이 딸에게 주목하는 이유입니다.

이 책은 정신 역동 이론으로 착한 딸의 마음을 들여다봅니다. 무의식이라고 하면 어렵게 들릴 수 있는데, 쉽게 말해 나도 모르게 반복하는 패턴을 살피는 것입니다. 왜 비슷한 상황이 반복되는지, 왜 같은 감정의 늪에 빠지는지, 왜 매번 나를 소진하는 관계를 맺는지… 그 보이지 않는 실타래를 찾아가는 여정입니다. 인간은 자유의지가 있는 존재인 동시에, 과거의 경험에 추동되는 존재입니다. 특히 어린 시절 엄마와 관계에서 형성된 패턴은 우리도 모르는 사이에 현재의 삶을 조종합니다. 이 책을 읽으며 '아, 그래서 내가 그랬구나' 하는 순간이 있기를 바랍니다. 그 깨달음이 작은 행동으로, 조금 다른 선택으로 이어지기를 희망합니다.

변화는 거창한 게 아닙니다. 평생을 입으로 숨 쉬던 사람이 갑자기 코로 숨 쉬긴 어렵죠. 하지만 오늘 저녁, 한 번만이라도 내가 먹고 싶은 메뉴를 골라보는 건 어떨까요? 가족이 싫어해도, 비싸도 밀어붙이세요. 혼자라면 더 좋습니다. 망설임 없이, 눈치 보지 말고, 온전히 내 입맛대로 고르세요. 메뉴판을 보는데 '이걸 주문하면 너무 비싸다고 생각하려나' '저걸 먹으면 편식한다고 하겠지?' 같은 생각이 든다면, 그 순간 착한 딸의 패턴이 작동하는 것입니다. 착한 딸의 굴레에서 벗어나는 일은 이렇게 시작됩니다. 아주 사소한, 그러나 온전히 나를 위한 선택부터.

문가람

(착한 딸) (증후군)
딸은 왜 엄마의 행복을 책임지려 하는가?

펴낸날	2025년 7월 4일 초판 1쇄
지은이	캐서린 파브리지오(Katherine Fabrizio)
옮긴이	문가람
펴낸이	정우진 강진영 김지영
꾸민이	Moon&Park(dacida@hanmail.net)
펴낸곳	서울 마포구 토정로 222 한국출판콘텐츠센터 420호 도서출판 황소걸음
편집부	(02)3272-8863
영업부	(02)3272-8865
팩 스	(02)717-7725
이메일	bullsbook@hanmail.net / bullsbook@naver.com
등 록	제22-243호(2000년 9월 18일)
ISBN	979-11-7446-000-4 03180

황소걸음
Slow & Steady

이 책의 내용을 저작권자의 허락 없이 복제 · 복사 · 인용 · 전재하는 행위는 법으로
금지되어 있습니다.